Zertifizierung von Qualitätsmanagement-Systemen
im Einzelhandel

Schriften zu Distribution und Handel

Herausgegeben von Dieter Ahlert

Band 29

PETER LANG
Frankfurt am Main · Berlin · Bern · Bruxelles · New York · Wien

Bernd Becker

Zertifizierung von Qualitätsmanagement-Systemen im Einzelhandel

Eine institutionenökonomische Analyse der ISO 9000-Normenfamilie und Ableitung von Gestaltungsempfehlungen für ihre Revision

PETER LANG
Europäischer Verlag der Wissenschaften

Die Deutsche Bibliothek - CIP-Einheitsaufnahme

Becker, Bernd:

Zertifizierung von Qualitätsmanagement-Systemen im Einzelhandel : eine institutionenökonomische Analyse der ISO-9000-Normenfamilie und Ableitung von Gestaltungsempfehlungen für ihre Revision / Bernd Becker. - Frankfurt am Main ; Berlin ; Bern ; Bruxelles ; New York ; Wien : Lang, 1999
(Schriften zu Distribution und Handel ; Bd. 29)
Zugl.: Münster (Westfalen), Univ., Diss., 1999
ISBN 3-631-35430-4

D 6
ISSN 0179-3608
ISBN 3-631-35430-4

Meinen lieben Eltern

Vorwort des Herausgebers ...

... zur Schriftenreihe Distribution und Handel

Die 'Schriften zu Distribution und Handel' sind den **betriebswirtschaftlichen und rechtlichen Problemen der Warendistribution** gewidmet. In hochentwickelten Volkswirtschaften hat die Distribution der Güter deren Produktion in ihrer **Bedeutung als gesamtwirtschaftlicher Betätigungsbereich** in den meisten Branchen schon längst überflügelt. Dies ist nicht zuletzt daran zu erkennen, daß der Distributionsanteil an den Gesamtkosten bzw. Güterpreisen erheblich höher ist als der Produktionsanteil. Auch aus der Perspektive der einzelnen Unternehmungen haben Distributionsfragen die Produktionsfragen als **Managementproblem** in der Regel weit in den Schatten gestellt.

Der **Aufgabenbereich der Distribution** umschließt sämtliche absatzwirtschaftlichen Aktivitäten, die von den verschiedensten Wirtschaftseinheiten erbracht werden, um die Absatzgüter aus dem Bereich der Herstellung in den Bereich des Verbrauchs zu verbringen. Die Gesamtheit dieser Aktivitäten wird auch **Handel im funktionalen Sinne** genannt. An der Erfüllung der Distributions- bzw. Handelsfunktionen ist in jedem Falle der Hersteller mit seiner Marketing-Organisation beteiligt. Im Rahmen der **Distributionspolitik** nimmt er in mehr oder weniger weitreichendem Maße Einfluß auf die Distributionsprozesse seiner Absatzgüter. Soweit dieses über die verschiedenen Handelsstufen hinweg bis hin zum Verbraucher geschieht, wird auch von **vertikalem Marketing** gesprochen.

Eine immer bedeutender werdende Teilgruppe der an der Distribution teilnehmenden Wirtschaftseinheiten sind die Handelsbetriebe, also der **Handel im institutionellen Sinne**. Mit ihren Beschaffungs- und Absatzaktivitäten (**Handelsmarketing**) leisten sie in der Regel einen wesentlichen Beitrag zur Güterdistribution. Schließlich bietet eine Vielzahl von spezialisierten Unternehmungen (**Distributionshelfer**) ihre Untersützung bei der Erfüllung der Distributionsfunktionen an.

Die in der vorliegenden Schriftenreihe publizierten Forschungsarbeiten sind überwiegend aus einer **engen Kooperation zwischen Wissenschaft und Praxis** entstanden. Sie erstrecken sich auf drei Bereiche der betriebswirtschaftlichen Managementpraxis:

I. Handelsmanagement

Sämtliche Fragen der Handelsbetriebslehre in einzelnen Handelsbetrieben sowie in filialisierenden und kooperierenden Handelssystemen sind Gegenstand dieses Arbeitsbereiches. Im Mittelpunkt stehen die Themen Handelsmarketing, Informationsmanagement, Controlling, Führung und Organisation.

a) Allgemeines Handelsmanagement

Zu diesem Bereich sind die Bände 7 (Heinz Siebenbrock: Abteilungen mit Unternehmersinn im Handel), 13 (Bodo Krönfeld: Erfolgsforschung in kooperierenden Handelssystemen), 14 (Christoph Grote: Die Großhandelsgestützte Handwerkerkooperation), 18 (Michael Ottenjann: Lernende Unternehmungen im Handel), 21 (Bodo Reinke: Synergiemanagement im Handel), 22 (Rudolf Alves: Integrierte Führung und Imitationsmanagement in Filialsystemen), 23 (Markus Eickhoff: Erfolgsforschung im Bekleidungsfacheinzelhandel), 28 (Oliver Altenhövel: Nachkaufmarketing im Bekleidungseinzelhandel) sowie der vorliegende Band 29 (Bernd Becker: Zertifizierung von Qualitätsmanagement-Systemen im Einzelhandel) zu rechnen.

b) Controlling und Informationsmanagement

Zu diesem speziellen Feld des Handelsmanagements zählen die Bände 1 (Kurt Ebert: Warenwirtschaftssysteme und Warenwirtschaftscontrolling), 5 (Johannes Günther: Handelscontrolling), 8 (Rainer Olbrich: Informationsmanagement in mehrstufigen Handelssystemen), 10 (Joachim Mohme: Der Einsatz von Kundenkarten im Einzelhandel), 11 (Thomas Fischer: Computergestützte Warenkorbanalyse), 17 (Monika Burg: Der Einfluß des Dezentralisierungsgrades auf die Ausgestaltung des Controlling), 24 (Dirk Battenfeld: Kostenmanagement und prozeßorientierte Kostenrechnung im Handel) sowie Band 27 (Sybille Breitkopf: Externes Controlling).

c) Übertragung handelswissenschaftlicher Erkenntnisse auf andere Branchen

Diesem Themengebiet ist Band 26 (Oliver Mihm: Positionierungsmanagement im Retail Banking) zuzurechnen.

II. Distributionsmanagement

Hier stehen Fragen des Absatzkanalmanagements industrieller Unternehmungen, des vertikalen Marketings in mehrstufigen Distributionssystemen, aber auch der Verkaufs- und Außendienstpolitik (Vertrieb) und der physischen Distribution (Marketing-

Logistik) im Mittelpunkt. Einen wichtigen Betrachtungsgegenstand bilden dabei auch die vertikalen Verhaltensbeziehungen zwischen Herstellern und Händlern sowie die vielfältigen Formen einer Institutionalisierung der Zusammenarbeit zwischen Industrie- und Handelsbetrieben.

a) Allgemeines Distributionsmanagement

Zu diesem Gebiet zählen die Bände 3 (Günter Buerke: Planung und Durchsetzung von Vertriebsinnovationen), 4 (Gustav Bergmann: Strategisches Absatzkanalmanagement in Märkten mit hoher Nachfragemacht des Handels), 19 (Beate Wojaczek: Koordinationsorientiertes Logistik-Management in der Textilwirtschaft), 20 (Andreas Thesing: Innovative Logistik-Dienstleistungskonzepte in der Textilwirtschaft) sowie Band 25 (Susanne Horstmann: Vertikale Vertriebskooperationen in der Bekleidungswirtschaft).

b) Distributionsmanagement in der Automobilwirtschaft

Der Automobilbranche widmen sich die Bände 12 (Bernhard Dyckhoff: Diversifikation von Handelsunternehmen in den Finanzdienstleistungsbereich), 15 (Christian Korte: Customer Satisfaction Measurement) und 16 (Stephan Kollenbach: Positionierungsmanagement in Vertragshändlersystemen).

III. Marketing-Rechts-Management

Die Managementprobleme der mehrstufigen Warendistribution werden nicht nur aus ökonomischer und verhaltenswissenschaftlicher, sondern auch aus rechtlicher Perspektive beleuchtet. Die rechtlichen, insbes. die wettbewerbsrechtlichen Probleme des Hersteller- und Handelsmarketings, erlangen zunehmend praktische Bedeutung; ihre Bewältigung stellt hohe Anforderungen an Rechtsexperten und Marketing-Manager in den Unternehmungen. Im Mittelpunkt stehen die materiellen Rechtsgrundlagen des Marketings, die formalen Managementprobleme im Spannungsfeld zwischen Marketing und Recht und rechtspolitische Überlegungen aus betriebswirtschaftlicher Sicht.

Diesem Themengebiet sind die Bände 2 (Julius Schröder: Marketing-Schutzrechts-Management), 6 (Hendrik Schröder: Vertikaler Markenschutz als Problem der Markenartikelindustrie) und 9 (Jan-Peter Horst: Das Verbot der vertikalen Preisbindung) zuzurechnen.

... zum vorliegenden Band 29

Als Reaktion auf die zunehmenden Qualitätsanforderungen gewerblicher und privater Nachfrager ist in den achtziger Jahren die ISO 9000-Normenfamilie von der International Standard Organization (ISO) formuliert worden. Inzwischen stellen die ISO-Normen mehr denn je eine Thematik mit hoher praktischer Relevanz aber zugleich auch Brisanz dar. Während die Anzahl erteilter ISO-Zertifikate - zunehmend auch im Einzelhandel - stetig ansteigt, mehren sich gleichzeitig kritische Stimmen, die die Effizienz einer Zertifizierung abstreiten.

Die vorliegende Arbeit von Bernd Becker untersucht die Berechtigung der geäußerten Kritiken. Im Mittelpunkt steht dabei einerseits die Beantwortung der Frage, ob die ISO-Zertifizierung geeignet ist, Vertrauen seitens der Nachfrager in die Qualitätsfähigkeit einer Einzelhandelsunternehmung zu bilden. Zum anderen wird der Frage nachgegangen, ob die Zertifizierung koordinative und motivationale Aufgaben innerhalb einer Einzelhandelsunternehmung erfüllt, die als organisatorische Voraussetzung für eine effiziente Qualitätssicherung anzusehen sind.

Die Bearbeitung der Fragestellungen fußt auf bewährten Forschungsansätzen der Modernen Insitutionenökonomik und überträgt deren Erkenntnisse auf die Frage nach der Effizienz der ISO 9000-Normenfamilie. Als Anwendungsfeld wählt Becker den Einzelhandel, der aufgrund der hohen Kontakt- und Kommunikationsintensität zwischen Anbietern und Nachfragern besondere Anforderungen an die Sicherung von Qualität stellt.

Bezüglich der beiden aufgeworfenen Fragen kommt Becker im Verlauf seiner Untersuchung zu einem deutlichen und übereinstimmenden Ergebnis: Sowohl im Hinblick auf ihre vertrauensgerichtete als auch ihre organisatorische Effizienz weist die ISO 9000-Normenfamilie erhebliche Defizite auf. Zurückgeführt wird dies zu einen darauf, daß die Zertifizierung in transaktionskostenökonomischer Sicht nur für eine begrenzte und zudem relativ seltene Auswahl an Transaktionen des Einzelhandels relevant ist. Zum anderen vernachlässigen die Normen die für eine effiziente Qualitätssicherung im Einzelhandel in konstitutionenökonimischer Betrachtung besonders wichtigen motivationalen Aspekte nahezu vollständig.

Im Hinblick auf die im Jahr 2000 anstehende Revision der ISO 9000-Normenfamilie rücken zum Abschluß der Arbeit Hinweise auf Verbesserungspotentiale der Norminhalte in den Mittelpunkt des Interesses. Becker entwickelt zu diesem Zweck Ansätze, die eine Berücksichtigung der in der zurückliegenden Untersuchung gewonnenen Erkenntnisse ermöglichen. Gleichzeitig werden für die Einzelhandelspraxis Empfehlungen formuliert, wie zertifizierte Qualitätssicherungs-Systeme effizienter gestaltet werden können, ohne daß hierzu eine Revision der Normenfamilie abgewartet werden muß.

Dem interessierten Handelspraktiker ebenso wie den normschaffenden Institutionen, sei die Lektüre der Arbeit von Bernd Becker wärmstens empfohlen. Sie bietet nicht nur einen umfassenden Überblick über die - in der Literatur bisher weitgehend vernachlässigte - Thematik der Qualität im Einzelhandel, sondern formuliert insbesondere dringend erforderliche praxisrelevante Empfehlungen für den Umgang mit der ISO 9000-Normenfamilie.

Münster, im Juni 1999 Prof. Dr. Dieter Ahlert

Vorwort des Verfassers

Willst Du ein Schiff bauen,
so rufe nicht die Menschen zusammen,
um Pläne zu machen, Arbeit zu verteilen,
Werkzeug zu holen und Holz zu schlagen,
sondern lehre sie die Sehnsucht
nach dem endlosen Meer.

Antoine de Saint-Exupéry

Sowohl das Gedankengut als auch die Entstehungsgeschichte der vorliegenden Arbeit haben mich gelehrt, daß große Vorhaben stets einer engagierten Zusammenarbeit zahlreicher Personen bedürfen, die mit gleicher oder auch ganz unterschiedlicher Motivation auf ein gemeinsames Ziel hinarbeiten.

Ein besonderer Dank für die Initiierung und Betreuung des Forschungsvorhabens sowie den ständigen Ansporn, immer wieder zum "Spike" zurückzukehren, gilt meinem akademischen Lehrer Herrn Prof. Dr. Dieter Ahlert. Gleichermaßen danke ich Herrn Prof. Dr. Jörg Becker für seine spontane Bereitschaft zur Übernahme des Zweitgutachtens.

Für die Begleitung meiner ersten Schritte auf dem "Weg zum Qualitätsmanager" und die Vermittlung wertvoller Praxiskontakte bin ich Herrn Werner Urbatschek zu Dank verpflichtet. Der KPMG Unternehmensberatung GmbH, namentlich Herrn Frederik Lindefelt und Herrn Ralf Strehlau danke ich für das Sponsoring im Rahmen der empirischen Vorstudie ebenso, wie zahlreichen Gesprächspartnern in der Praxis für fruchtbare Diskussionen und kreative Anregungen.

Meinen aktuellen und ehemaligen Kolleginnen, Kollegen sowie den studentischen Hilfskräften am Lehrstuhl für Betriebswirtschaftslehre, insbesondere Distribution und Handel, am Institut für Handelsmanagement und an der Forschungsstelle für Textilwirtschaft schulde ich Dank für ihre Unterstützung, vor allem während der "heißen Phase" der Fertigstellung meiner Arbeit. Besonders hervorzuheben sind an dieser Stelle Herr Stefan Borchert und Frau Anne Feldhaus. Ihnen danke ich für ihre umfangreichen Korrekturlesungen ebenso, wie Herrn Dr. Marc Heußinger, Frau Dr. Inga Langenhorst, Frau Marion Steffen und Herrn Christian Tietz für die vielen weiteren freundschaftlichen Hilfestellungen. Herrn Dr. Dirk Battenfeld und Herrn Peter Kenning danke ich darüber hinaus, daß sie mich stets auf den rechten Weg der wissenschaftlichen Erkenntnisgewinnung gebracht haben.

Ein im wahrsten Sinne des Wortes "herzlicher" Dank gebührt Frau Claudia Zitterbart. Deine Geduld sowie die vielfältigen Impulse und Aufmunterungen haben mehr zu dem erfolgreichen Abschluß dieser Arbeit beigetragen, als ich mit Worten beschreiben kann. Ebenso danke ich Deiner Familie für den langjährigen Rückhalt.

Last not least gilt mein zutiefst empfundener Dank meiner lieben Mutter Irmgard Becker. Durch Deine unermüdliche Unterstützung und permanente Motivation im gesamten Verlauf meiner Ausbildung trägst Du den größten Anteil am Gelingen meines Promotionsvorhabens. Du wirst gemeinsam mit meinem lieben Vater Aloys Becker, der dieses Ereignis leider nicht mehr erleben durfte, immer mein Vorbild bleiben. Euch widme ich diese Arbeit!

Münster, im Juni 1999 Bernd Becker

Inhaltsverzeichnis

Abbildungsverzeichnis

Tabellenverzeichnis

Abkürzungsverzeichnis

Abb.	Abbildung
AG	Aktiengesellschaft
Aufl.	Auflage
BB	Betriebs-Berater
BBE	Betriebsberatung für den Einzelhandel
Bd.	Band
bzw.	beziehungsweise
CAQ	Computer Aided Quality Assurance / Management
CIM	Computer Integrated Manufacturing
CKM	Centrum für Krankenhausmanagement
DBW	Die Betriebswirtschaft
DGQ	Deutsche Gesellschaft für Qualität
DQS	Deutsche Gesellschaft zur Zertifizierung von Qualitätsmanagementsystemen
EDV	Elektronische Datenverarbeitung
EG	Europäische Gemeinschaft
EN	Europäische Norm
et.al.	et alii
e.V.	eingetragener Verein
f.	folgende
ff.	fortfolgende
FAZ	Frankfurter Allgemeine Zeitung
FfH	Forschungsstelle für den Handel Berlin
GDI	Gottlieb Duttweiler Institut
GfK	Gesellschaft für Konsum-, Markt- und Absatzforschung
GmbH	Gesellschaft mit beschränkter Haftung
Hrsg.	Herausgeber
IfHM	Institut für Handelsmanagement
inkl.	inklusive
ISO	International Standard Organization
JITE	Journal of Institutional and Theoretical Economics
Kap.	Kapitel
KMU	Kleine und mittelständische Unternehmen
KSA	Kurt Salmon Associates
Nr.	Nummer
o.J.	ohne Jahr

o.O.	ohne Ort
o.S.	ohne Seite(n)
o.V.	ohne Verfasser
OTC	Over the Counter
PIMS	Profit Impact of Market Strategies
QKZ	Qualitätskennzahlen-Systeme
QM	Qualitätsmanagement
QSV	Qualitätssicherungsvereinbarungen
QZ	Qualität und Zuverlässigkeit
S.	Seite
Sp.	Spalte
Tab.	Tabelle
TGA	Trägergemeinschaft für Akkreditierung
TQM	Total Quality Management
u.a.	und andere
U.S.A.	United States of America
u.U.	unter Umständen
usw.	und so weiter
vgl.	vergleiche
WiST	Wirtschaftswissenschaftliches Studium
WISU	Das Wirtschaftsstudium
z.B.	zum Beispiel
ZfB	Zeitschrift für Betriebswirtschaft
zfbf	Zeitschrift für betriebswirtschaftliche Forschung
ZfhF	Zeitschrift für handelswissenschaftliche Forschung
zfo	Zeitschrift Führung + Organisation
zzgl.	zuzüglich

1. EINLEITUNG

1.1. Qualitätssicherung gemäß der ISO-Normen im Zentrum der Kritik von Anwendern und externen Beobachtern

"Ist die ISO 9000 noch zu retten?"[1] lautet die Überschrift des Artikels einer Fachzeitschrift. Damit wird der Tenor zahlreicher Veröffentlichungen zur Qualitätssicherung gemäß der ISO 9000-Normenfamilie[2] auf den Punkt gebracht: **Enttäuschung** auf Seiten der Unternehmungen, die ihre Zertifizierung bereits abgeschlossen haben[3] und scharfe **Kritik** seitens externer Beobachter.[4]

Der Eindruck liegt nahe, das **Vorhaben der ISO-Normen sei gescheitert**. Wird jedoch in Betracht gezogen, daß inzwischen tausende Unternehmungen im In- und Ausland die Zertifizierung ihrer Qualitätsmanagement-Systeme[5] sowie die entstehenden Kosten[6] auf sich genommen haben und ein quantitativer Rückgang der jährlich erteilten ISO-Zertifikate kaum beobachtet werden kann, ist dies wenig befriedigend. Darüber hinaus besteht in der wissenschaftlichen Literatur weitgehende Einigkeit über die grundsätzliche Effektivität von Zertifikaten als Indikator für Qualität.[7] Die oben zitierten Kritiken bemängeln somit konkret nicht die grundsätzliche Effektivität, sondern die **Effizienz der Zertifizierung** gemäß der ISO-Normen.[8]

---

1 KUNSTMANN, R. (1996), S. 1088.

2 Im folgenden wird auf die Bezeichnungen (ISO-)Normen, (ISO-)Zertifizierung usw. reduziert, wenn die ISO 9000-Normenfamilie bzw. -Zertifizierung gemeint ist.

3 Vgl. zusammenfassend RIEKER, J. (1995), S. 201ff. und EIFF, W.v. (1996), S. 1.

4 Vgl. beispielsweise BRETZKE, W.-R. (1995), S. 416ff.; CORNAZ, J.-L. (1994), S. 16ff.; DISCH, W.K.A. (1994), S. 467f.; GRAUBOHM, H. (1995), S. 2f.; KLOTZ, U. (1996), S. 36ff. und SIMON, W. (1995), S. 6ff.

5 Nach Schätzungen der DQS - Deutsche Gesellschaft zur Zertifizierung von Qualitätsmanagementsystemen mbH wurden weltweit bis 1998 über 200.000 und in Deutschland ca. 25.000 Zertifikate gemäß ISO 9000ff. erteilt (vgl. TSCHERNIG, A. (1998), S. 32).

6 Vgl. AHLERT, D./BECKER, B. ET.AL. (1996), S. 20: Mehr als die Hälfte der zertifizierten Unternehmungen gaben bei einer empirischen Untersuchung im deutschen Handel die Kosten einer Einführung der ISO-Normen mit über DM 50.000 an.

7 Vgl. zusammenfassend KUNKEL, M. (1994), S. 101f. Effektivität wird in diesem Zusammenhang als "grundsätzliche Eignung einer Maßnahme (...) ein Ziel zu erreichen" verstanden (WELGE, M.K./FESSMANN, K.-D. (1980), Sp. 577).

8 Für eine Zusammenfassung empirisch gestützter Aussagen zur Effizienz der ISO-Zertifizierung im Handel vgl. Kapitel 2.2.2.2., S. 38ff.

Für das vorliegende Forschungsvorhaben leiten sich hieraus verschiedene mögliche Fragestellungen ab, die zugleich unterschiedliche Untersuchungsansätze implizieren. Abb. 1 veranschaulicht diese Ansätze und zeigt die resultierenden Fragen mit Bezug auf die ISO-Normen auf.

Abb. 1: Vorgehensweisen der Erkenntnisgewinnung bezüglich der Effizienz der ISO-Normen

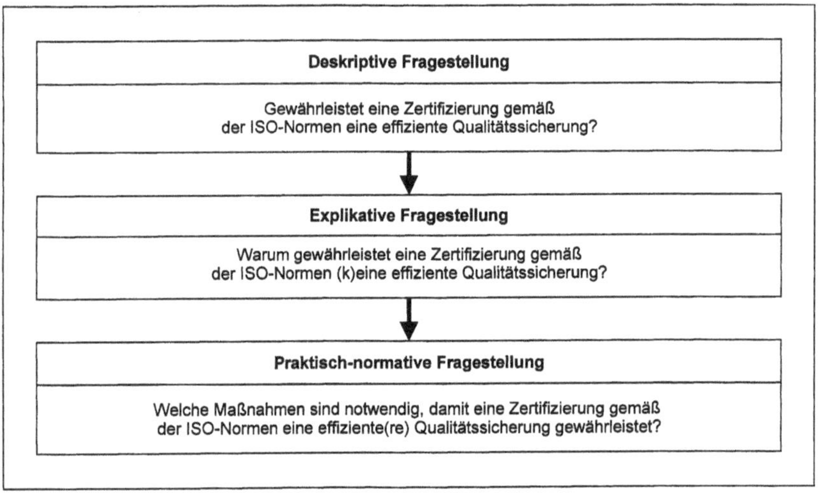

Quelle: Eigene Abbildung.

Die **Deskription** des Beitrags der Zertifizierung zum Aufbau einer effizienten Qualitätssicherung stellt eine mögliche Grundlage einer Diskussion der ISO-Normen dar.[9] Diese Vorgehensweise liegt den meisten Erörterungen dieser Thematik zugrunde und stützt sich häufig auf empirische Untersuchungen.[10] Auch die einleitend zitierten Quellen folgen diesem Ansatz. Im Ergebnis gelangt die überwiegende Zahl der Untersuchungen zu der Aussage, daß die Zertifizierung gemäß der **ISO-Normen kein effizientes Qualitätsmanagement gewährleistet**. Allerdings bleiben sie meist auf dieser deskriptiven Ebene stehen und beantworten die Frage, warum sie zu diesem Ergebnis kommen, allenfalls in Ansätzen.

9 Zur Deskription wissenschaftlicher Sachverhalte vgl. ausführlich MUSGRAVE, A.E. (1998), S. 84ff.

10 Zu einer Bestandsaufnahme ausgewählter empirischer Untersuchungen zu den ISO-Normen und den zugrundeliegenden Methoden vgl. SPECHT, G./SCHENK, M. (1995), S. 18ff.

Eine Ursache für diesen Begründungsmangel kann darin vermutet werden, daß empirische Untersuchungen häufig nicht die tatsächlichen Norminhalte zugrunde legen, sondern die Erfahrungen und Meinungen von Anwendern oder Dritten hinterfragen. Hinsichtlich dieser ist festzustellen, daß die konkreten Norminhalte in der Praxis oft nur lückenhaft bekannt sind.[11] Insbesondere die Aussagen zahlreicher Nutzer der Normen beruhen vielfach auf Sekundärquellen sowie Anwendungswissen und weniger auf detaillierten inhaltlichen Kenntnissen.[12] Als Resultat fokussiert die Kritik an den ISO-Normen auf **unpräzise Vorwürfe**, wie etwa jenen, daß qualitätsrelevante Sachverhalte unvollständig und zu schematisch abgebildet werden und so eine Bürokratisierung von Organisationen bewirkt wird, die dem Gedanken eines ganzheitlichen Qualitätsmanagements entgegenläuft.[13]

Diese Kritik trifft jedoch weniger die Inhalte der ISO-Normen als vielmehr deren Interpretatoren. Letztere gehen meist so vor, die Effizienz der Zertifizierung an Zielsetzungen zu messen, welche die Normen selbst in dieser Form oder Intensität nicht explizit formulieren.[14] Die ISO-Normen beabsichtigen die **Sicherung von Qualität und kein ganzheitliches Management** derselben.[15] Den Erfolg der Zertifizierung an den Zielen eines ganzheitlichen Qualitätsmanagements zu messen, stellt daher eine weitgehend ungeeignete Vorgehensweise dar, aus der kaum praktikable Empfehlungen für konkrete Verbesserungen, sondern allenfalls Hinweise für eine grundlegende Neuausrichtung der Normenintention abgeleitet werden können.

Dieser Mangel soll in der vorliegenden Arbeit mittels einer ursachengerichteten **Explikation** der konstatierten fehlenden Effizienz der ISO-Normen vermieden werden.[16] Die **materiellen Aspekte** der Analyse sind zu diesem Zweck um **formale Gesichts-**

---

[11] Vgl. auch Kapitel 4.1.1.1., S. 135ff.

[12] Es stellt sich die Frage, warum trotz der tendenziell negativen öffentlichen Meinung weiterhin zahlreiche Unternehmungen das ISO-Zertifikat anstreben. Begründet wird dies häufig mit abnehmerseitigem Marktdruck oder dem Ziel einer Vermeidung von Wettbewerbsnachteilen gegenüber zertifizierten Unternehmungen (vgl. z.B. KAMISKE, G.F./MALORNY, C. (1994), S. B8 und SAATWEBER, J. (1995), S. 66f.).

[13] Vgl. z.B. CORNAZ, J.-L. (1994), S. 16ff. und WOLF, S. (1997), S. 141.

[14] Vgl. zu dieser Kritik auch FRANKE, H. (1996), o.S.

[15] BECKER/ROSEMANN erläutern, daß das ganzheitliche Qualitätsmanagement (Total Quality Management) das "oft rein an der Erfüllung von Spezifikationen gebundene Verständnis von Qualität" erweitert, indem Aspekte wie beispielsweise Kunden- und Mitarbeiterorientierung verstärkte Berücksichtigung finden (BECKER, J./ROSEMANN, M. (1993), S. 46). Vgl. hierzu auch Kapitel 4, S. 133ff.

[16] TÖPFER weist darauf hin, daß das Hauptziel der Wirtschaftswissenschaft darin zu sehen ist, im Rahmen der Theorienbildung Erklärungen bzw. Prognosen zu erarbeiten, die der Praxis helfen, Gestaltungsempfehlungen zu erstellen und umzusetzen (vgl. TÖPFER, A. (1994), S. 231).

punkte zu erweitern.[17] Neben die Diskussion der Norminhalte tritt somit die Untersuchung ihrer formalen Eignung zur Erreichung norm-inhärenter Ziele. Folgende explikative Fragestellung steht somit im Zentrum der weiteren Ausführungen dieser Arbeit:

Warum gewährleistet die Zertifizierung gemäß der ISO-Normen keine effiziente Qualitätssicherung?

Die ISO-Normen wurden entwickelt, weil aufgrund der zunehmenden Komplexität von Leistungen und Umwelt bei Vertragspartnern Unsicherheit bezüglich der angebotenen Qualität besteht.[18] Insbesondere hinsichtlich solcher Transaktionen, bezüglich derer keine nachfragerseitigen Erfahrungswerte vorliegen, wird angenommen, daß Vertrauen als Erfahrungsersatz die Identifikation von Leistungen mit höherer Qualität unterstützt.[19] Basierend auf dieser Annahme beabsichtigen die ISO-Normen die Schaffung von **Vertrauen der Nachfrager** darin, daß in einer Unternehmung Maßnahmen implementiert und systematisch angewandt werden, welche die Qualität der erbrachten Leistungen sicherstellen.[20] Als Instrument bedienen sich die ISO-Normen der Darlegung qualitätsrelevanter Abläufe und Tätigkeiten, durch deren Festschreibung **Regelungen für Mitarbeiter und Unternehmungsführung** formuliert werden, die verbindlichen Charakter haben.

Ein **Paradoxon** der ISO-Normen rührt daher, daß detaillierte Verhaltens- bzw. Verfahrensregelungen ein wesentliches Kennzeichen für auf Mißtrauen und Kontrolle basierte Organisationsformen sind.[21] Mißtrauen und Kontrolle werden jedoch üblicherweise als Gegensatz von Vertrauen beschrieben,[22] das die Normen beim Nachfrager erzielen sollen. Verkürzt könnte formuliert werden: Externes Vertrauen soll durch die Darlegung interner, mißtrauens- und kontrollgestützter Regelungen geschaffen werden. Mit diesem Paradoxon wird für die vorliegende Arbeit die Notwen-

---

17 Vgl. Abb. 2.

18 Vgl. LANG, F. (1996), S. 7ff. Es ist davon auszugehen, daß Nachfrager grundsätzlich Mißtrauen gegenüber angebotenen Leistungen aufweisen (vgl. KAAS, K.P. (1990), S. 540f.).

19 Vgl. WEIZSÄCKER, C.C.v. (1978), zitiert nach ALBACH, H. (1991), S. 6. BOSCH wird darüber hinaus die Aussage zugesprochen: "Lieber Geld verlieren als Vertrauen" (zitiert nach SIMON, H./HOMBURG, C. (1995), S. 17).

20 Vgl. DIN - DEUTSCHES INSTITUT FÜR NORMUNG E.V. (Hrsg., 1994a), o.S. (Nationales Vorwort).

21 Vgl. KRYSTEK, U./ZUMBROCK, S. (1993), S. 27ff., die in diesem Zusammenhang den Begiff der "Mißtrauensorganisation" verwenden. Entsprechend fordern CAMMAN/NADLER, daß Kontrollsystem und Managementstil übereinstimmen müssen (vgl. CAMMAN, C./NADLER, D.A. (1982), S. 38ff.).

22 Vgl. LUHMANN, N. (1989), S. 78; PETERMANN, F. (1992), S. 54f. und kritisch SJURTS, I. (1998), S. 285ff.

digkeit deutlich, die explikative Analyse neben der oben aufgezeigten Unterscheidung in formale und materielle Überlegungen, auch in eine **externe und interne Betrachtungsperspektive** zu unterteilen.[23]

Unter Berücksichtigung der oben begründeten Differenzierung der vorliegenden Arbeit in formale und materielle sowie externe und interne Betrachtungsperspektiven und der einzelhandelsbezogenen Ausrichtung lassen sich aus der zuvor formulierten zentralen Fragestellung die in Abb. 2 dargestellten **Erkenntnisziele** ableiten.

Abb. 2: Erkenntnisziele der Arbeit

	Formale Analyse	Materielle Analyse
Externe Perspektive	Unterstützen die ISO-Normen in formaler Hinsicht den Aufbau von qualitätsbezogenem Vertrauen beim Nachfrager im Einzelhandel?	Berücksichtigen die ISO-Normen in materieller Hinsicht das Qualitätsverständnis der Nachfrager im Einzelhandel?
Interne Perspektive	Unterstützen die ISO-Normen in formaler Hinsicht die qualitätsbezogene Organisation von Einzelhandelsunternehmungen?	Berücksichtigen die ISO-Normen in materieller Hinsicht die qualitätsbezogene Prozeßstruktur von Einzelhandelsunternehmungen?

Quelle: Eigene Abbildung.

Hinsichtlich des Anwendungsgegenstands abstrahieren die ISO-Normen von konkreten Wertschöpfungsstufen oder Branchen. Die **Norminhalte sind allgemeingültig** formuliert und sollen per definitione auch entsprechend anwendbar sein.[24] Im Rahmen einer analytischen Betrachtung der Normen kann jedoch ein konkreter Praxisbezug hilfreich sein, da sich Sachverhalte so besser exemplarisch untersuchen und veranschaulichen lassen.

Die ersten Überlegungen zur Zertifizierung von Qualitätssicherungs-Systemen wurden für den industriellen Sektor angestellt.[25] Mindestens ebenso interessant sind die ISO-Normen für stärker dienstleistungs- und serviceorientierte Wirtschaftssektoren.

23 Vgl. Abb. 2.

24 Vgl. DIN - DEUTSCHES INSTITUT FÜR NORMUNG E.V. (Hrsg., 1994a), S. 6.

25 Vgl. Kapitel 2.2.1.1., S. 27ff.

Wegen seiner Nähe zum Nachfrager und der häufig persönlichen Kontakte stellt beispielsweise der Einzelhandel besondere Anforderungen an die Handhabung und Sicherung von Qualität.[26]

Der vorliegenden Arbeit soll daher - wie die obigen Erkenntnisziele bereits andeuten - das **Anwendungsfeld des Einzelhandels** zugrunde gelegt werden. Diesem werden insbesondere hinsichtlich der angebotenen Serviceleistungen in Deutschland seit Jahren Mängel attestiert.[27] Entsprechend finden sich Einzelhandelsunternehmungen in Untersuchungen der Kundenzufriedenheit regelmäßig auf mittleren und hinteren Plätzen.[28] Dies ist möglicherweise auch ein Grund dafür, daß der Handel im Vergleich zu anderen Sektoren deutlich weniger von steigenden Ausgaben der Nachfrager profitiert.[29] Darüber hinaus gerät der klassische Einzelhandel in der jüngsten Vergangenheit auch in Deutschland durch neue Vertriebswege zunehmend unter Druck.[30] Aufgrund dessen hat insbesondere der Einzelhandel **Bedarf an Instrumenten der Sicherung einer nachfragerorientierten Qualität** seiner Leistungen.

Aufbauend auf den mit obigen Fragestellungen verfolgten Erkenntniszielen sind im Hinblick auf Verbesserungsvorschläge **praktisch-normative Gestaltungsempfehlungen** abzuleiten. Diese können sich im wesentlichen an zwei Zielgruppen richten:

- bereits zertifizierte oder kurz vor der Zertifizierung stehende Einzelhandelsunternehmungen, die eine möglichst erfolgreiche Implementierung der ISO-Normen anstreben,
- normschaffende Institutionen, die für die Formulierung der ISO-Norminhalte zuständig sind.

Sofern die folgende Analyse zu dem Ergebnis kommt, daß die ISO-Zertifizierung trotz der deskriptiv begründeten Kritik zur Entwicklung effizienter Qualitätssiche-

---

26 Vgl. AHLERT, D./KOLLENBACH, S./KORTE, C. (1996), S. 16ff. Zur Bedeutung von Dienstleistungen für eine Kennzeichnung des Einzelhandels vgl. Kapitel 3.3.2.1., S. 82ff.

27 Vgl. beispielsweise NEUMANN, C. (1995), S. 74f.; o.V. (1993), S. 180ff.; SCHLAUTMANN, C. (1995), S. 8ff.; SCHMITZ, C.A. (1992), S. 87ff. und ZIMMER, D. (1995), S. 51ff.

28 Vgl. MEYER, A./DORNACH, F. (1995), S. 6.

29 Vgl. MEYER, A./FEND, L. (1996), S. 67.

30 Vgl. ZENTES, J./SWOBODA, B. (1998), S. 24ff. Stichworte wie Tankstellenshop (vgl. CLEMENS, B. (1998), S. 40ff.), Bahnhofsshop (vgl. DOEPNER, F. (1998), S. 48ff.), Spezial-Versandhändler (vgl. MEWIS, D. (1998), S. 52), Factory-Outlet-Center (vgl. ROSBACH, B. (1998), S. 56ff.) und Electronic-Commerce (vgl. RODE, J. (1998), S. 60ff.) belegen die Vielfalt neuer Vertriebswege der Hersteller, die den klassischen Handel umgehen.

rungs-Systeme geeignet ist, sind weitergehende Gestaltungsempfehlungen vor allem an die Zielgruppe der Einzelhandelsunternehmungen zu richten. Sollten sich jedoch im Rahmen der Beantwortung der Frage nach der Effizienz der ISO-Zertifizierung **fundamentale Mängel der Normen** identifizieren lassen, würden Handlungsempfehlungen für die Zielgruppe der normschaffenden Institutionen in den Mittelpunkt des Interesses rücken.

Der Urheber der ISO-Normen, die International Standard Organization[31] hat in diesem Zusammenhang ebenfalls Mängel erkannt und bereitet für den Jahrtausendwechsel eine **Revision der Normen** vor, für die gegenwärtig Vorschläge von Wissenschaft und Praxis eingefordert werden.[32] Aus den Erkenntnissen der vorliegenden Arbeit sind deshalb konkrete Gestaltungsempfehlungen abzuleiten, die eine Heilung der zuvor festgestellten Mängel ermöglichen.

1.2. Charakterisierung des Forschungsvorhabens

Im Mittelpunkt dieser Arbeit stehen die oben formulierten Erkenntnisziele. Dem Prozeß der Erkenntnisgewinnung soll der folgende **Gang der Untersuchung** zugrunde gelegt werden.

Nachdem in der **Einleitung** die zentrale Fragestellung der vorliegenden Arbeit hergeleitet und in konkrete Erkenntnisziele überführt worden ist, sollen in **Kapitel 2** die allgemeinen Grundlagen der Untersuchung erörtert werden. Neben der Diskussion begrifflicher und praxisorientierter Entwicklungen der Qualitätssicherung im Einzelhandel (Kapitel 2.1.) steht die Darlegung der Intention und Entwicklung der ISO-Normen mit Fokus auf den Einzelhandel (Kapitel 2.2.) im Mittelpunkt.

In **Kapitel 3** schließt sich die Analyse der ISO-Normen in Einzelhandelsunternehmungen an. Unter Berücksichtigung der Erkenntnisziele wird diese in eine extern sowie eine intern ausgerichtete Teilanalyse untergliedert, die jeweils auf formale und materielle Aspekte eingeht. Einleitend erfolgt eine Interpretation der institutionellen Rahmenbedingungen, die den ISO-Normen zugrundeliegen (Kapitel 3.1.) sowie die Auswahl von analyseunterstützenden ökonomischen Ansätzen (Kapitel 3.2.).

---

31 Das technische Komitee ISO/TC 176 der ISO (International Standard Organization) ist Urheber der ISO-Normen. Vgl. hierzu Kapitel 3.3.2.1., S. 82ff.

32 Vgl. GEIGER, W. (1997), S. 886, der anmerkt, daß die Entwürfe der revidierten Normen etwa in den Jahren 2001 bis 2003 vorliegen werden. Inhaltlich sollen die neustrukturierten Normen einen Schritt von der bloßen Sicherung zu einem ganzheitlichen Management von Qualität leisten (vgl. CAMPBELL, I. (1996), S. 1126 und PETRICK, K. (1996), o.S.).

In Kapitel 3.3. steht die übergeordnete Frage im Mittelpunkt, ob die ISO-Normen geeignet sind, qualitätsgerichtetes Vertrauen beim externen Nachfrager im Einzelhandel zu erzeugen. Im Rahmen der formalen Analyse ist zu untersuchen, ob die für vertrauensvolle Anbieter-Nachfrager-Beziehungen erforderlichen Erkenntnisse der vertragsökonomischen Theorie in geeigneter Weise Eingang in die ISO-Normen gefunden haben (Kapitel 3.3.1.). Als wesentliche Basis qualitätsgerichteten Vertrauens wird die Beachtung der für die Nachfrager relevanten Leistungsbeurteilungskriterien angesehen. Deren Berücksichtigung steht daher im Mittelpunkt der materiellen Analyse (Kapitel 3.3.2.).

Kapitel 3.4. abstrahiert von der externen Analyse der ISO-Normen und fragt, ob die Normen geeignet sind, interne qualitätsrelevante organisatorische Aspekte im Einzelhandel abzudecken. In formaler Hinsicht ist hier von Interesse, ob motivationale und koordinative Überlegungen im Rahmen der geforderten Darlegung des Qualitätsmanagement-Systems gebührende Berücksichtigung finden (Kapitel 3.4.1.). Grundlage der Analyse sind in diesem Zusammenhang Erkenntnisse der regelökonomischen Theorie. Von besonderer Bedeutung für organisatorische Überlegungen sind prozeßorientierte Aspekte. Im Rahmen der materiellen Analyse steht daher die Prozeßstruktur von Einzelhandelsunternehmungen und ihre Berücksichtigung durch die ISO-Normen im Mittelpunkt (Kapitel 3.4.2.).

Den Abschluß dieses Kapitels bildet eine Zusammenfassung der Analyseergebnisse, die eine hypothetische Beantwortung der einleitend formulierten Fragestellungen ermöglicht (Kapitel 3.5.).

Aufbauend auf den Erkenntnissen der Untersuchung werden in **Kapitel 4** praktisch-normative Gestaltungsempfehlungen formuliert. Im Zentrum steht die Beantwortung der konkreten Frage nach Vorschlägen hinsichtlich einer formalen und materiellen Revision der ISO-Normen für einen Einsatz im Einzelhandel. In Kapitel 4.1. wird zu diesem Zweck auf den Erkenntnissen der vertragsökonomisch ausgerichteten Analyse und in Kapitel 4.2. auf jenen der regelökonomisch ausgerichteten Analyse aufgebaut.

Kapitel 5 faßt die Erkenntnisse der Arbeit zusammen (Kapitel 5.1.) und bietet einen Ausblick auf verbleibende notwendige Forschungsarbeiten zu dieser Thematik (Kapitel 5.2.).

Abb. 3: Gang der Untersuchung

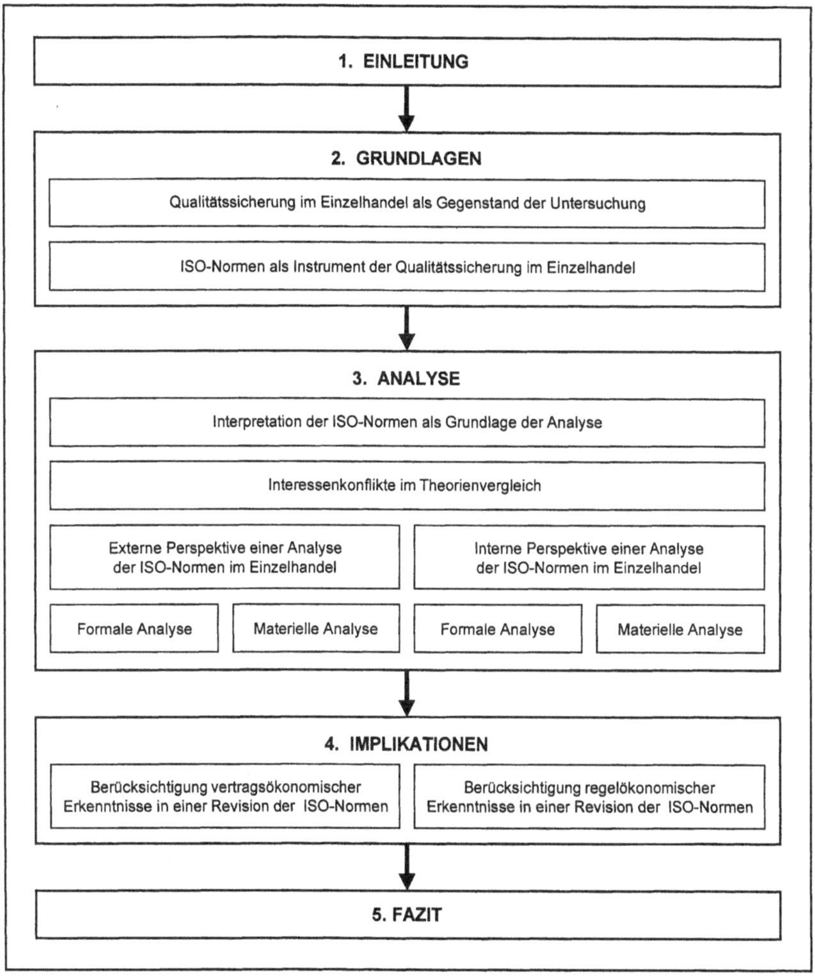

Quelle: Eigene Abbildung.

Die mit dem in Abb. 3 zusammengefaßten Gang der Untersuchung verfolgte Zielsetzung der Explikation einer vermeintlichen Ineffizienz der ISO-Normen basiert auf einem **deduktiv-nomologischen Ansatz**. Dieser stützt die Erklärung konkreter Phänomene auf die logische Ableitung (Deduktion) allgemeiner Gesetze (nomologische

Aussagen).[33] Sofern für einen fraglichen Fall keine deterministischen Gesetze vorliegen, werden in der Literatur ersatzweise ökonomische Theorien als nomologische Aussage vorgeschlagen.[34] Eine entsprechende Vorgehensweise liegt auch dieser Arbeit zugrunde, weshalb in Kapitel 3.2.2. eine Auswahl der geeigneten Theorien erfolgt.

33 Vgl. KIESER, A. (1995), S. 7 sowie die dort angegebene Literatur.

34 Zur Problematik der Anwendung der deduktiv-nomologischen Erklärung bei Nichtexistenz deterministischer Gesetze vgl. KIESER, A. (1995), S. 8ff.

2. GRUNDLAGEN

Wie einleitend festgestellt wurde, besteht ein häufiges Mißverständnis der Diskussion der ISO-Normen darin, ihnen die Eignung zum Aufbau eines ganzheitlichen Qualitätsmanagements abzusprechen.[35] Dem liegt die Idee zugrunde, den Erfolg der Normen an einem Ziel zu messen, das von ihnen allenfalls implizit verfolgt wird. Explizit soll nicht der Aufbau, sondern lediglich die Darlegung von Qualitätsmanagement-Systemen durch die Normen gefördert werden.[36]

Bevor in Kapitel 3 dieser Arbeit die Eignung der ISO-Normen für die Entwicklung einer effizienten Qualitätssicherung am Beispiel des Einzelhandels einer Analyse unterzogen wird, ist es zunächst notwendig, neben der Konkretisierung der begrifflichen Grundlagen (Kapitel 2.1.), eine problemorientierte Kennzeichung der Normen vorzunehmen (Kapitel 2.2.).

2.1. Qualitätssicherung im Einzelhandel als Gegenstand der Untersuchung

Die Planung, Handhabung und Messung der Qualität unternehmerischer Leistungen steht seit langem im Mittelpunkt des Interesses von Wissenschaft und Praxis. Dennoch herrscht bislang weder Einigkeit über eine Begriffsfestlegung noch über die Determinanten von Qualität. Die folgenden Gründe werden als ursächlich hierfür angesehen:[37]

1. Qualitätsurteile sind dynamisch und umweltabhängig.
2. Qualitätsurteile sind abhängig vom Betrachtungssubjekt.
3. Qualitätsurteile variieren in Abhängigkeit von dem zugrunde liegenden Betrachtungsobjekt.

Die Festlegung qualitätsbezogener Grundlagen stellt jedoch eine notwendige Voraussetzung für eine Beurteilung der diesbezüglichen ISO-Normeninhalte und -wirkungen dar.

---

35 Vgl. Fußnote 14.

36 Vgl. DIN - Deutsches Institut für Normung e.V. (Hrsg., 1994a), S. 0 (nationales Vorwort). Die Bezeichungen Qualitätssicherung und Qualitätsmanagement-Darlegung werden in den ISO-Normen synonym verwandt. Eine detaillierte Diskussion der ISO-Normen und ihrer Intention erfolgt in Kapitel 2.2.1.1., S. 27ff.

37 Vgl. Niemand, S./Renner, A./Ruthsatz, O. (1990), S. 5.

2.1.1. Begriffliche Grundlagen von Qualität

Die in Literatur und Praxis geführte Diskussion zur inhaltlichen **Festlegung des Qualitätsbegriffs** ist sehr vielfältig.[38] Zwar besteht weitgehende Einigkeit darüber, daß Qualität die anhand von Maßstäben "bewertete Beschaffenheit einer Leistung"[39] kennzeichnet. Entsprechend beschreibt die europäische Norm DIN EN ISO 8402 Qualität als "Gesamtheit von Merkmalen einer Einheit bezüglich ihrer Eignung, festgelegte und vorausgesetzte Erfordernisse zu erfüllen."[40]

Uneinigkeit herrscht jedoch darüber, wie diese Definition zu interpretieren ist, da sie zwei offene Formulierungen enthält:[41]

- **"festgelegte und vorausgesetzte Erfordernisse":** Wer definiert die Anforderungen, die an eine Leistung gestellt werden, und wie werden diese konkretisiert?
- **"Merkmalen einer Einheit":** Wie ist die zu bewertende Leistung (Einheit) abgegrenzt, und welche Merkmale liegen der Bewertung zugrunde bzw. wie wird die Bewertung durchgeführt?

Im Sinne einer häufig geforderten, intensiveren Berücksichtigung der **Kundenorientierung** scheint es angeraten, den Nachfrager in den Mittelpunkt der Begriffsfassung von Qualität zu stellen.[42] Allerdings deutet BOVERMANN auf ein Problem hin, welches die alleinige Verfolgung dieses Qualitätsbegriffs ungeeignet erscheinen läßt:[43] Die

---

38 GEIGER belegt dieses divergierende Begriffsverständnis von Qualität für die deutsche Unternehmenspraxis und identifiziert elf Cluster von Qualitätsdefinitionen (vgl. GEIGER, W. (1994a), S. 44). KREIMEL, F./KOLLETH, S. (1995), S. 207 bestätigen diese Ergebnisse in einer österreichischen Studie.

39 HENTSCHEL, B. (1992), S. 35.

40 DEUTSCHES INSTITUT FÜR NORMUNG E.V. (Hrsg., 1995b), S. 3 ergänzt durch DIN 55350-11 (vgl. DEUTSCHES INSTITUT FÜR NORMUNG E.V. (Hrsg., 1995a), S. 2ff.).

41 JURAN umgeht dieses Problem, indem er die Definition weiter vereinfacht. Jedoch erscheint auch sein Verständnis von Qualität als "Fitness for Use" zu undifferenziert, um hieraus konkrete Handlungsempfehlungen für eine Unternehmung abzuleiten (vgl. JURAN, J.M. (1990), S. 20). GARVIN versucht die Begriffsfrage zu klären, indem er die unterschiedlichen Sichtweisen in "Approaches to Defining Quality" zusammenfaßt (GARVIN, D.A. (1988), S. 40ff.). Die Gruppierung verschiedener Definitionsansätze trägt damit zwar der Komplexität der Diskussion Rechnung. Bezüglich der Identifikation einer verallgemeinerungsfähigen Begriffsfassung ist sie jedoch nur wenig hilfreich.

42 Vgl. zu dieser Forderung beispielsweise MEISTER, H. (1994), S. 492ff.

43 Vgl. BOVERMANN, A. (1997), S. 12, die mit dieser Kritik auf OTTO, A. (1993), S. 115 aufbaut.

quantitative und inhaltliche Vielfalt sowie die Dynamik der Nachfragerbedürfnisse und -forderungen[44] macht eine Clusterung der Nachfrager notwendig. Abgesehen von Märkten mit relativ homogenen Nachfragerbedürfnissen muß so zwangsläufig der Grundsatz einer Berücksichtigung des Individuums relativiert werden.

In Kenntnis dessen ist eine **Integration von nachfrager- und leistungsorientierter Qualitätsauffassung** zu empfehlen, da nur durch eine "Transformation der subjektiv relevanten Qualitätsdimensionen in objektiv meßbare Qualitätsmerkmale"[45] eine wirksame Qualitätssteuerung möglich wird.[46] Dies widerspricht zudem nicht der oben angesprochenen Zielsetzung der Kundenorientierung, sondern weist lediglich darauf hin, daß im Rahmen einer ganzheitlichen Qualitätsdefinition auch weitere Interessen zu berücksichtigen sind.[47] Allerdings soll in dieser Arbeit von der Umweltsicht, die beispielsweise auch eine Berücksichtigung anderer Interessengruppen und Rahmenbedingungen erfordern würde, abstrahiert werden und der Fokus auf einer integrierten Nachfrager- und Anbieterperspektive liegen. Dies ist damit zu begründen, daß Umweltgesichtspunkte in den Unternehmungen kurzfristig als Datum zu betrachten und nicht beeinflußbar sind.

Basierend auf der obigen DIN-Definition soll dieser Arbeit die folgende **Begriffsfassung von Qualität** zugrunde gelegt werden:

Gesamtheit von Merkmalen einer Leistung bezüglich ihrer Eignung, die vom Nachfrager vorausgesetzten und vom Anbieter festgelegten Erfordernisse zu erfüllen.

Definitions- und damit qualitätsbestimmende Inhaltsbestandteile sind somit die Leistungen des Anbieters sowie deren Merkmale.[48] Zur Vermeidung von Redundanzen werden die einzelhandelsspezifischen Leistungsmerkmale erst an späterer Stelle konkretisiert, um anschließend eine Teilanalyse der ISO-Normen vorzunehmen.[49]

---

44 Vgl. HOROWITZ, J. (1989), S. 31ff. Die Auswirkungen der Differenzierung und Dynamisierung der Kundenbedürfnisse und -forderungen für das Angebot kundenorientierter Sortimente beschreibt ZITTERBART am Beispiel der Bekleidungswirtschaft (vgl. ZITTERBART, C. (1998), S. 62ff.).

45 BENKENSTEIN, M. (1993), S. 1101.

46 Vgl. WITTE, A. (1993), S. 24.

47 Vgl. BRUHN, M. (1996), S. 25f. Dies beinhaltet beispielsweise auch eine qualitätsgerichtete Zusammenarbeit mit den Lieferanten (vgl. HAMPE, K.-D./HUMMEL, R. (1996), S. 1059ff.). Ergänzend hierzu weist ZORN auf die Notwendigkeit einer intensiveren Berücksichtigung von ökologischen Aspekten bei der Begriffsfassung von Qualität hin (vgl. ZORN, J. (1991), S. 583ff.).

48 Vgl. erläuternd KLINKENBERG. U. (1995), S. 600f.

49 Vgl. Kapitel 3.3.2., S. 81ff.

2.1.2. Bedeutung von Qualität für den Unternehmungserfolg

Eine Intensivierung der unternehmerischen Anstrengungen in Hinblick auf die erzeugte Qualität verfolgt meist die Zielsetzung einer Stärkung des Unternehmungserlöses. Gleichzeitig ist zu berücksichtigen, daß die Kosten derartiger Anstrengungen nicht unerheblich sind.[50] Mit qualitätsbezogenen Vorhaben sollte daher die ökonomische Forderung verbunden werden, daß **positive Gewinnwirkungen** resultieren.[51] Der Mehrzahl der Veröffentlichungen mangelt es zumeist an fundierten Analysen der Wirkungszusammenhänge, so daß eine zuverlässige Aussage zu den bestimmenden sowie den determinierten Größen nicht getroffen werden kann.[52]

Dieses Manko soll insbesondere die **Erfolgsfaktorenforschung** mindern, indem sie die dominierenden Determinanten des Unternehmungserfolgs analysiert. Der sicherlich bekannteste Ansatz dieser Art ist das PIMS-Programm.[53] Dieses belegt, daß Qualität die bedeutendste Determinante des Unternehmungserfolgs ist. Die Intensität dieses Zusammenhangs divergiert indessen erheblich. Insbesondere dienstleistungsorientierte Anbieter profitieren besonders stark hiervon.[54]

Diese Aussage hinterfragt HENTSCHEL. Er bezweifelt, ob die aus dem PIMS-Programm abzuleitende Empfehlung einer Qualität smaximierung korrekt ist.[55] Zu diesem Zweck werden die mit erhöhten Qualitätsanstrengungen verbundenen Effekte wie in Tab. 1 veranschaulicht in **Erlös- und Kostenwirkungen** differenziert.[56]

---

50 Lange Zeit dominierte sowohl in der Literatur als auch v.a. in der Praxis die Überzeugung, daß eine Erhöhung der Qualität automatisch mit einem Anstieg der Kosten verbunden ist (vgl. ERHARDT, K.J. (Hrsg., 1994), S. 236.

51 Vgl. BECKER, J./ROSEMANN, M. (1993), S. 49. Zum Zusammenhang von Qualität und Kosten vgl. DGQ - DEUTSCHE GESELLSCHAFT FÜR QUALITÄT E.V. (Hrsg., 1985), S. 7ff.; NIEMAND, S./RUTHSATZ, O. (1990), S. 27ff.; THOMYS, A.-K. (1995), S. 31ff. und TÖPFER, A. (1994), S. 223ff.

52 Zur Kritik solcher und ähnlicher Ansätze vgl. KIESER, A. (1996), S. 21ff.; EIFF, W.v. (1995), S. 14ff. und SIMON, H. (1995), S. 134ff. sowie die dort angeführte Literatur.

53 Zu einer umfangreichen Schilderung der Vorgehensweise und Ergebnisse des PIMS (Profit Impact of Market Strategy)-Programms vgl. BUZZELL, R.D./GALE, B.T. (1989), S. 52ff.

54 Vgl. BUZZELL, R.D./GALE, B.T. (1989), S. 91ff.

55 Vgl. HENTSCHEL, B. (1992), S. 45ff., der seinen Überlegungen die Dienstleistungsbranche zugrunde legt.

56 Die Frage der Operationalisierung qualitätsbezogener Kosten und die Entwicklung geeigneter Erfassungs- und Meßsysteme soll nicht Thema der vorliegenden Untersuchung sein. Aus diesem Grunde sei an dieser Stelle lediglich auf folgende Quellen verwiesen: BARTH, C./SCHOOF, A. (1996), S. 652ff.; DGQ - DEUTSCHE GESELLSCHAFT FÜR QUALITÄT E.V. (Hrsg., 1990), S. 9ff.; DGQ - DEUTSCHE GESELLSCHAFT FÜR QUALITÄT E.V. (Hrsg., 1995b), S. 19ff. und GRÖNROOS, C. (1995), S. 67ff.

Tab. 1: Ökonomische Wirkungen einer Steigerung des Qualitätsniveaus auf den Unternehmungserfolg

Positive ökonomische Wirkungen von Qualitätssteigerungen	Negative ökonomische Wirkungen von Qualitätssteigerungen
• Steigerung des Umsatzes • Steigerung der Preisbereitschaft der Nachfrager • Reduktion der Fehlerkosten	• Steigerung der Fehlerverhütungskosten • Steigerung der Prüfkosten • Steigerung der Faktorkosten

Quelle: Eigene Tabelle in Anlehnung an HENTSCHEL, B. (1992), S. 46ff.[57]

Die positiven Wirkungen einer Steigerung des Qualitätsniveaus lassen sich in kaufbeeinflussende und in kostenreduzierende Wirkungen differenzieren. Die negativen Wirkungen können auf die Steigerung qualitätsbezogener Kosten zurückgeführt werden. Dies relativiert die einleitend gemachte Aussage, daß qualitätsrelevante Anstrengungen in der Summe stets eine Kostensteigerung nach sich ziehen. Vielmehr ist auch eine **Kostenreduktion in Teilbereichen** möglich.

Für eine Analyse der ökonomischen Wirkungen ist eine **integrierte Betrachtung** notwendig. Durch den Übertrag der oben angesprochenen Kosten- und Umsatz- sowie der daraus resultierenden Gewinnwirkungen in eine graphische Darstellung, versucht HENTSCHEL in Abb. 4, das theoretisch **optimale Qualitätsniveau** zu ermitteln. Ökonomisch relevant ist hiernach jedes Niveau, bei dem die Differenz zwischen qualitätsabhängigen Umsätzen und Kosten positiv bzw. idealerweise maximal ist. Das durch das PIMS-Programm angedeutete Maximierungsproblem von Qualitätsanstrengungen wird damit in ein Optimierungsproblem überführt.

Diese Darstellung ist nicht frei von Kritik. Nur durch die Unterstellung eigener Annahmen bezüglich der Kurvenverläufe gelingt es HENTSCHEL, das in Abb. 4 hinterlegte Optimierungsproblem darzustellen. Werden andere, beispielsweise lineare, Kurvenverläufe unterstellt, führt auch die obige Darstellung wieder zu dem zuvor kritisierten Maximierungsproblem zurück.

[57] Zu den Kategorien von Qualitätskosten vgl. ergänzend DGQ - DEUTSCHE GESELLSCHAFT FÜR QUALITÄT E.V. (Hrsg., 1985), S. 13ff. und GEIGER, W. (1994a), S. 242ff.

Abb. 4: Mögliche Erlös-, Kosten- und Gewinnverläufe bei einer Variation des Qualitätsniveaus

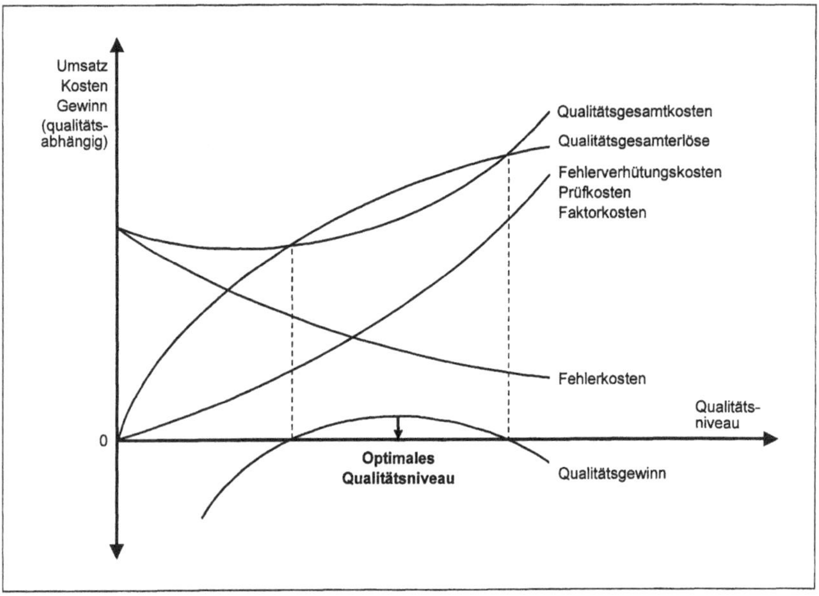

Quelle: Eigene Abbildung in Anlehnung an HENTSCHEL, B. (1992), S. 57.

Einen anderen Ansatz der Identifikation ökonomischer Wirkungen von Qualität verfolgt HERRMANN.[58] Zwar wird auch hier, ähnlich wie beim PIMS-Programm, die Kostenseite im Rahmen der Ausführungen vernachlässigt. Dennoch birgt die Untersuchung weitergehende Erkenntnisse. Im Gegensatz zu anderen Studien wird das Konstrukt der **Kundenzufriedenheit** bei der integrierten Analyse von Qualität und Unternehmungserfolg berücksichtigt.

Folgende Wirkungen einer hohen Kundenzufriedenheit durch eine gesteigerte Qualität sind in diesem Zusammenhang anzunehmen:[59]

- Dauerhafte Absatzbasis durch verbesserte Wiederkaufraten,
- reduzierte Preiselastizität der Kunden,

58 Vgl. hierzu ausführlich HERRMANN, A. (1995), S. 238ff.

59 Vgl. HERRMANN, A. (1995), S. 239ff.

- erhöhtes "cross selling"-Potential des Anbieters sowie
- erleichterte Neukundengewinnung durch Weiterempfehlungen von Altkunden.

Darüber hinaus wird mit Hilfe eines regressionsanalytischen Schätzverfahrens untersucht, inwieweit sich die aufgestellten Überlegungen in unterschiedlichen Branchen tatsächlich empirisch messen lassen. Die Analyse bestätigt den angenommenen **positiven Zusammenhang zwischen Qualität, Kundenzufriedenheit und Rentabilität.**[60] Auffällig ist, daß insbesondere bei Dienstleistungsunternehmungen dieser Zusammenhang eine besonders hohe Signifikanz aufweist. So determiniert beispielsweise die Erfüllung der Kundenerwartungen die Zufriedenheit mit Dienstleistungen weit stärker als mit Sachleistungen. Als mögliche Begründung für dieses Ergebnis wird die geringere Standardisierbarkeit von Dienstleistungen und die damit verbundene Unsicherheit über das branchenübliche Leistungsniveau vermutet.[61] Die Ergebnisse legen den Schluß nahe, daß **Einzelhandelsunternehmungen in stärkerem Maße von qualitätsbezogenen Anstrengungen profitieren als beispielsweise Industrieunternehmungen**, da ihre Leistungspalette in der Regel auch Dienstleistungen beinhaltet.[62]

2.1.3. Einordnung der Qualitätssicherung in die Entwicklungsstufen der Handhabung von Qualität

Das Aufkommen des Handels im funktionellen Sinne war zugleich Auslöser der ersten überlieferten Auseinandersetzung mit qualitätsbezogenen Fragestellungen.[63] Durch die Festlegung homogener Maße und Einheiten wurde eine Vergleichbarkeit sowie Bewertung und damit ein geregelter Austausch von Gütern möglich.[64] Der Beginn der Industrialisierung im 19. Jahrhundert und die Entstehung der Massenferti-

---

60 Vgl. HERRMANN, A. (1995), S. 245.

61 Vgl. zur Darstellung des Analysemodells und der Ergebnisse ausführlich HERRMANN, A. (1995), S. 242ff.

62 Für eine detaillierte Diskussion der Zugehörigkeit von Handelsunternehmungen zum Dienstleistungssektor siehe Kapitel 3.3.2.1., S. 82ff.

63 AUSSCHUSS FÜR BEGRIFFSDEFINITIONEN AUS DER HANDELS- UND ABSATZWIRTSCHAFT (Hrsg., 1995), S. 28: "Handel im funktionellen Sinne liegt vor, wenn Marktteilnehmer Güter, die sie in der Regel nicht selbst be- oder verarbeiten (Handelswaren), von anderen Marktteilnehmern beschaffen und an Dritte absetzen. In der Praxis wird der Begriff im allgemeinen auf den Austausch von Sachgütern, noch häufiger auf den Austausch von beweglichen Sachgütern eingeschränkt."

64 Vgl. LERNER, F. (1994), S. 17ff.

gung stützte Bestrebungen, Unverwechselbarkeit durch Warenzeichen zu schaffen und zugleich Beschaffenheitsvorstellungen an die Güter zu knüpfen. Erste Anzeichen des heute verbreiteten Verständnisses von Qualität waren entstanden.[65]

Abb. 5 veranschaulicht die **Entwicklungsstufen der Handhabung von Qualität** im 20. Jahrhundert. Wie ersichtlich ist, hat sowohl der Umfang der zur Anwendung kommenden qualitätsbezogenen Instrumentalbereiche als auch die Anzahl der berücksichtigten unternehmerischen Funktionsbereiche kontinuierlich zugenommen. KAMISKE/MALORNY bezeichnen deshalb insbesondere die neunziger Jahre als "Qualitätsepoche"[66].

Abb. 5: Zeitliche Entwicklungsstufen der Handhabung von Qualität

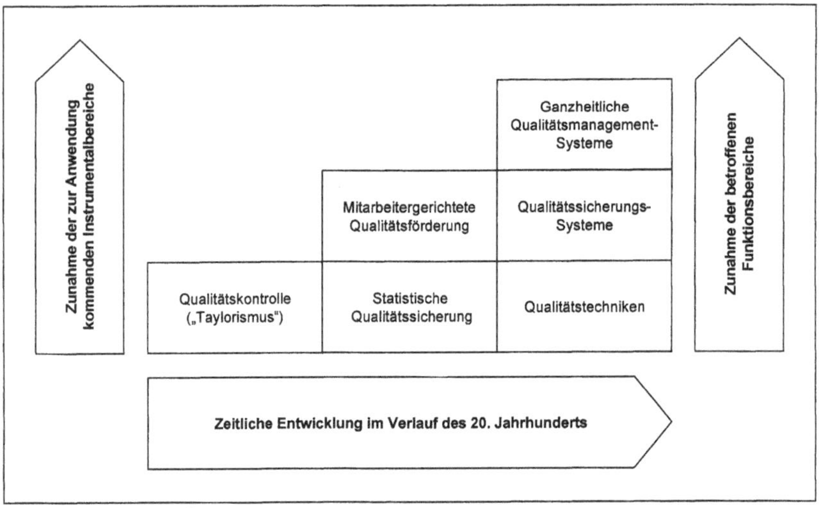

Quelle: Eigene Abbildung in Anlehnung an MEFFERT, H. (1995), S. 21; SCHILDKNECHT, R. (1992), S. 44 und SEGHEZZI, H.D. (1996), S. 5.

Bedingt durch die auf TAYLOR beruhende personale und sachbezogene Arbeitsteilung in der unternehmerischen Wertschöpfung entstanden spezialisierte Arbeitsbereiche. Die Zwischenprodukte mußten über die Schnittstellen zwischen den Bereichen weitergeleitet werden. Um ein Abwälzen der Verantwortlichkeiten für Mängel auf nachfolgende Abteilungen zu vermeiden, wurden **Kontrollen an den Schnitt-**

65 Vgl. LERNER, F. (1994), S. 22f.

66 KAMISKE, G.F./MALORNY, C. (1992), S. 275.

stellen eingeführt.[67] Aufgrund des vorherrschenden sachleistungsorientierten Verständnisses von Qualität und der noch geringen Bedeutung anderer Funktionsbereiche blieben die Kontrollen zunächst lediglich auf die Produktion beschränkt.

Dies änderte sich mit der Zunahme der Komplexität der industriellen Wertschöpfung und der damit einhergehenden Frage nach den Ursachen von Qualitätsmängeln. Die Notwendigkeit einer strategischen Betrachtung wurde erkannt und erste Ansätze einer **statistischen Erfassung von Qualitätskontrollen** getroffen. Diese mündeten in einer Institutionalisierung des Qualitätswesens, in dem gegen Mitte dieses Jahrhunderts durchschnittlich über 10 Prozent der Mitarbeiter einer Unternehmung tätig waren. Bedingt hierdurch gewannen auch **mitarbeitergerichtete Qualitätsförderungsmaßnahmen** an Bedeutung, die sich zunächst an die Beschäftigten im Qualitätswesen selbst, aber auch zunehmend an Mitarbeiter anderer Bereiche wandten.[68]

An dieser Stelle wird erstmals die **Relevanz des Qualitätswesens für Handelsunternehmungen** offensichtlich. Da kaum eine Produktion von Leistungen im industriellen Sinne vorgenommen wird, haben die Mitarbeiter im Rahmen der Leistungserstellung eine besondere Relevanz. Durch die unmittelbare Marktnähe und den oft direkten Kontakt mit dem Nachfrager gewinnt die fachliche und vor allem die soziale Kompetenz des Personals im Handel eine überragende Bedeutung.[69] Eine Intensivierung der Schulungen von Mitarbeitern in Verkaufstechniken sowie Überlegungen zur Gewinnung und Nutzung von Informationen über den Nachfrager und seine Bedürfnisse stammen aus dieser Zeit.[70]

Initiiert durch die Erkenntnis, daß die Schaffung von Wettbewerbsvorteilen nicht nur auf mengenorientierten Unternehmungszielen beruhen sollte, sondern eine anforderungsgerechte Qualität auch für eine erfolgreiche Profilierung am Markt notwendig ist, wurde seit den siebziger Jahren die überwiegend reaktive Handhabung von Qualität durch eine zunehmend **aktive Qualitätssicherung** abgelöst.[71] Neben einer In-

---

67 Vgl. hierzu und zum folgenden SOMMERLATTE, T. (1992), S. 11f. und WITTE, A. (1993), S. 19ff. sowie die dort angegebene Literatur.

68 Vgl. SEGHEZZI, H.D. (1996), S. 5.

69 Vgl. LISSON, A. (1994), S. 787.

70 Zur Bedeutung der Sozialkompetenz der Mitarbeiter und der Informationen über die Nachfrager in Dienstleistungs- und dienstleistungsnahen Unternehmungen vgl. STAUSS, B. /HENTSCHEL, B. (1990), S. 233ff.

71 Vgl. WILDEMANN, H. (1982), S. 1043. Eine Ursache dieses gewandelten Verständnisses ist auch in der zunehmenden Ablösung von Verkäufer- durch Käufermärkte zu sehen (vgl. SCHÜTZ, P. (1994), S. 32ff.). Die Bedeutung einer markt- und nachfragerorientierten Unternehmenspoltik wurde hierdurch immer deutlicher.

tegration des Qualitätswesens in den Zyklus der Unternehmungsführung ist insbesondere die Entwicklung von **Qualitätssicherungs-Systemen** charakteristisch. In diese Phase fiel auch die Vorstellung der ersten Entwürfe der ISO-Normen.

Den vorläufigen Abschluß der Entwicklung bilden gegenwärtig **Qualitätsmanagement-Konzepte**, die sämtliche Funktionsbereiche integrieren und eine ganzheitliche Betrachtung der Unternehmung im Spannungsbogen von Markt und Wettbewerb ermöglichen.[72]

Das bisher Gesagte macht deutlich, daß die Beschäftigung mit Qualität die Kenntnis von im umgangssprachlichen Gebrauch oft synonym verwandten Begriffen voraussetzt. So erscheint beispielsweise die Abgrenzung von Qualitätsmanagement und Qualitätssicherung zunächst als unerheblich. Im Hinblick auf die Analyse der ISO-Normen und die in diesem Zusammenhang in der Literatur zu beobachtenden Begriffsungenauigkeiten ist diese jedoch von großer Bedeutung.[73]

Um Mißverständnisse zu vermeiden, hat das DEUTSCHE INSTITUT FÜR NORMUNG die folgenden Begriffsdefinitionen festgelegt:[74]

- **Qualitätspolitik**:
  "Umfassende Absichten und Zielsetzungen einer Organisation (...) zur Qualität (...), wie sie durch die oberste Leitung formell ausgedrückt werden".

---

72 BECKER/ROSEMANN führen aus, daß ganzheitliche Qualitätsmanagement-Systeme zugleich eine entsprechende Ausdehnung des zugrunde liegenden Qualitätsbegriffs bewirken (vgl. BECKER, J./ROSEMANN, M. (1993), S. 46f.). Insofern stellen die ISO-Normen eine Mischform zwischen Qualitätssicherungs- und ganzheitlicher Qualitätsmanagement-Philosophie dar, weil sie sich gemäß ISO 9000-1 einerseits auf den in Kapitel 2.1.1., S. 12ff. diskutierten, umfassend ausgerichteten Qualitätsbegriff der ISO 8402 (vgl. DIN - DEUTSCHES INSTITUT FÜR NORMUNG E.V. (Hrsg., 1994a), S. 7 und DIN - DEUTSCHES INSTITUT FÜR NORMUNG E.V. (Hrsg., 1995b), S. 3) beziehen, andererseits aber lediglich eine Qualitätssicherung anstreben.
Die Bezeichnungen der ganzheitlichen Ansätze des Managements von Qualität divergieren zwar im Detail, verfolgen jedoch zumeist gemeinsam das oben genannte Ziel: Total Quality Management, Total Quality Control, Company-wide Quality Control und Company-wide Quality Improvement (vgl. FREHR, H.-U. (1994), S. 31). Für eine Vorstellung der wichtigsten Vertreter des ganzheitlichen Qualitätsmanagements vgl. KAMISKE, G.F./BRAUER, J.-P. (1995), S. 36ff.

73 Insbesondere fällt eine Vermischung der Begriffe Qualitätssicherung und Qualitätsmanagement auf (vgl. hierzu auch Kapitel 2.1.3., S. 17ff.).

74 DIN - DEUTSCHES INSTITUT FÜR NORMUNG E.V. (Hrsg., 1995b), S. 15ff. (im Original z.T. im Fettdruck). KALINOSKI faßt diese Definitionen mit der folgenden Metapher zusammen: "Im Rahmen des Managements von Qualität entspricht die Qualitätspolitik der Landkarte und den Verkehrsregeln. Das Qualitätsmanagement ist der Fahrer und das Qualitätsmanagement-System ist das Fahrzeug" (vgl. ohne weitere Quellenangabe in LÜBBE, U. (1996), S. 769).

- **Qualitätsmanagement**:
  "Alle Tätigkeiten des Gesamtmanagements, die im Rahmen des QM-Systems (...) die Qualitätspolitik (...), die Ziele und Verantwortungen festlegen sowie diese durch Mittel wie Qualitätsplanung (...), Qualitätslenkung (...), Qualitätssicherung/QM-Darlegung (...) und Qualitätsverbesserung (...) verwirklichen".

- **Qualitätsmanagement-System**:
  "Zur Verwirklichung des Qualitätsmanagements (...) erforderliche Organisationsstruktur (...), Verfahren (...), Prozesse (...) und Mittel".

- **Qualitätssicherung/Qualitätsmanagement-Darlegung**:
  "Alle geplanten und systematischen Tätigkeiten, die innerhalb des QM-Systems (...) verwirklicht sind, und die wie erforderlich dargelegt werden, um ausreichendes Vertrauen zu schaffen, daß eine Einheit (...) die Qualitätsforderung (...) erfüllen wird".

Die Darlegung von Qualitätsmanagement-Systemen gemäß der ISO-Normen läßt sich damit als Maßnahme kennzeichnen, die eine Entwicklung eines **ganzheitlichen Qualitätsmanagements auf Basis der Qualitätssicherung** anstrebt. Wie noch zu zeigen sein wird, sind konkrete Details zur Entwicklung eines ganzheitlichen Qualitätsmanagements jedoch nicht Inhalt der einzelnen Darlegungsmodelle[75].

2.1.3.1. Entwicklungsstand der Qualitätssicherung im deutschen Einzelhandel

Zur Vorbereitung der vorliegenden Arbeit und zur Gewinnung fundierter Erkenntnisse zum Stand der Qualitätssicherung wurde 1996 eine Vorstudie im deutschen Handel durchgeführt.[76] In Mittelpunkt standen die Zielsetzungen und Methoden der Handhabung von Qualität.[77]

---

75 Als Darlegungsmodelle werden ISO 9001 bis ISO 9003 bezeichnet. Diese enthalten die konstituierenden Elemente der Normenfamilie. In Kapitel 2.2.1., S. 27ff. wird hierauf vertiefend eingegangen.

76 Vgl. AHLERT, D./BECKER, B. ET. AL. (1996). Im Rahmen der Untersuchung wurden 1158 deutsche Handelsunternehmungen schriftlich kontaktiert. Im Rücklauf von 4,9 Prozent sind Unternehmungen der unterschiedlichsten Branchen, Größenklassen, Filialisierungsgrade, Betriebsformen und -typen enthalten. Für die Auswertung der Befragung kamen Methoden der deskriptiven Statistik (Mittelwertvergleiche (mean)) zur Anwendung (vgl. ebenda, S. 8f.).

77 Vgl. zum folgenden AHLERT, D./BECKER, B. ET.AL. (1996), S. 10ff.

Zunächst wurde gefragt, welche **Zielsetzungen in bezug auf Qualität** in den betrachteten Handelsunternehmungen als bedeutend eingeschätzt werden und inwieweit diese in der Vergangenheit tatsächlich erreicht worden sind. In **Abb. 6** wird deutlich, daß die Relevanz qualitätsbezogener Zielsetzungen im Handel allgemein als hoch angesehen worden ist. Mit nur einer Ausnahme wurden alle Ziele als wichtig oder gar sehr wichtig beurteilt.

Abb. 6: Bedeutung und Erreichungsgrad von Zielsetzungen der Sicherung von Qualität im Handel

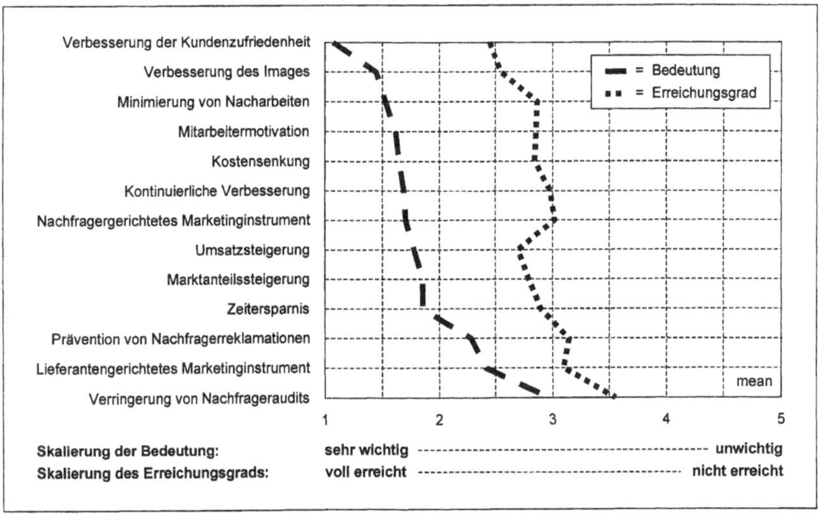

Quelle: In Anlehnung an AHLERT, D./BECKER, B. ET. AL. (1996), S. 11ff.

Ein besonderer Stellenwert wurde in diesem Zusammenhang offensichtlich dem übergeordneten Ziel der Kundenbindung beigemessen. Dieses wird wesentlich durch qualitative Faktoren, wie Kundenzufriedenheit und Image, determiniert,[78] denen die Befragungsteilnehmer die größte Relevanz attestierten.

Andere Zielsetzungen, die für die Beurteilung des Erfolgs einer Unternehmung allgemein als bedeutend angesehen werden, wie etwa Umsatz- oder Marktanteilssteigerung, finden sich im hinteren Mittelfeld der Rangfolge der Ziele. Es scheint damit die Tendenz feststellbar zu sein, daß **qualitativ ausgerichteten Unternehmungs-**

78 Vgl. KORTE, C. (1995), S. 10ff.

zielen der Vorrang vor quantitativen Zielsetzungen gegeben wird. Der wachsenden Bedeutung der Pflege von Stammkunden im Vergleich zur Akquisition von Neukunden wird damit im Handel offensichtlich Rechnung getragen.[79]

Für eine Kennzeichnung der Qualitätssicherung im Handel ist jedoch weniger die bloße Bewertung einzelner Zielsetzungen, sondern vielmehr die Frage, inwieweit diese Ziele tatsächlich verwirklicht worden sind, von Interesse. Aus diesem Grunde wurden die Befragungsteilnehmer auch gebeten, den **Zielerreichungsgrad** der vorangegangenen 5 Jahre für ihre Unternehmung zu beurteilen.

Generell fällt bei der Darstellung der Ergebnisse auf, daß alle Ziele als allenfalls 'teilweise erreicht' bezeichnet werden. Den zuvor als besonders wichtig gekennzeichneten Zielsetzungen Kundenzufriedenheit und Image wurde der höchste Erreichungsgrad zugesprochen. Nachfolgend finden sich jene quantitativen Zielsetzungen Umsatz und Marktanteil, deren Bedeutung zuvor an hinterer Stelle der Bewertungsskala stand. Für die Situation im deutschen Handel scheint es damit kennzeichnend zu sein, daß das **Realisierungsniveau der abgefragten qualitätsbezogenen Zielsetzungen insgesamt relativ gering** ist.

Aufbauend auf der Analyse der Zielsetzungen einer Sicherung von Qualität im Handel wurde nun danach gefragt, welche konkreten **Methoden zur Erreichung dieser Ziele** Anwendung fanden. Hierzu wurde den Befragungsteilnehmern eine Auswahl vorgegeben, die diese sowohl bezüglich ihrer Eignung als auch ihres tatsächlichen Einsatzes zu bewerten hatten.

Eine erste Untersuchung der Beurteilung in Abb. 7 zeigt, daß sämtliche genannten Methoden der Qualitätssicherung zumindest als 'teilweise geeignet' angesehen worden sind. Am positivsten wurde in diesem Zusammenhang die Durchführung von Kundenbefragungen bewertet. In der Rangfolge der Eignung folgten die vor allem reaktiv ausgerichteten Instrumente der Beschwerde-, Fehler- und Kostenkontrolle. Neuere Methoden, wie Kundenlaufanalysen, Blueprintings (Kundenkontaktanalysen) oder die Einrichtung von Kundenbeiräten, wurden dagegen als weit weniger geeignet angesehen und fanden sich entsprechend nur im Mittelfeld oder am Ende der Eignungsbeurteilung wieder.

---

79 Zur besonderen Bedeutung der Stammkundenpflege vgl. MEFFERT, H. (1994), S. 1ff.

Abb. 7: Eignung und Anwendung von Instrumenten der Sicherung von Qualität im Handel

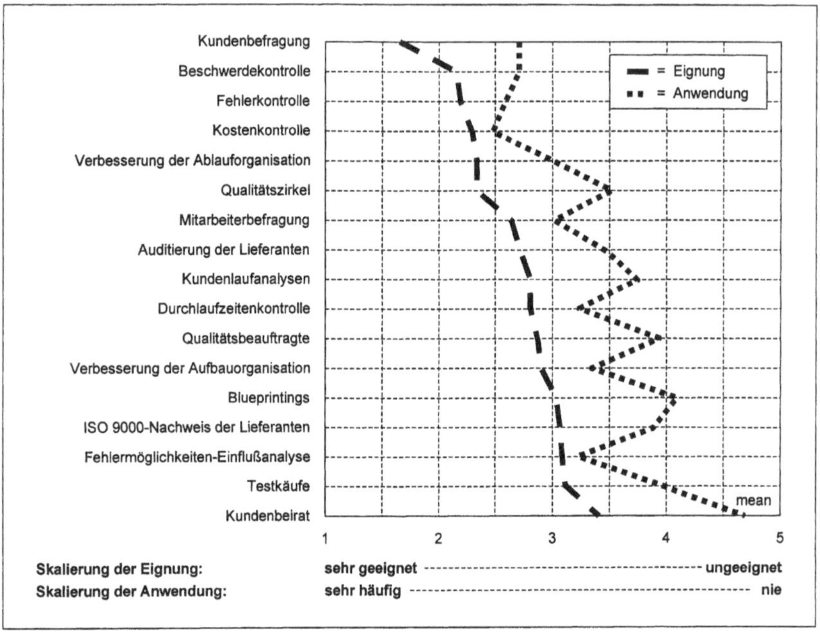

Quelle: In Anlehnung an AHLERT, D./BECKER, B. ET. AL. (1996), S. 13ff.

Ein ähnlich heterogenes Bild, wie die Beurteilung der Eignung, bot auch die Einstufung der Anwendung der unterschiedlichen Methoden. Allerdings war das allgemeine **Anwendungsniveau relativ niedrig** angesiedelt. Lediglich das Instrument der Kostenkontrolle wurde häufig eingesetzt, während alle anderen nur gelegentlich zur Anwendung kamen. Dabei kann es, basierend auf der vorhergehenden Eignungseinschätzung, nicht verwundern, daß auch gemäß der Kennzeichnung der tatsächlichen Anwendung die bereits genannten moderneren Methoden nur selten zum Einsatz kamen.

Diese Untersuchungsergebnisse werden durch eine Studie, die in der Tendenz zu ähnlichen Ergebnissen aus einer Befragung österreichischer Handelsunternehmungen kommt, bestätigt.[80] Es ist zu fragen, worin die Begründung für die feststellbare, relativ seltene Anwendung der verschiedenen Instrumente der Sicherung von Quali-

80 Vgl. KREIMEL, F./KOLLETH, S. (1995), S. 209ff.

tät liegt, obwohl sowohl ihre Notwendigkeit als auch ihre Eignung zuvor doch vielfach positiv hervorgehoben worden ist. Folgende Aspekte können als **Begründung** für das geringe Engagement bei der Implementierung vermutet werden:

- **Hoher Aufwand für Kosten-Nutzen-Analysen:** Die Bestimmung, Gestaltung und Messung von Qualität ist nicht unproblematisch.[81] Dies gilt insbesondere im Einzelhandel, dessen Leistungen aufgrund ihrer vielfältigen Dimensionen und Teilbereiche relativ schwer faßbar sind. Als Konsequenz führt dies beispielsweise dazu, daß die für eine Umsetzung von Qualitätssicherungs-Instrumenten ex ante ratsamen Kosten-Nutzen-Analysen nur mit ungleich höherem Aufwand durchführbar sind. In der hieraus resultierenden Planungsunsicherheit kann ein Hauptgrund für das Unterlassen derartiger Vorhaben vermutet werden.

- **Negative Erfahrungen anderer Unternehmungen:** In jüngerer Vergangenheit werden immer häufiger Ergebnisse von Industrieunternehmungen bekannt, die sich in der Umsetzung einzelner Instrumente oder umfassender Konszepte der Sicherung von Qualität versucht haben. Da diese Erfahrungsberichte jedoch in zunehmendem Maße negativ ausfallen,[82] ist es nachvollziehbar, daß in letzter Konsequenz nur eine geringe Bereitschaft zu einem darüber hinausgehenden Transfer dieser Konzepte auf den Einzelhandel besteht.

- **Unzureichende Ressourcen:** Nahezu alle Qualitätssicherungs-Konzepte stellen Vorgehensweisen dar, die erhebliche Eingriffe in gewohnte Unternehmensstrukturen und -verhaltensweisen mit sich bringen.[83] Ihre erfolgversprechende Anwendung bedarf daher neben hohen finanziellen Investitionen vor allem eines großen zeitlichen und sachlichen Engagements der Mitarbeiter. Hierfür bietet der Einzelhandel mit seiner hohen Belastung durch das operative Tagesgeschäft ungünstige Voraussetzungen. Hinzu kommt, daß die notwendige persönliche

---

81 Zur Problematik der Handhabung und Operationalisierung von Qualität vgl. BRUHN, M. (1995), S. 36ff.; CORSTEN, H. (1986), S. 25ff. und LEHMANN, A. (1995), S. 118ff.

82 Selbst die Verfasser von Ansätzen des Managements von Qualität gestehen ein, daß ein wesentlicher Teil der Umsetzungsversuche in der Praxis scheitern. HAMMER/CHAMPY beispielsweise beziffern die Fehlschlagsrate bei Reengineering-Projekten gar mit bis zu 70 Prozent (vgl. HAMMER, M./CHAMPY, J. (1995), S. 260). VON EIFF hat diese Problematik untersucht und Vorschläge erarbeitet, die eine Implementierung des Qualitätsmanagement-Gedankenguts im Unternehmen sicherstellen sollen (vgl. EIFF, W.v. (1995), S. 14ff.).

83 Die Mehrzahl der diskutierten Qualitätsmanagement-Konzepte befaßt sich mit Änderungen der Aufbauorganisation von Unternehmen. Erst in jüngerer Zeit wenden sich viele dieser Ansätze, wie etwa das Business Reengineering, auch schwerpunktartig der unternehmensinternen Ablauforganisation zu (vgl. z.B. HAMMER, M./CHAMPY, J. (1995)).

und fachliche Prädisposition einer Vielzahl der Mitarbeiter, z.B. aufgrund des hohen Anteils an Teilzeitkräften im Einzelhandel, eine ungeeignete Ausgangsposition für die Umsetzung dieser Konzepte bietet.[84]

- **Hohe Kosten externer Beratung:** In der Praxis wird häufig konstatiert, daß eine Umsetzung von Qualitätssicherungs-Konzepten ohne die Integration externer Beratungsgesellschaften kaum möglich ist.[85] Es soll hier nicht diskutiert werden, ob diese Behauptung den Tatsachen entspricht. Festzuhalten bleibt jedoch, daß der geforderte Einsatz von Unternehmensberatern mit erheblichen Kosten verbunden ist. Die Höhe dieser Kosten im Zusammenhang mit der Unsicherheit über die Erfolgsaussichten ist sicherlich ein entscheidender Faktor, der die (oft kleinen oder mittelständischen) Einzelhandelsunternehmungen von der Beauftragung solcher Berater abhält und dazu führt, daß derartige Vorhaben erst gar nicht in Angriff genommen werden bzw. potentielle Berater häufig davon zurückhält, sich konsequent mit der Akquisition von Handelskunden zu beschäftigen.[86]

- **Problematische Übertragbarkeit:** Die überwiegende Mehrzahl der modernen Qualitätssicherungs-Konzepte stammen ursprünglich aus Japan oder den U.S.A.[87] Ihre Anwendung in Deutschland bedarf daher neben der notwendigen unternehmensindividuellen Ausgestaltung auch der kulturellen Angleichung. Dieses Vorhaben ist an sich bereits anspruchsvoll genug und macht daher eine weitere Anpassung dieser Ansätze an die besonderen Rahmenbedingungen des Einzelhandels noch komplexer.

Diese Auflistung von mutmaßlichen Gründen ließe sich weiter ergänzen. Jedoch wird bereits an dieser Stelle offensichtlich, daß die Begründung für die verhältnismäßig seltene Implementierung von Methoden der Sicherung von Qualität im Einzelhandel auf mehreren Ebenen zu suchen ist. Zum einen sind die Ursachen hierfür zu einem wesentlichen Teil auf seiten der Handelsunternehmungen zu sehen, die häufig weder die notwendigen finanziellen, personalen und sachlichen Ressourcen, noch die

---

84 Vgl. hierzu z.B. o.V. (1995), S. 58ff. und zur Notwendigkeit der Erschließung neuer Personalressourcen ZIMMER, D. (1995), S. 51ff.

85 Vgl. FREYER, J. (1994), S. 995ff. und GRAEBIG, K. (1997), S. 18ff., die darüber hinaus Anforderungen an die Auswahl eines Beraters formulieren.

86 Vgl. PICOT, A./BÖHME, M. (1995), S. 227ff.

87 Vgl. hierzu zusammenfassend SCHILDKNECHT, R. (1992), S. 62ff. und SEGHEZZI, D. (1996), S. 198ff.

nötige Risikobereitschaft aufweisen, um derartige Vorhaben erfolgreich umzusetzen. Zum anderen ist auch den Entwicklern solcher Ansätze vorzuwerfen, daß sie spezifische Handelsprobleme vernachlässigen.[88]

Umso interessanter ist daher die der vorliegenden Arbeit zugrunde liegende Frage, ob eine Qualitätssicherung gemäß der ISO-Normen eine sinnvolle Basis für die Entwicklung eines ganzheitlichen Qualitätsmanagements und damit einen Ausweg aus dem beschriebenen Dilemma darstellen kann.

2.2. ISO-Normen als Instrument der Qualitätssicherung im Einzelhandel

Im bisherigen Verlauf der Arbeit werden u.a. die Besonderheiten und der State-of-the-Art der Handhabung von Qualität im Einzelhandel diskutiert. Aufbauend hierauf soll nun neben den Grundlagen der ISO-Normen ihr Bezug zum Einzelhandel dargelegt werden.

2.2.1. Grundlagen der ISO-Normen

2.2.1.1. Intention der ISO-Normen

Die Qualität ist von entscheidender Bedeutung für die Leistungswahrnehmung durch den Nachfrager.[89] Das **Vertrauen von Abnehmern** in die Fähigkeit ihrer Lieferanten zur Sicherstellung einer hohen Qualität erstellter Leistungen ist eine wesentliche Grundlage für den erfolgreichen Bestand von Geschäftsbeziehungen.[90] In Branchen, wie etwa der Automobilwirtschaft, ist es seit Jahren gängige Praxis, daß Hersteller die Produkte, Produktionsverfahren und -prozesse ihrer Zulieferunternehmungen einer Überprüfung, dem sogenannten Audit, unterziehen.[91]

---

88 Vgl. hierzu auch AHLERT, D. (1994), S. 1f.

89 Vgl. PLÖTNER, O. (1995), S. 27ff.

90 Vgl. WEISSENBERGER, B.E. (1998), S. 626ff.

91 Vgl. ROTHERY, B. (1994), S. 5. Zu Zielen und Arten des qualitätsbezogenen Audits vgl. ausführlich GASTER, D. (1994), S. 927ff.

Auch im Handel hat die Forderung nach Audits in den vergangenen Jahren zugenommen. Dies gilt insbesondere für Betriebsformen mit **gewerblichen Nachfragern**, wie etwa dem Produktionsverbindungshandel.[92] Aber auch für den Erhalt von Zuschlägen bei öffentlichen Ausschreibungen sind Audits und die damit einhergehenden Qualitätsmanagement-Standards zunehmend relevant.[93] Die Anzahl an intern und extern motivierten Audits ist insbesondere zur Mitte dieses Jahrhunderts derart angestiegen, daß ganze Funktionsbereiche in den Unternehmungen sich ausschließlich mit dieser Thematik beschäftigt haben.[94] Die hieraus resultierende Arbeitslast läßt sich am Beispiel der Automobilbranche veranschaulichen: Wenn eine Zulieferunternehmung 10 Automobilhersteller zu ihren Abnehmern zählt und diese mit jeweils 10 Teilen beliefert, so entsteht ein Umfang von 100 Audits, die zudem meist in Abständen wiederholt werden. In der Realität kann diese Zahl unter Umständen noch deutlich höher sein.

Angesichts dieser Entwicklungen wurden in den U.S.A. bereits in den sechziger Jahren Überlegungen angestellt, Qualitätsaudits eigenmotiviert präventiv durchzuführen und das Ergebnis mittels Vergabe eines Zertifikats durch eine autorisierte Stelle bescheinigen zu lassen.[95] Resultat dieser Vorhaben war das Regelwerk MIL-Q-9858, das 1959 zunächst für die Militär- und Raumfahrtindustrie eingeführt wurde.[96] Auf dieser Basis entstanden in den Folgejahren zahlreiche unternehmensindividuelle bzw. national unterschiedliche Regelwerke, unter anderem auch in einzelnen Handelsunternehmungen, die eine Vereinheitlichung von Qualitätsaudits und die darauf aufbauende Zertifizierung zum Ziel hatten.[97]

---

92 Zu den Besonderheiten des Produktionsverbindungshandels vgl. MÜLLER-HAGEDORN, L. (1997), S. 425ff.

93 Vgl. SCHWICKERT, A.C./BEEMELMANN, T./KARGL, H. (1995), S. 132.

94 Vgl. hierzu auch Kapitel 2.1.3., S. 17ff. sowie die dort angegebene Literatur.

95 Gemäß DIN EN 45012 wird unter Zertifizierung eine "Maßnahme durch einen unparteiischen Dritten, die aufzeigt, daß angemessenes Vertrauen besteht, daß ein ordnungsgemäß bezeichnetes Erzeugnis, Verfahren oder eine ordnungsgemäß bezeichnete Dienstleistung in Übereinstimmung mit einer bestimmenten Norm oder einem bestimmten anderen normativen Dokument ist" bezeichnet (zitiert nach PÄRSCH, J.G. (1994), S. 949).

96 Die MIL-Q-9858 trug den Titel "Quality program requirements" und wurde erstmals 1963 überarbeitet (vgl. GEIGER, W. (1995), S. 32f.).

97 GEIGER verweist in diesem Zusammenhang darauf, daß 1977 eine Versandhandelsunternehmung in den U.S.A. eigene Qualitätsmanagement-Darlegungsforderungen für seine Zulieferer formuliert hat (vgl. GEIGER, W. (1995), S. 33).

Die Bemühungen zahlreicher Länder zur **Vereinheitlichung dieser Regelwerke in international gültigen Standards** mündeten nach mehreren Entwurfs- und Entwicklungsstufen 1987 schließlich in den vom ISO/TC 176 vorgestellten Normen ISO 9000 bis 9004.[98] Diese wurden in den Folgejahren ergänzt und 1994 einer Kurzzeitrevision unterzogen, so daß gegenwärtig die in Tab. 2 vorgestellte Auswahl qualitätsrelevanter Normen gültig ist.[99]

Tab. 2: Auswahl relevanter Normen der ISO 9000-Normenfamilie[100]

DIN EN ISO Norm (Ausgabe)	Titel
DIN EN ISO 9000-1 (1994-08)	Normen zum Qualitätsmanagement und zur Qualitätssicherung/ QM-Darlegung - Teil 1: Leitfaden zur Auswahl und Anwendung
DIN ISO 9000 Teil 2* (1992-03)	Qualitätsmanagement- und Qualitätssicherungsnormen - Allgemeiner Leitfaden zur Anwendung von ISO 9001, ISO 9002 und ISO 9003
DIN EN ISO 9001 (1994-08)	Qualitätsmanagement-Systeme - Modell zur Qualitätssicherung/ QM-Darlegung in Design, Entwicklung, Produktion, Montage und Wartung
DIN EN ISO 9002 (1994-08)	Qualitätsmanagement-Systeme - Modell zur Qualitätssicherung/ QM-Darlegung in Produktion, Montage und Wartung
DIN EN ISO 9003 (1994-08)	Qualitätsmanagement-Systeme - Modell zur Qualitätssicherung/ QM-Darlegung bei der Endprüfung
DIN EN ISO 9004-1 (1994-08)	Qualitätsmanagement-Systeme und Elemente eines Qualitätsmanagement-Systems - Teil 1: Leitfaden
DIN ISO 9004 Teil 2 (1992-06)	Qualitätsmanagement-Systeme und Elemente eines Qualitätsmanagement-Systems - Leitfaden für Dienstleistungen

Quelle: In Anlehnung an DIN - DEUTSCHES INSTITUT FÜR NORMUNG E.V. (Hrsg., obiges Jahr). Die mit EN gekennzeichneten Normen haben europäischen Status; die mit * gekennzeichnete Norm liegt als Entwurf vor.

Die angegebenen Normen werden unterstützt durch weitere, die sich v.a. mit begrifflichen Fragen und Hinweisen zur Durchführung von Auditierungen und der daran anschließenden Zertifikatsvergabe auseinandersetzen.

---

98 Das ISO/TC (Technical Committee) 176 ist eines von 182 Komitees der International Standard Organization (ISO), die in den beteiligten Ländern durch nationale Normeninstitute vertreten wird. In Deutschland ist dies das in Berlin ansässige Deutsche Institut für Normung e.V. (DIN). Vgl. BRAKHAHN, W./VOGT, U. (1997), S. 30f. und GLAAP, W. (1996), S. 30.

99 Vgl. zum Umfang der Revision KOLLECK, K.D. (1995), S. 936ff.

100 Normen implizieren eine allgemeingültige Spezifikation, anhand derer ermittelt werden kann, ob Forderungen bezüglich eines Vorgangs, einer Leistung o.ä. erfüllt werden (vgl. JACKSON, P./ASHTON, D. (1995), S. 33). Alle dieser Arbeit zugrunde liegenden Normentexte entsprechen nach Kenntnis des Verfassers dem Stand 1998-06.

Die einzelnen Normen unterscheiden sich erheblich hinsichtlich ihrer Intention. Im Mittelpunkt stehen die **Darlegungsmodelle ISO 9001 bis ISO 9003**, hinsichtlich derer eine Zertifizierung von Qualitätsmanagement-Systemen möglich ist. Hierin beinhaltet sind konkrete Forderungen an die Qualitätssicherung einer Unternehmung und die Art und Weise, wie diese gegenüber externen Interessenten zu belegen sind.[101]

Die ISO-Darlegungsmodelle folgen einem **abbildungsorientierten Modellbegriff**[102], da sie die Wiedergabe der qualitätsbezogenen Ist-Prozesse in einer Unternehmung fordern.[103] Dies impliziert, daß der modellinhärenten Vorgehensweise einer Überführung des realen Problems des Qualitätsmanagements in ein Abbild der Realität noch keine Kenntnisse der Möglichkeiten zur Überwindung des Problems zugrundeliegen müssen.[104] Wäre dies der Fall und würden Überlegungen zur Veränderung von Prozessen in die Darlegung einfließen[105], ohne daß diese in der Unternehmung umgesetzt würden, so entspräche die Darlegung nicht mehr den realen Gegebenheiten und wäre somit - wie noch zu diskutieren ist[106] - nicht zertifizierungsfähig.

Hiermit ist auch zugleich die in der Einleitung zu dieser Arbeit ausgesprochene Ablehnung solcher Kritiken zu begründen, die an der mangelnden Eignung der ISO-Zertifizierung zur Entwicklung von Qualitätsmanagement-Systemen ansetzen. Verfolgten die Normen dieses Ziel, so würden sie zwangsläufig einen konstruktions- bzw. änderungsorientierten Modellbegriff zugrunde legen, was jedoch nicht die erklärte Zielsetzung darstellt.

Im Gegensatz zu den Darlegungsmodellen haben ISO 9000 und ISO 9004 nur **unverbindlichen Charakter** und sind lediglich in Zusammenhang mit einer der drei obigen Normen anwendbar. ISO 9000-1 repräsentiert quasi das Dach für die weiteren Normen. Neben einer grundlegenden Einführung verfolgt sie die nachstehend explizit formulierten Ziele:[107]

---

101 Vgl. DIN - DEUTSCHES INSTITUT FÜR NORMUNG E.V. (Hrsg., 1994b), S. 5f. Für eine detaillierte Diskussion der Norminhalte vgl. Kapitel 3.4.2.2., S. 121ff.

102 Vgl. KOSIOL, E. (1961), S. 321, der Modelle als "Abbild der betrachteten Wirklichkeit" versteht. Zum Modellverständnis in der Betriebswirtschaftslehre vgl. ausführlich SCHÜTTE, R. (1998), S. 45ff.

103 Vgl. BECKER, J. (1998), S. 90, der in diesem Zusammenhang auf die multiperspektive Einsetzbarkeit von Prozeßmodellen hinweist.

104 Vgl. BRETZKE, W.-R. (1980), S. 33f.

105 In einem solchen Fall spricht die Literatur von dem konstruktionsorientierten Modellbegriff (vgl. RIEPER, B. (1992), S. 25).

106 Vgl. Kapitel 2.2.1.2., S. 31ff.

107 Vgl. DIN - DEUTSCHES INSTITUT FÜR NORMUNG E.V. (Hrsg., 1994a), S. 7.

1. Klärung grundlegender qualitätsbezogener Konzepte.

2. Anleitung zur Auswahl und Anwendung der ISO-Normen.

Daneben bieten ISO 9000-1 und vor allem ISO 9000 Teil 2 eine Interpretationshilfe der ISO-Normen für Lieferanten, Nachfrager, Unterauftragnehmer sowie Auditoren. ISO 9004-1 ergänzt ISO 9000, ist jedoch im Gegensatz dazu nicht als allgemeiner Leitfaden, sondern als Empfehlung für den unternehmungsinternen Gebrauch der Normen gedacht.[108] Darüber hinaus soll ISO 9004 Teil 2 einen "umfassenden Überblick über ein speziell für Dienstleistungen ausgelegtes Qualitätssicherungs-System"[109] gewährleisten.

2.2.1.2. Ablauf der Auditierung und Zertifizierung gemäß der ISO-Normen

Grundsätzlich ist der Weg, den eine Unternehmung zur Erlangung eines Zertifikates gemäß der Darlegungsmodelle ISO 9001 bis ISO 9003 beschreiten kann nur wenig reglementiert. In der Praxis hat sich jedoch - nicht zuletzt bedingt durch das Engagement der akkreditierten Zertifizierungsgesellschaften sowie der Beratungsgesellschaften, welche die Vorbereitung auf das Audit begleiten - eine relativ **einheitliche Vorgehensweise** entwickelt, deren Phasen in Abb. 8 schematisch dargestellt werden.[110]

Initiiert durch den Beschluß der obersten Leitung[111], das Zertifikat anzustreben, hat die Unternehmung zu entscheiden, bezüglich **welcher ISO-Norm** die Zertifizierung durchgeführt werden soll, und **welche akkreditierte Zertifizierungsgesellschaft** mit

[108] Vgl. DIN - DEUTSCHES INSTITUT FÜR NORMUNG E.V. (Hrsg., 1994e), S. 3.

[109] DIN - DEUTSCHES INSTITUT FÜR NORMUNG E.V. (Hrsg., 1992b), S. 6.

[110] In Deutschland waren am 28.07.1997 knapp 60 Zertifizierungsgesellschaften von der TGA (Trägergemeinschaft für Akkreditierung GmbH) zugelassen (vgl. BRAKHAHN, W./VOGT, U. (1997), S. 272ff.). Zur Akkreditierung der auditberechtigten Zertifizierungsgesellschaften und zur Intention der Trennung dieser von den vorbereitend tätigen Beratungsgesellschaften vgl. BERGHAUS, H. (1993), S. 3ff.; BIRKHOFER, B. (1996), S. 60f. und FACKLAM, T. (1995), S. 489.

[111] In den ISO-Normen wird diese Bezeichnung als Synonym für die Unternehmungsführung verwandt. Der obersten Leitung wird eine Schlüsselposition im gesamten Zertifizierungsvorhaben eingeräumt, was sich unter anderem darin widerspiegelt, daß die Verantwortung der obersten Leitung in allen Darlegungsmodellen als erste Forderung an das Qualitätssicherungs-System formuliert ist (vgl. zur Erläuterung DIN - DEUTSCHES INSTITUT FÜR NORMUNG E.V. (Hrsg., 1992a), S. 10).

Abb. 8: Ablaufmodell zur Erlangung des ISO-Zertifikats

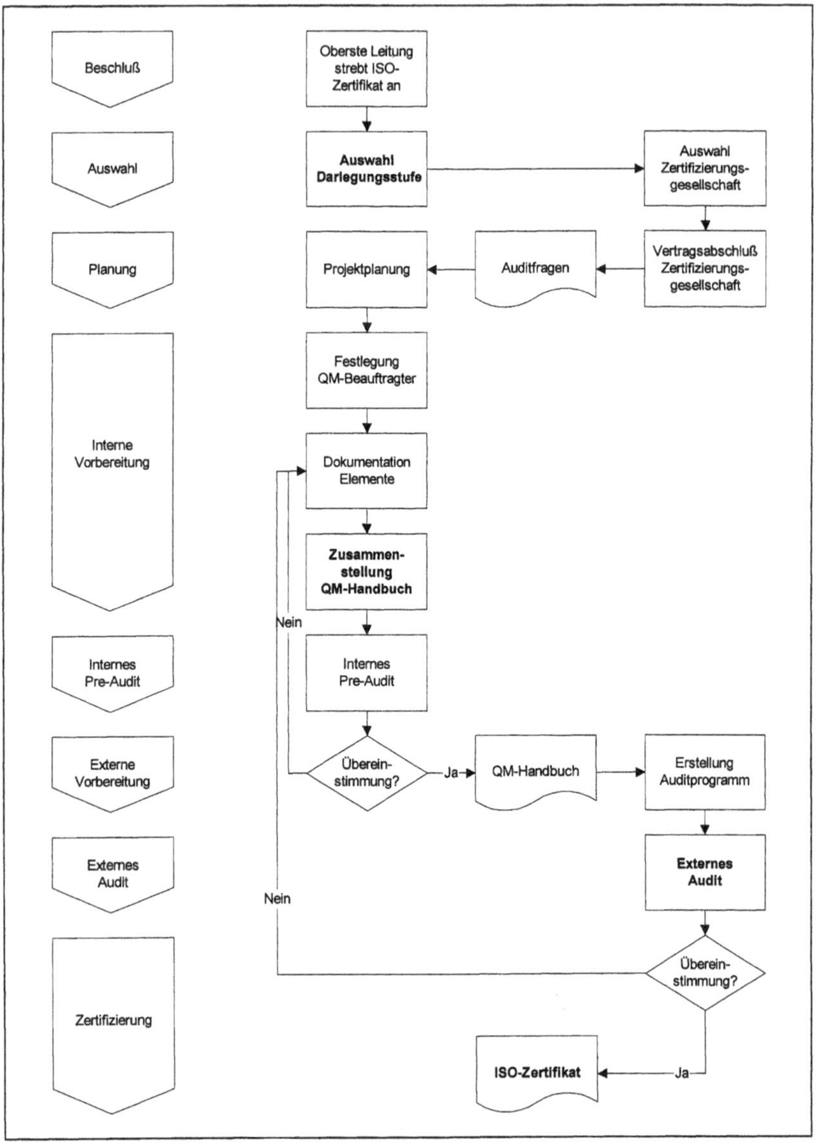

Quelle: Eigene Abbildung in Anlehnung an BRAKHAHN, W./VOGT, U. (1997), S. 205ff.; BRUHN, M. (1996), S. 183ff.; ALBRECHT, U./PFITZINGER, E./VOGEL, M. (1995), S. 23f. und HERING, E./STEPARSCH, W./ LINDER, M. (1996), S. 182ff.

dem Audit beauftragt wird.[112] Zur Zeit wird der Wettbewerb zwischen den Zertifizierungsgesellschaften vor allem über den Preis geführt. Es besteht die Gefahr, daß dies mittel- und langfristig zu Lasten der Qualität der Beratungsleistungen geht, da ein individuelles Eingehen auf Unternehmungsspezifika bei abnehmenden Budgets für Beratungsaufträge zunehmend erschwert wird. Um zu vermieden, daß diese Entwicklung zukünftig zu einem Verfall des Ansehens der ISO-Normen führt,[113] sollte der Wahl der Zertifizierungsgesellschaft und der daraus resultierende Gestaltung des Zertifizierungsaudits eine erhöhte Aufmerksamkeit gewidmet werden.

Neben Fragen der internen Organisation und Vorgehensweise der Vorbereitung auf die Zertifizierung ist im Rahmen der Planungsphase die generelle Entscheidung zu treffen, ob die Vorbereitung auf die Auditierung eigenständig oder unter Einbeziehung einer externen Beratungsgesellschaft vorgenommen werden soll.[114]

Noch mehr als bei der Wahl des Zertifizierers ist im Rahmen dieser Entscheidung die Erfahrung der betreffenden Beratungsgesellschaft von Bedeutung. Je mehr branchen- oder wirtschaftsstufenähnliche Projekte diese bereits betreut hat, desto eher wird sie in der Lage sein, auf spezifische Bedürfnisse einzugehen. Nur so kann vermieden werden, daß die einzelne Unternehmung lediglich in ein universelles "Korsett" gezwängt wird, das ihren spezifischen Anforderungen in keiner Weise gerecht wird.[115]

Die Phase der internen Vorbereitung umfaßt neben der Zuweisung von konkreten Verantwortlichkeiten für das Projekt insbesondere die unternehmungsspezifische Dokumentation des Qualitätssicherungs-Systems in einem **Qualitätsmanagement-Handbuch**. Dieses Handbuch verkörpert das zu zertifizierende Qualitätssicherungs-System und stellt dessen außengerichteten Teil dar, da es auch an die Nachfrager gerichtet sein kann.[116] Ergänzt wird es durch Verfahrens- und Arbeitsanweisungen,

---

112 Die Akkreditierung der Zertifizierungsgesellschaften durch die TGA erfolgt nur für bestimmte Branchen bzw. Wirtschaftsstufen. Die Erfahrungen der Gesellschaften in diesen Bereichen sollten bei der Auswahl berücksichtigt werden (vgl. BRAKHAHN, W./VOGT, U. (1997), S. 209 und MÜNCHRATH, R. (1995), S. 167ff.).

113 Vgl. zu dieser Kritik AITA, R. (1994), S. 598 und BRETZKE, W.-R. (1995), S. 413.

114 Zur Diskussion des Nutzens externer Berater vgl. FREYER, J. (1994), S. 995ff. und GRAEBIG, K. (1997), S. 18f.

115 Vgl. JACKSON, P./ASHTON, D. (1995), S. 83ff. und LANG, F. (1996), S. 39f.

116 Vgl. DGQ - DEUTSCHE GESELLSCHAFT FÜR QUALITÄT E.V. (Hrsg., 1995a), S. 20; PETRICK, K. (1995), S. 108 und PFITZINGER, E. (1995), S. 78.

welche die einzelnen Elemente konkretisieren, im Gegensatz zum Qualitätsmanagement-Handbuch jedoch innengerichtet sind und das fundamentale Know-how der Unternehmung beinhalten.[117]

Die Struktur des Qualitätsmanagement-Handbuchs orientiert sich in der Praxis häufig an den Elementen der Darlegungsmodelle.[118] Übersehen wird dabei zumeist, daß die Normen dies nicht explizit vorgeben.[119] Abhängig davon, ob eine Unternehmung funktional oder prozessual organisiert ist, kann auch das Handbuch entsprechend strukturiert werden.[120]

Nachdem das Qualitätsmanagement-Handbuch und die zugehörigen Anleitungen in einem internen Pre-Audit ihre Richtigkeit unter Beweis gestellt haben bzw. notwendige Nachbesserungen vorgenommen worden sind, wird es der Zertifizierungsgesellschaft übergeben.[121] Diese überprüft die Übereinstimmung des Handbuches mit den realen Gegebenheiten in der Unternehmung in einem abschließenden Zertifizierungsaudit.[122] Sind diese Voraussetzungen erfüllt, kann der Unternehmung das **ISO-Zertifikat** ausgestellt werden. Dessen Bestand wird im Anschluß in jährlichen Überprüfungsaudits und nach 3 Jahren in einem umfassenden Wiederholungsaudit bestätigt.[123]

---

117 Vgl. DGQ - DEUTSCHE GESELLSCHAFT FÜR QUALITÄT E.V. (Hrsg., 1995a), S. 20.

118 Als Grund hierfür wird geäußert, daß eine Orientierung an den Elementen das einfachste Vorgehen gewährleistet, da hier nur wenig Transfers zwischen einzelnen Elementen zu leisten sind. Entsprechend folgen auch die meisten praxisorientierten Veröffentlichungen zu den ISO-Normen dieser Struktur, was wiederum eine weitere Konzentration der Praxis auf eine elementorientierte Gliederung zur Folge hat (vgl. anstelle zahlreicher anderer Beispiele für derartig strukturierte Veröffentlichungen ARZET, H./BACHMANN, H.F./JUNG, N. (1997), S. 4ff.; LEHR, C. (1996), S. 58ff.; PATTERSON, J.G. (1995), S. 32ff.).

119 Vgl. HERING, E./STEPARSCH, W./LINDER, M. (1996), S. 148ff. Konkrete Handlungsempfehlungen für einen prozeßorientierten Aufbau von Qualitätsmanagement-Handbüchern sowie den zugrunde liegenden Systemen finden sich bei DGQ - DEUTSCHE GESELLSCHAFT FÜR QUALITÄT E.V. (Hrsg., 1996), S. 19ff. und DGQ - DEUTSCHE GESELLSCHAFT FÜR QUALITÄT E.V. (Hrsg., 1997), S. 61ff.

120 An dieser Stelle wird in der Literatur darauf hingewiesen, daß die prozessuale Strukturierung des Qualitätsmanagement-Handbuchs zugleich auch die Chance eröffnet, Ineffizienzen der Prozeßorganisation zu identifizieren und zu eliminieren (vgl. Fußnote 119 und KAMISKE, G.F./MALORNY, C. (1994), S. B8).

121 Zur Planung und Durchführung der Pre-Audits vgl. ALBRECHT, U./PFITZINGER, E./VOGEL, M. (1995), S. 105ff.

122 Vgl. PATTERSON, J.G. (1995), S. 12.

123 Vgl. PATTERSON, J.G. (1995), S. 63ff.

2.2.2. Bezug der ISO-Normen zum Einzelhandel

Insbesondere die interne Vorbereitung auf die Zertifizierung wird entscheidend durch die Auswahl des zugrunde liegenden Darlegungsmodells determiniert. Je nachdem, nach welcher ISO-Norm die betreffende Unternehmung eine Zertifizierung anstrebt, ist eine unterschiedliche Anzahl an Normelementen bei der Dokumentation und Zusammenstellung des Qualitätsmanagement-Handbuchs zu berücksichtigen. Im folgenden wird diskutiert, welche Norm die Grundlage für die Zertifizierung im Einzelhandel darstellen sollte und welche Elemente bedingt dadurch zu beachten sind.

2.2.2.1. Diskussion der relevanten ISO-Norm für eine Zertifizierung von Einzelhandelsunternehmungen

Sofern sich die oberste Leitung einer Unternehmung des Einzelhandels entschlossen hat, das ISO-Zertifikat zu erwerben,[124] muß sie Überlegungen anstellen, welches Darlegungsmodell sie hierfür zugrunde legen will. Fraglich ist nun, **welche ISO-Norm** die Besonderheiten des Einzelhandels am besten abdeckt. Grundsätzlich ist festzuhalten, daß die Normen per definitione "unabhängig von spezifischen Industrie- und Wirtschaftsbereichen"[125] sind und den Anspruch erheben, allgemeingültig zu sein. Lediglich hinsichtlich der Anzahl der beinhalteten Elemente weisen die drei Darlegungsmodelle Unterschiede auf.

Eine Unternehmung muß entscheiden, welches Darlegungsmodell ihre Geschäftstätigkeit erfordert. Relevant sind für Einzelhandelsunternehmungen vor allem ISO 9001 und ISO 9002.[126] Wie aus der folgenden Tab. 3 ersichtlich wird, unterscheidet sich letztere von erstgenannter ausschließlich dadurch, daß auf das Element Designlenkung verzichtet wird. Sofern eine Handelsunternehmung keinerlei Designaktivitäten vornimmt, z.B. in Form der Entwicklung neuer Leistungen oder Angebote, ist ISO 9002 geeignet. Unter dieser Annahme hat sich die Mehrzahl der bereits zertifizierten Handelsunternehmungen in Deutschland für diese Norm entschieden.[127]

---

124 Vgl. hierzu Kapitel 3.4.2.2., S. 121ff.

125 DIN - DEUTSCHES INSTITUT FÜR NORMUNG E.V. (Hrsg., 1994a), S. 6.

126 ISO 9003 bezieht sich sich ausschließlich auf Endprüfungen. Für die Anwendung in Handelsunternehmungen soll sie als ungeeignet angesehen werden, da, wie noch zu zeigen sein wird, im Handel nicht nur die Ergebnis- bzw. Endleistungen, sondern auch Potential- und Prozeßleistungen das Qualitätsurteil der Nachfrager beeinflussen (vgl. Kapitel 3.4.2.2., S. 121ff.). Anders MÜNCHRATH, R. (1995), S. 20.

127 Vgl. NIEMANN, H./ILLGEN, R./HANSEN, M. (1997), S. 167f.

Tab. 3: Elementbezug der Darlegungsmodelle[128]

	Behandlung des Elements		
Bezeichnung des Elements	**ISO 9001**	**ISO 9002**	**ISO 9003**
4.1 Verantwortung der Leitung	●	●	◐
4.2 QM-System	●	●	◐
4.3 Vertragsprüfung	●	●	●
4.4 Designlenkung	●	○	○
4.5 Lenkung der Dokumente und Daten	●	●	●
4.6 Beschaffung	●	●	○
4.7 Lenkung der vom Kunden beigestellten Produkte	●	●	●
4.8 Kennzeichnung und Rückverfolgbarkeit von Produkten	●	●	◐
4.9 Prozeßlenkung	●	●	○
4.10 Prüfungen	●	●	◐
4.11 Prüfmittelüberwachung	●	●	●
4.12 Prüfstatus	●	●	●
4.13 Lenkung fehlerhafter Produkte	●	●	◐
4.14 Korrektur- und Vorbeugungsmaßnahmen	●	●	◐
4.15 Handhabung, Lagerung, Verpackung, Schutz und Versand	●	●	●
4.16 Lenkung von Qualitätsaufzeichnungen	●	●	◐
4.17 Interne Qualitätsaudits	●	●	◐
4.18 Schulung	●	●	◐
4.19 Wartung	●	●	○
4.20 Statistische Methoden	●	●	◐

Legende: ● = umfassende Darlegungsforderungen
◐ = weniger umfassende Darlegungsforderungen als in ISO 9001 und ISO 9002
○ = keine Darlegungsforderungen (Element nicht vorhanden)

Quelle: In Anlehnung an DIN - DEUTSCHES INSTITUT FÜR NORMUNG E.V. (Hrsg., 1994a), S. 42f.

Nach dem dieser Arbeit zugrunde liegenden Begriffsverständnis vermitteln Einzelhandelsunternehmungen jedoch nicht nur Leistungen, sondern entwickeln und erstellen diese auch selbst[129] (z.B. in Form von Leistungsbündeln aus Sach- und Dienstleistungen). Aufgrund der Heterogenität der Nachfragerwünsche und der für Dienstleistungen kennzeichnenden Simultanität von Leistungserstellung und -konsum werden Variationen von Leistungen im Handel unter Umständen sogar häufiger

[128] Aufgeführt sind die in Kapitel 4 der Normen beinhalteten Elemente. Kapitel 1-3 der Normen beinhalten eine Einleitung, allgemeine Hinweise zum Anwendungsbereich, Verweise auf andere Normen und Begriffsdefinitionen (vgl. z.B. DIN - DEUTSCHES INSTITUT FÜR NORMUNG E.V. (Hrsg., 1994b), S. 0ff.).

[129] Vgl. die diesbezügliche Diskussion in Kapitel 3.3.2.1., S. 82ff.

vorgenommen als etwa in Industrieunternehmungen. Somit erscheinen die Berücksichtigung des Normelements Design und die **Anwendung der ISO 9001 für Einzelhandelsunternehmungen** gerechtfertigt.[130]

Aufgrund der Unterschiede zwischen Industrie- und Einzelhandelsunternehmungen[131] kann die allgemeingültige Ausrichtung der ISO-Normen jedoch nur zum Teil zufriedenstellen.[132] Eine Norm, die nicht auf die spezifischen Besonderheiten der betrachteten Wertschöpfungsstufe eingeht, muß bei einer konkreten Anwendung nahezu zwangsläufig Schwächen aufweisen. Dies hat das ISO/TC 176[133] veranlaßt, mit der Norm ISO 9004 Ergänzungen und Empfehlungen zum Verständnis und zur Implementierung der Darlegungsmodelle zu formulieren. ISO 9004 Teil 2 befaßt sich konkret mit den Besonderheiten von Dienstleistungsunternehmungen.[134]

Gedacht ist die ISO 9004 Teil 2 für alle Unternehmungen, die sämtliche oder einen Teil ihrer Leistungen in Form von Dienstleistungen erbringen. Der Einzelhandel wird unter Zugrundelegung des Beispiels "Dienstleistung im Fahrzeugverkauf"[135] explizit in diesen Kreis aufgenommen. Im Mittelpunkt der ISO 9004 Teil 2 stehen "die mit dem Erbringen einer Dienstleistung verknüpften menschlichen Aspekte"[136]. Diese beziehen sich sowohl auf die Mitarbeiter als auch auf die Nachfrager.

Allerdings hat die ISO 9004 Teil 2 lediglich empfehlenden Charakter. Die anwendenden Unternehmungen sind weder zu ihrer vollständigen Berücksichtigung verpflichtet noch kann ein Qualitätsmanagement-System nach dieser Norm zertifiziert werden.

---

130 Auf die Frage, ob die Designlenkung als handelscharakteristisches Element zu bezeichnen ist, hat auch die Literatur keine einheitliche Anwort (vgl. BRUHN, M. (1996), S. 181; MODROW, K. (1995), S. 14; SCHRÖDER, R. (1995), S. 38 und SCHLAUTMANN, C. (1994), S. 10). Darüber hinaus wird die obige Aussage zunächst ungeachtet dessen getroffen, ob ISO 9001 den Leistungsbegriff für den Handel inhaltlich korrekt interpretiert. Zu einer detaillierten inhaltlichen Analyse der ISO-Normen vgl. Kapitel 3.4.2.2., S. 121ff.

131 Vgl. HEINEMANN, G. (1994), S. 313.

132 Für eine begründete Kritik an der allgemeingültigen Ausrichtung der ISO-Normen vgl. Kapitel 3.4.2.2., S. 121ff.

133 Vgl. hierzu die Ausführungen in Kapitel 2.2.1.1., S. 27ff.

134 Vgl. DIN - DEUTSCHES INSTITUT FÜR NORMUNG E.V. (Hrsg., 1992a).

135 DIN - DEUTSCHES INSTITUT FÜR NORMUNG E.V. (Hrsg., 1992a), S. 7 und S. 37.

136 DIN - DEUTSCHES INSTITUT FÜR NORMUNG E.V. (Hrsg., 1992a), S. 5. Vgl. kommentierend hierzu DÖTTINGER, K./SPÄGELE, S. (1992), S. 141f.

Ohne die konkrete Nennung von Maßnahmen sowie die Verpflichtung zu ihrer Einführung und dessen Kontrolle kann die Norm somit **keinen verbindlichen Beitrag zu den Darlegungsmodellen** leisten. Wenn die von ISO 9004 empfohlenen Maßnahmen jedoch nicht verpflichtend vorgeschrieben und entsprechend auch im Rahmen der Vorbereitung auf die Zertifizierung zu dokumentieren sind, besteht für eine Einzelhandelsunternehmung keinerlei bindende Veranlassung, sie anzuwenden. Solange ein externer Interessent die Umsetzung der Norminhalte nicht anhand von Darlegungsunterlagen beurteilen kann, hat die ISO 9004 Teil 2 aus seiner Perspektive kaum einen Wert.

Für die vorliegende Arbeit soll folglich der Nutzen der Zertifizierung und der damit einhergehenden, in ISO 9001-9003 verbindlich vorgeschriebenen Vorgehensweisen im Mittelpunkt der Untersuchung stehen. Im Verlaufe der weiteren Analyse wird daher zunächst von einer Berücksichtigung der ISO 9004 Teil 2 abstrahiert. Erst im Rahmen der Formulierung abschließender Gestaltungsempfehlungen wird dann wieder auf diese Norm zurückgegriffen.[137]

2.2.2.2. Bemerkungen zur ISO-Zertifizierung in der Einzelhandelspraxis

Nachdem die allgemeinen und einzelhandelsbezogenen Charakteristika der ISO-Normen vorgestellt worden sind, soll nun die Bewertung der Zertifizierung durch die Nachfrager in die Betrachtung integriert werden. Es stellt sich die Frage, ob eine empirische Erhebung die in der Einleitung vermutete **mangelnde Effizienz der ISO-Zertifizierung für die Qualitätssicherung** bestätigt.

In den letzten Jahren sind zu diesem Zweck verschiedene empirische Untersuchungen durchgeführt worden, in denen die Zielsetzungen und Erfahrungen bezüglich der ISO-Normen abgefragt wurden.[138] Vermutlich aufgrund des originär produktionsorientierten Ursprungs der ISO-Normen widmen sich nur wenige dieser Untersuchungen dem Handel. Eine Ausnahme ist eine Studie von AHLERT/BECKER ET. AL.[139]

---

137 Vgl. Kapitel 4.1.2.2., S. 142ff.

138 Vgl. beispielsweise ARLT, G./BACHTHALER, M. (1997), S. 410ff.; ENGELKE, M./PFOHL, H.-C. (1994), S. 860ff.; FRANCKE, J./WILMES, J. (1996a), S. 663ff. und (1996b), S. 792ff.; FANK, M./KWIECINSKI, C. (1996), S. 8ff.; GRABERT, S./KAMISKE, C. ET.AL. (1994), S. 269ff.; HOMBURG, C./BECKER, J. (1996), S. 444ff.; KAMISKE, G./MALORNY, C./MICHAEL, H. (1994), S. 1215ff.; SPECHT, G./SCHENK, M. (1996), S. 932ff.; PRICE WATERHOUSE UNTERNEHMENSBERATUNG GMBH (Hrsg., 1993), S. 1ff.; WESTERBUSCH, R./LÜCKE, O. (1994), S. ZE 22ff. und QUALITEC EBASCO GMBH - TÜV RHEINLAND GRUPPE (Hrsg., 1996), o.S.

139 Vgl. AHLERT, D./BECKER, B. ET.AL. (1996).

Im Rahmen dieser Untersuchung wird die Einschätzung der Eignung der Zertifizierung zur Erreichung von Zielsetzungen der Sicherung von Qualität der Beurteilung des tatsächlichen Erreichungsbeitrags in bereits zertifizierten Handelsunternehmungen gegenübergestellt.

Wie Abb. 9 verdeutlicht, wird die **ISO-Zertifizierung als grundsätzlich effektiv** für die Erreichung sämtlicher Zielsetzungen einer Qualitätssicherung im Handel eingeschätzt. Insbesondere hinsichtlich qualitativer Ziele, wie Imageverbesserung und Mitarbeitermotivation, wird die ISO-Zertifizierung als besonders geeignet eingeschätzt. Dies ist erstaunlich, weil jene Ziele allenfalls in der unverbindlichen ISO 9004 Teil 2 Berücksichtigung finden.[140] Die tätsächlich formulierten Ziele der Normen, wie etwa die Verringerung von Nacharbeiten oder die Prävention von Nachfragerreklamationen, finden sich lediglich im Mittelfeld der Eignungseinschätzungen.[141] Dies läßt die Vermutung zu, daß entweder die konkreten Inhalte der ISO-Normen im Handel nicht bekannt sind oder aber die Positionierung der Normen durch die normschaffenden Institutionen ungenau ist.

Abb. 9: Einschätzung von Eignung und Erreichungsbeitrag der ISO-Normen zu Zielsetzungen der Sicherung von Qualität im Handel

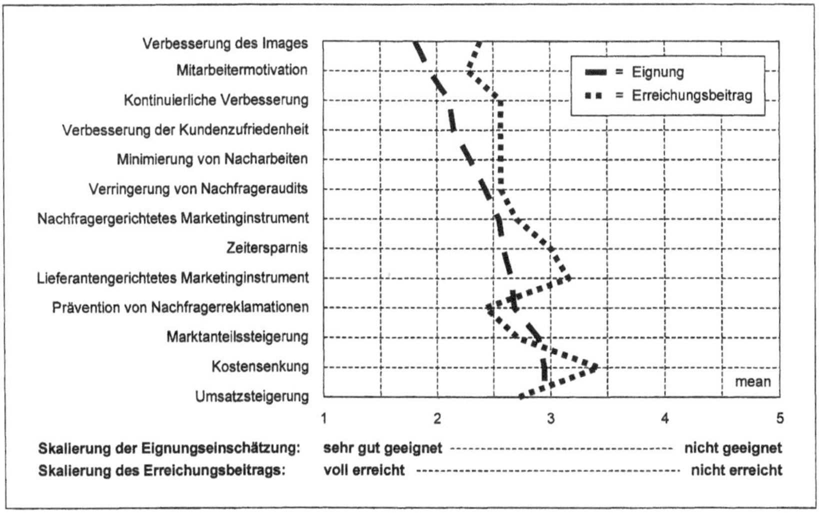

Quelle: In Anlehnung an AHLERT, D./BECKER, B. ET. AL. (1996), S. 19ff.

[140] Vgl. hierzu Kapitel 2.2.2.1., S. 35ff.

[141] Vgl. AHLERT, D./BECKER, B. ET.AL. (1996), S. 19f.

Hinsichtlich der weitergehenden Frage nach dem Beitrag der ISO-Normen zur Erreichung der Qualitätssicherungs-Ziele in bereits zertifizierten Handelsunternehmungen fällt auf, daß dieser allenfalls als mittelmäßig eingeschätzt wird. Neben den zuvor als relativ leicht erreichbar eingeschätzen Zielen der Imageverbesserung und der Mitarbeitermotivation, wurde v.a. das der Norm inhärente Ziel der Prävention von Nachfragerreklamationen relativ häufig erreicht.

Die Ergebnisse bestätigen somit die in der Einleitung zitierten Kritiken einer allenfalls **mäßigen Effizienz der ISO-Zertifizierung** für die Entwicklung von Qualitätssicherungs-Systemen. Angesichts der zum Teil immensen Kosten, die eine Vorbereitung auf die Zertifizierung und die Pflege des resultierenden Qualitätssicherungs-Systems verursacht, kann dieses Ergebnis weder die normschaffenden Institutionen noch die betroffenen Handelsunternehmungen zufriedenstellen.[142]

Die dieser Arbeit unterstellte Notwendigkeit einer Analyse der Gründe für die mangelnde Effizienz der Zertifizierung finden so ihre Bestätigung. Aufgrund der in zuvor angesprochenen Zurechnungs- und Operationalisierungsschwierigkeiten des Qualitätsbegriffs soll die folgende Analyse einer modelltheoretisch gestützten Vorgehensweise folgen.

---

142 Nach dem Verfasser vorliegenden vertraulichen Informationen belaufen sich die Kosten der Zertifizierung von Handelsunternehmungen teilweise auf über DM 100.000.

3. ANALYSE

Jene Einzelhandelsunternehmungen, die eine Zertifizierung anstreben, werden durch die ISO-Norm 9001 ausdrücklich darauf hingewiesen, daß die Qualitätssicherung allenfalls ein erster Schritt zur Umsetzung eines ganzheitlichen Qualitätsmanagements sein kann.[143] Die Forderung zahlreicher Abnehmer nach dem Nachweis eines ISO-Zertifikats durch ihre Lieferanten belegt, daß die Intention einer Darlegung des Qualitätsmanagements zumindest aus dieser Betrachtungsperspektive gegenwärtig ihre Berechtigung hat.

Dennoch sollen kritische Stimmen zu den ISO-Normen keinesfalls geringgeschätzt werden. Verdeutlichen sie doch, daß - ungeachtet der jeweiligen Begründung - die **Resonanz auf die ISO-Normen insgesamt negativ** ist. Im Sinne der dieser Arbeit zugrunde liegenden explikativen Vorgehensweise sind in der Einleitung die diesbezüglichen Erkenntnisziele aus einer zentralen Fragestellung abgeleitet worden.

Der nächste Schritt des verfolgten deduktiv-nomologischen Ansatzes besteht in der Beschreibung der Bedingungen, unter denen die Ergebnisse der ISO-Zertifizierung kritisiert werden. Bereits im vorangegangenen Kapitel wurden hierzu die allgemeinen Rahmenbedingungen der Qualitätssicherung gemäß der ISO-Normen im Einzelhandel erörtert. Im folgenden sollen nun die speziellen Grundlagen einer differenzierten Analyse der Normen diskutiert werden (Kapitel 3.1.). Hierzu wird eine Interpretation der auf die wesentlichen Charakteristika der Zertifizierung reduzierten Rahmenbedingungen vorgenommen. Dies ermöglicht in einem nächsten Schritt die Auswahl der relevanten nomologischen Aussagen in Form problemadäquater ökonomischer Theorien (Kapitel 3.2.).

Anschließend sollen durch Verbindung der allgemeinen und speziellen Rahmenbedingungen mit den Theorien hypothetische Erklärungen für die unternehmungsextern und -intern orientierte Kritik an den ISO-Normen generiert werden (Kapitel 3.3. und 3.4.).

---

143 Vgl. DIN - DEUTSCHES INSTITUT FÜR NORMUNG E.V. (Hrsg., 1994b), o.S. (Nationales Vorwort) und erläuternd PATTERSON, J.G. (1995), S. 13.

3.1. Interpretation der ISO-Normen als Grundlage der Analyse

"Wirtschaft (wird, d. Verf.; ...) als eine chaotische Sphäre wahrgenommen, in der konfligierende Interessen aufeinanderprallen, so daß der eine verliert, was der andere gewinnt".[144] Um diese sehr einseitig dargestellte Wirkungsvermutung zu umgehen, liegt es im Interesse der Akteure, die Ursachen potentieller Konflikte zu identifizieren und Mechanismen zu installieren, um sie zu überwinden. Zu unterscheiden sind aus der Perspektive eines Anbieters von Leistungen die **externen Interessengegensätze** zwischen Marktpartnern und die **internen Interessengegensätze** innerhalb von Unternehmungen.[145]

In der Einleitung zu dieser Arbeit wurde bereits darauf hingewiesen, daß die ISO-Normen implizit den Anspruch erheben, beide Gruppen der Interessengegensätze zu behandeln. Es wurde das Paradoxon aufgezeigt, daß der vertrauensgestützte Abbau von externen Interessengegensätzen zwischen Anbieter und Nachfrager durch die mißtrauensgestützte Darlegung von Regelungen zur Steuerung der Mitarbeiter und damit zur Kanalisierung interner Interessengegensätze eingesetzt wird.[146] Hierdurch wird angestrebt, die qualitätsbezogenen Konfliktpotentiale in eine **pareto-superiore Situation für alle beteiligten Akteure** zu überführen.

Im Rahmen der Analyse, ob die ISO-Normen zum Abbau von interessenbezogenen Konfliktpotentialen geeignet sind, ist zunächst eine formale Interpretation der angedeuteten Interessengegensätze aus der Perspektive der Normen erforderlich. Aufbauend hierauf soll ein geeignetes Analyseinstrumentarium identifiziert werden.

---

144 PIES, I. (1996), S. 1.

145 Vgl. hierzu die Abgrenzung dieser Perspektiven für die vorliegende Arbeit in Kapitel 2.1.1., S. 12ff.

146 Vgl. Kapitel 2.2.1., S. 27ff. Diese Perspektiven korrespondieren mit den Ansätzen des ganzheitlichen Qualitätsmanagements, die diesbezüglich in die externe Nebenbedingung Kundenorientierung und die internen Nebenbedingungen Mitarbeiterorientierung und Prozeßorientierung unterscheiden (vgl. FORSCHUNGSGEMEINSCHAFT QUALITÄTSSICHERUNG E.V. (Hrsg., 1995), S. 41ff. und MAXIMOV, J. (1991), S. 29).

3.1.1. Externe Interessengegensätze im Einzelhandel im Fokus der ISO-Normen

Interessengegensätze zwischen Marktpartnern beruhen häufig auf ein- oder beidseitigen Informationsmängeln. Diese stellen sich aus Sicht der Akteure wie folgt dar:[147]

- **Informationsvorteil seitens des Anbieters** bezüglich der objektiven potentiellen oder tatsächlichen Eigenschaften und Kosten einer Leistung.
- **Informationsvorteil seitens des Nachfragers** bezüglich der subjektiv geforderten bzw. beurteilten potentiellen oder tatsächlichen Eigenschaften und Nutzenwirkungen einer Leistung sowie relevanter Konkurrenzangebote.

Sofern die aus den jeweiligen Informationsvorteilen resultierenden Informationsasymmetrien nicht vollständig abbaubar sind, führt dies zu **Unsicherheit über Verhalten und Leistung** der jeweiligen Marktpartner.[148] Ein besonderes Kennzeichen des Einzelhandels besteht darin, daß die Unsicherheit der Nachfrager im Hinblick auf Qualität in der Regel weit größer ist als etwa in Transaktionsbeziehungen, die den Handel umgehen. Zu begründen ist dies damit, daß der Nachfrager im Rahmen seines Kaufentscheidungsprozesses in der Regel zwei Überlegungen anzustellen hat: die **Wahl der Einkaufsstätte** und **die Wahl der konkreten Leistung**. Seine potentielle Unsicherheit kann sich dadurch deutlich erhöhen.

LEVY/WEITZ tragen diesem Umstand Rechnung, indem sie in ihrer Darstellung des **Kaufentscheidungsprozesses** von Nachfragern im Einzelhandel beide Entscheidungsphasen berücksichtigen.[149] Abb. 10 veranschaulicht das Modell in modifizierter Form.

Das Modell unterscheidet sechs Stufen (stages) des Kaufentscheidungsprozesses. Stufe 1 kennzeichnet die Identifikation eines Bedürfnisses durch den Nachfrager (Need recognition). Dieses Bedürfnis initiiert in Stufe 2 die Suche nach Informationen über Möglichkeiten zur Bedürfnisbefriedigung (Information search). Anschließend

[147] Vgl. WEISENFELD-SCHENK,. U. (1997), S. 26. Die genannten Informationsvorteile der Nachfrager sind durch die Anbieter im Einzelhandel besonders schwer zu antizipieren bzw. zu beeinflussen, da die Informationen und Interessenschwerpunkte der Nachfrager einem ständigen und sich zur Zeit beschleunigenden Wandel unterworfen sind (vgl. HELPUP, A. (1998), S. 30f.).

[148] Vgl. FRITSCH, M./WEIN, T./EWERS, H.-J. (1996), S. 21, die bei potentieller Abbaubarkeit von Informationslücken von Unkenntnis und bei nicht möglichem Abbau von Informationslücken von Unsicherheit sprechen.

[149] Vgl. LEVY, M./WEITZ, B.A. (1995), S. 99ff. Zur Notwendigkeit der prozessualen Betrachtung des Käuferverhaltens vgl. KUSS, A. (1991), S. 8.

werden in Stufe 3 die gefundenen Alternativen bewertet (Evaluation), um darauf aufbauend in Stufe 4 eine konkrete Entscheidung zu treffen (Choice). Dem anschließenden Besuch der Einkaufsstätte bzw. dem eigentlichen Kauf in Stufe 5 (Action) folgt die Nachkaufphase in Stufe 6 (Postpurchase).

Abb. 10: Idealtypischer zweiphasiger Kaufentscheidungsprozeß von Nachfragern im Einzelhandel

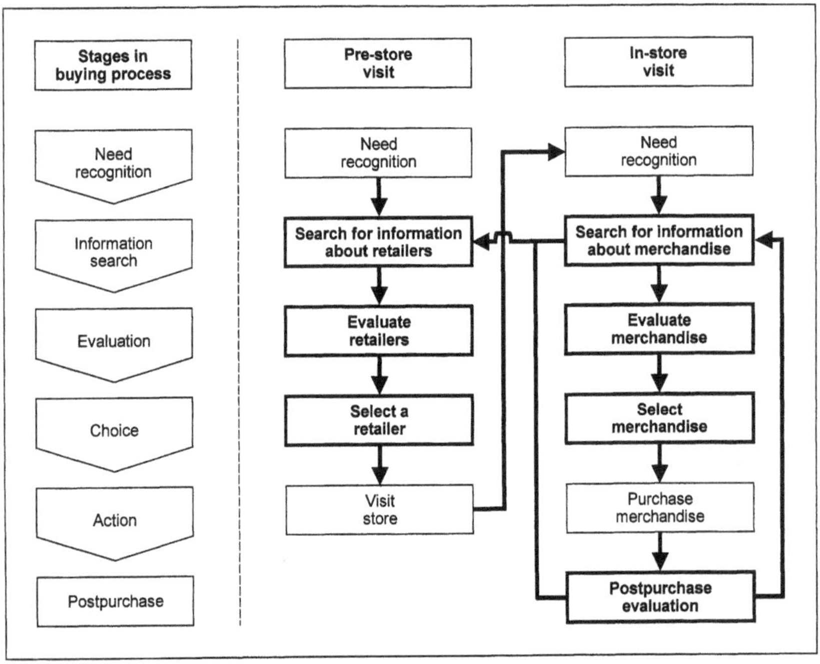

Quelle: Eigene Abbildung in Anlehnung an LEVY, M./WEITZ B.A. (1995), S. 100.

Idealtypisch werden die **Stufen der Einkaufsstättenwahl vom Nachfrager zweimal durchlaufen.**[150] Zunächst reflektiert er die Auswahl einer geeigneten Handelsunternehmung (Pre-store visit), um anschließend eine konkrete Leistung zu selektieren (In-store visit). LEVY/WEITZ weisen darauf hin, daß die Stufen in der Praxis auch in einer anderen Abfolge durchlaufen werden können bzw. die Reihenfolge der beiden Teilentscheidungsprozesse wechselt.[151] Dies wird in der Regel davon abhängig sein,

---

150 STOFFL weist darauf hin, daß für das Qualitätsurteil der Nachfrager im Handel sämtliche Phasen des Kaufentscheidungsprozesses relevant sind (vgl. STOFFL, M. (1997), S. 346).

151 Vgl. LEVY, M./WEITZ, B.A. (1995), S. 99.

welche Ausprägung des Käuferverhaltens im konkreten Fall vorliegt. So steht bei habitualisierten Kaufentscheidungen häufig lediglich die Wahl der Einzelhandelsunternehmung zur Disposition, während in anderen Fällen die spezifische Leistung dem Nachfrager von vornherein noch nicht bekannt ist und er lediglich ein relativ unbestimmtes Kaufbedürfnis verspürt.[152]

Auffällig ist der in der Abbildung fett gedruckte **große Anteil der Stufen der Informationsbeschaffung und -bewertung** am Kaufentscheidungsprozeß. In diesen Phasen ist der Nachfrager bemüht, seine ex ante- und ex post-Unsicherheit bezüglich der Qualität der in Betracht gezogenen Einkaufsstätten und Leistungen zu verringern. Der Umfang dieser Bemühungen deutet an, wie groß die Unsicherheit in der Summe sein kann und wie viele Ansatzpunkte sich einer Einzelhandelsunternehmung bieten, diese abzubauen. Soll eine Qualitätssicherung vollständig sein, müssen die Ansatzpunkte möglichst umfassend in den ISO-Normen Berücksichtigung finden.

Die Unsicherheit wird durch eine Vielzahl von Faktoren determiniert,[153] die sich unter anderem auf die Art der angebotenen Leistungen (goods) zurückführen lassen. Folgende Typen sind zu unterscheiden:[154]

- **Search-goods**:
  Die Qualitätsunsicherheit bzgl. einer Leistung läßt sich vor Vertragsabschluß durch Informationsbeschaffung verringern.

- **Experience-goods**:
  Die Qualitätsunsicherheit bzgl. einer Leistung läßt sich erst nach Vertragsabschluß durch Konsum bzw. Nutzung verringern.

- **Credence-goods**:
  Die Qualitätsunsicherheit bzgl. einer Leistung läßt sich auch durch nachvertraglichen Konsum bzw. Nutzung nicht verringern. Sowohl ex ante als auch ex post existieren lediglich Vermutungen bezüglich der Qualität einer Leistung.

---

[152] Zur Definition der unterschiedlichen Arten von Kaufentscheidungen vgl. WEINBERG, P. (1981), S. 12ff.

[153] Vgl. WEISENFELD-SCHENK, U. (1997), S. 21, die folgende Quellen asymmetrischer Informationen beschreibt:
1. Heterogenität angebotener Leistungen,
2. Qualitätsschwankungen,
3. mangelnde Nachvollziehbarkeit von Qualitätsmerkmalen.

[154] Vgl. zur Kennzeichnung der Leistungstypen DARBY, M.R./KARNI, E. (1973), S. 67ff. und NELSON, P. (1970), S. 311ff.

Ein derivatives Ziel der Unternehmungsführung kann darin bestehen, die **Qualitätsunsicherheit** bzgl. aller Leistungskategorien beim Nachfrager zu vermindern, um ihn von der Vorteilhaftigkeit des Vertragsabschlusses zu überzeugen.[155] So identifizieren und verändern die Funktionen Marketing und Verkauf durch aktive und reaktive Bearbeitung des Marktes den Informationsstand der Nachfrager. Forschungs-, Entwicklungs- und Produktionsabteilungen streben an, die resultierenden Vorgaben in nachfragerorientierte Leistungen umzusetzen und so aktiv auf das **Qualitätsurteil** von search- und experience-goods einzuwirken. Lediglich die **Qualitätsvermutungen** bei credence-goods können durch die obigen Maßnahmen nur in geringem Umfang direkt verändert werden. Die Qualitätsunsicherheit der Nachfrager wird somit, wie die folgende Abb. 11 veranschaulicht, in Abhängigkeit vom jeweiligen Leistungstyp einen konvex steigenden Verlauf annehmen.

Abb. 11: Qualitätsunsicherheit der Nachfrager in Abhängigkeit von verschiedenen Leistungstypen

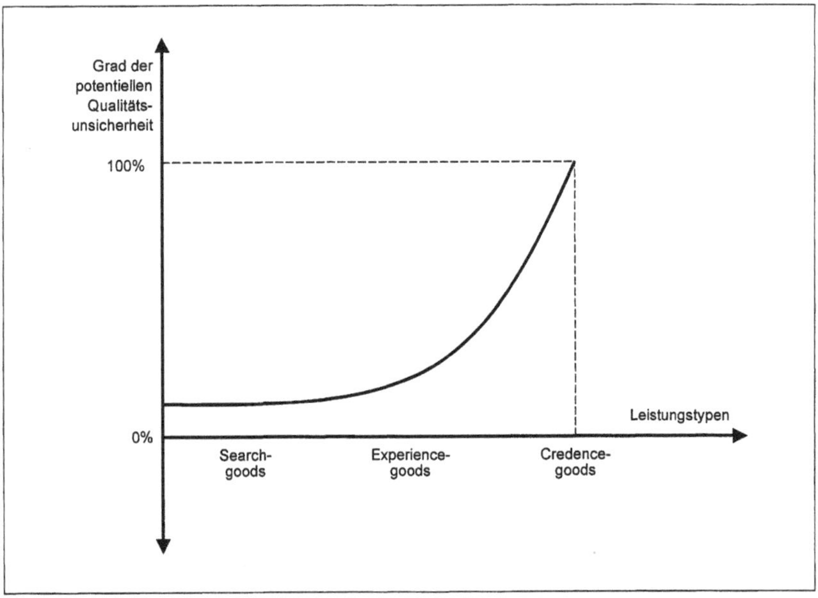

Quelle: In Anlehnung an FRITSCH, M./WEIN, T./EWERS, H.-J. (1996), S. 213.

155 Für eine detaillierte Diskussion unterschiedlicher "Unsicherheitsreduktionsstrategien bei einzelnen informationsökonomischen Eigenschaftstypen" vgl. WEIBER, R./ADLER, J. (1995), S. 68ff.

Da die Anbahnung, Abwicklung und Erfüllung von Kaufverträgen Kosten verursacht, werden **Transaktionen bei zunehmender Qualitätsunsicherheit unter Umständen unterlassen**, was bei Betrachtung einzelner Vertragsbeziehungen zu dem bereits erwähnten pareto-inferioren Ergebnis und bei gesamtwirtschaftlicher Betrachtung sogar zu Marktversagen führen kann.[156] In Abhängigkeit vom Zeitpunkt des Auftretens qualitätsrelevanter Informationsasymmetrien ist dabei zwischen folgenden **Risiken** aus Sicht der Akteure zu unterscheiden:[157]

1. Risiken vor Vertragsabschluß: Adverse Selection.

2. Risiken nach Vertragsabschluß: Moral Hazard.

Bei vorvertraglichen **Adverse Selection-Risiken** weist einer der Akteure ein Informationsdefizit bezüglich des Verhaltens oder der Leistung des Marktpartners auf.[158] Für den schlechter informierten Akteur entsteht das Bedürfnis, Informationen über die andere Marktseite einzuholen, um so seine Qualitätsunsicherheit zu verringern (Screening). Gleichzeitig entsteht für den Marktpartner die Notwendigkeit, sich und seine Leistungen so zu präsentieren, daß sie optimal wahrgenommen werden, um dadurch eine möglichst positive Qualitätsvermutung zu erzeugen (Signaling).[159]

Mit Blick auf den Einzelhandel wird die Screening-Aktivität üblicherweise beim Nachfrager liegen, da dieser bemüht ist, eine für sein individuelles Konsum- bzw. Investitionsbedürfnis adäquate Leistung zu erhalten. Für die Einzelhandelsunternehmung entsteht die Notwendigkeit, Signale auszusenden, die aus Nachfragersicht als Qualitätsindikator gewertet werden können. Folgende Instrumente werden in der Literatur vorgeschlagen:[160]

---

156 Vgl. FRITSCH, M./WEIN, T./EWERS, H.-J. (1996), S. 212.

157 Vgl. RASMUSEN, E. (1989), S. 133ff. Zu Moral Hazard-Risiken vertiefend VARIAN, H.R. (1991), S. 226ff.

158 Vgl. WOLFF, B. (1994), S. 64 und zur Verhaltensunsicherheit KLEINALTENKAMP, M. (1992), S. 813.

159 Vgl. WEISENFELD-SCHENK, U. (1997), S. 22.

160 Zu den Determinanten des Einsatzes von Qualitätsindikatoren vgl. WEISENFELD-SCHENK, U. (1997), S. 29.

- Garantien,[161]
- Zertifikate,[162]
- Preis,[163]
- Werbung,[164]
- Reputation.[165]

Nachvertragliche **Moral Hazard-Risiken** treten dann auf, wenn trotz der Screening- und Signaling-Anstrengungen beider Akteure kein Informationsgleichgewicht vor Vertragsabschluß hergestellt werden konnte und die Akteure opportunistisches Verhalten aufweisen. Aus Sicht einer Einzelhandelsunternehmung kann das Risiko beispielsweise darin liegen, daß der Nachfrager Gewährleistungspflichten durch unsachgemäße oder übermäßige Verwendung einer Leistung bewußt herbeiführt. Aus Nachfragersicht besteht insbesondere bei experience- und credence-goods die Gefahr, Mängel einer Leistung erst nach Vertragsabschluß und Zahlung wahrzunehmen. Zu differenzieren ist in diesem Zusammenhang zwischen:[166]

- **Hidden action**: Der Marktpartner kann nur das Ergebnis qualitätsrelevanter Handlungen beurteilen, nicht jedoch die Handlungen selbst.
- **Hidden information**: Dem Marktpartner werden qualitätsrelevante Informationen vorenthalten.

Hidden Information wiegt schwerer als Hidden Action, da der Marktpartner weder das Anstrengungsniveau (action) wahrnimmt, noch die relevanten Informationen

---

161 Vgl. SPENCE, M. (1974), S. 88ff., der Garantien aus Sicht der Nachfrager die Funktion eines Zuverlässigkeitsversprechens beimißt.

162 Vgl. KUNKEL, M. (1994), S. 101f. Ergänzt wird die Signalwirkung von Zertifikaten u.U. durch eine Reputationswirkung, die daraus erwächst, daß die Zertifizierung durch unabhängige Dritte erfolgt, deren Reputation möglicherweise auf die zertifizierte Unternehmung übertragen wird.

163 Vgl. GROSSMAN, S.J./STIGLITZ, J.E. (1976), S. 246ff.; NAGELE, T.T./HOLDEN, R.K./LARSEN, G.M. (1998), S. 99ff. und SIMON, H. (1982), S. 344ff., die erläutern, unter welchen Umständen der Preis als Signal für die Qualität einer Leistung anzusehen ist.

164 Basierend auf NELSON, P. (1974), S. 729ff. bestätigen zahlreiche Autoren die qualitätsbezogene Indikatorfunktion von Werbung (vgl. beispielsweise KIHLSTROM, R.E./RIORDAN, M.H. (1984), S. 427ff. und MILGROM, P./ROBERTS, J. (1986), S. 796ff.)

165 Vgl. FRITSCH, M./WEIN, T./EWERS, H.-J. (1996), S. 221f. und WEISENFELD-SCHENK, U. (1997), S. 27.

166 Vgl. WOLFF, B. (1994), S. 53ff.

(information) beurteilen kann.[167] Dies führt zurück zu der eingangs formulierten Aussage, daß **Informationsmängel die wesentliche Ursache von Interessengegensätzen** zwischen Marktpartnern im Einzelhandel sind.

Auch die ISO-Normen zielen mit dem Aufbau von nachfragerseitigem Vertrauen unmittelbar auf den Abbau von Informationsasymmetrien zwischen Marktpartnern ab. Allerdings finden Moral Hazard-Risken in den ISO-Normen nur insoweit Berücksichtigung, als sie sich auf **auftragsbezogene Fertigung** beziehen. Diese hat im Einzelhandel dann eine Bedeutung, wenn beispielsweise Einrichtungsgegenstände oder Textilien nach Vertragsabschluß von der Einzelhandelsunternehmung nach individuellen Bedürfnissen angefertigt werden. In derartigen Fällen erhält der Nachfrager häufig keine Informationen über den Prozeß der Leistungserstellung und kann lediglich das Ergebnis beurteilen.

Zwar existiert kein Element in ISO 9001, das explizit auf die auftragsbezogene Fertigung eingeht. Der Fertigungsprozeß selbst findet jedoch implizit in mehreren Elementen Berücksichtigung, so daß der Nachfrager durch Einsicht in das Qualitätsmanagement-Handbuch Transparenz über den Leistungserstellungsprozeß erhält.[168] Problematisch ist dies lediglich dann, wenn Zulieferunternehmungen oder Unterauftragnehmer die Leistungserstellung übernehmen, die ihr Qualitätsmanagement nicht darlegen und somit für den Nachfrager intransparent bleiben. In diesen Fällen, die aufgrund der Leistungsmittlerfunktion des Einzelhandels häufig anzutreffen sind, ist es Aufgabe der Einzelhandelsunternehmung, durch geeignete Eingangsprüfungen die Ergebnisqualität der zugekauften Leistung sicherzustellen.[169]

Bei dem überwiegenden Anteil der im Einzelhandel transferierten Leistungen handelt es sich jedoch um solche, die **simultan zum Vertragsabschluß übergeben** werden, wie dies beispielsweise bei kurzlebigen Konsumgütern, wie Lebensmitteln, der Fall ist. Auf Moral Hazard-Risiken, die aus Hidden action oder information hinsichtlich dieser Leistungen erwachsen, geht ISO 9001 nicht ein.

Stärkere Beachtung als Moral Hazard-Risiken finden in den ISO-Normen die **Adverse Selection-Risiken**. Es wurde bereits darauf hingewiesen, daß Zertifikate ein geeignetes Instrument der Minderung dieser Risiken im Rahmen des Signaling dar-

---

167 Vgl. WEISENFELD-SCHENK, U. (1997), S. 26f.

168 Als Beispiel sind die Elemente 4.5 Lenkung der Dokumente und Daten, 4.9 Prozeßlenkung und 4.14 Korrektur- und Vorbeugemaßnahmen zu nennen (vgl. DIN - DEUTSCHES INSTITUT FÜR NORMUNG E.V. (Hrsg., 1994b), S. 13f., 16f. und 21f.).

169 Vgl. Element 4.10 Prüfungen aus ISO 9001 (vgl. DIN - DEUTSCHES INSTITUT FÜR NORMUNG E.V. (Hrsg., 1994b), S. 17f.).

stellen können. Hierbei wird davon ausgegangen, daß seitens der Nachfrager ein akutes oder zumindest latentes Screeningbedürfnis bezüglich der Leistungsqualität des Einzelhandels besteht.

Wenn, wie im Fall der privaten Nachfrager im Einzelhandel, die personen- oder sachbedingten Screening-Möglichkeiten begrenzt sind, da entsprechendes fachliches Know-how fehlt, wird in der Literatur die **Einschaltung spezialisierter Dritter** vorgeschlagen.[170] Diesem Gedanken tragen die ISO-Normen Rechnung, indem die Auditierung und Zertifizierung der dargelegten Qualitätsmanagement-Systeme durch unabhängige Dritte in Form von akkreditierten Zertifizierungsgesellschaften vorgenommen wird.[171] Allerdings ist darauf hinzuweisen, daß diese Vorgehensweise nicht der reinen Form des Screening entspricht, da die Zertifizierung im Auftrag des Signal-Gebers vorgenommen wird und nur im Ausnahmefall durch das Screening-Bedürfnis eines konkreten Nachfragers initiiert wird.

Als **Zwischenfazit** kann festgehalten werden, daß die ISO-Normen in externer Hinsicht für Einzelhandelsunternehmungen vornehmlich eine **Präventivmaßnahme zur Verminderung von Adverse Selection-Risiken** darstellen. Moral Hazard-Risiken finden dagegen nur am Rande Berücksichtigung.

Die ISO-Normen unterstützen den Kaufvertrag durch die Zusicherung des Einzelhändlers, daß die zertifizierte Unternehmung die dargelegten qualitätsrelevanten Maßnahmen installiert hat. Für die Untersuchung externer Wirkungen der ISO-Normen steht somit die Frage im Mittelpunkt, ob die Normen geeignet sind, **Anbahnung, Abschluß und Abwicklung von Verträgen** zu unterstützen.

3.1.2. Interne Interessengegensätze in Unternehmungen des Einzelhandels im Fokus der ISO-Normen

Werden die Annahmen des homo-oeconomicus unterstellt,[172] trachten Menschen danach, Eigennutzen zu realisieren, was bei zwischenmenschlichen Austauschbeziehungen zwangsläufig zu Interessengegensätzen führen wird.[173] Da auch Einzel-

170 Vgl. FRITSCH, M./WEIN, T./EWERS, H.-J. (1996), S. 220f.

171 Vgl. Kapitel 2.2.1.2., S. 31ff.

172 Nach BRENNAN, G./BUCHANAN, J.M. (1993), S. 87 ist der homo-oeconomicus durch rationales Verhalten, Eigeninteresse und Nutzenmaximierung gekennzeichnet.

173 In der Literatur werden Interessengegensätze regelmäßig mittels des spieltheoretischen Gefangenendilemmas beschrieben (vgl. z.B. HOLLER, M.J./ILLING, G. (1996), S. 1).

handelsunternehmungen als ein Geflecht vertraglicher Beziehungen interpretiert werden können,[174] sind auch hier **Interessengegensätze** virulent.[175]

Bloße Appelle an die Mitarbeiter werden nicht ausreichen, das Thema Qualität im Sinne der Nachfrager zu handhaben, solange das verlangte Verhalten wider die eigenen - unter Umständen situationsbedingten - Interessen der Akteure läuft. Die Tatsache, daß sich die **Eigeninteressen nicht zwangsläufig am Gemeinwohl orientieren**, ist jedoch nicht geringzuschätzen oder gar zu verurteilen. Vielmehr sind die Interessen in Rechnung zu stellen und zu erklären, um darauf aufbauend Verbesserungsvorschläge unter Berücksichtigung potentieller oder tatsächlicher Konflikte zu generieren.[176]

Eine wesentliche Ursache für den **Konflikt von Indidual- und Kollektivinteressen in Unternehmungen** wird in organisationsstrukturellen Aspekten gesehen. Da die Organisationsstruktur in der Regel auf Hierarchien basiert, die beispielsweise Weisungsbefugnisse beinhalten, läuft sie dem Streben des einzelnen Mitarbeiters nach selbstbestimmten Wahl- und Handlungsmöglichkeiten zuwider.[177]

Den zentralen Ansatzpunkt für die Lösung von Interessenkonflikten bieten konsequenterweise **organisationale Überlegungen**. Diese sollten unter Zugrundelegung der oben geschilderten Problembereiche zwei simultan zu betrachtende Aspekte beinhalten:[178]

- **Motivation** der an der Leistungserstellung beteiligten Akteure (menschlicher Aspekt);[179]
- **Koordination** der betrieblichen Leistungserstellung zum Zwecke einer optimalen Ressourcenallokation (technischer Aspekt).

---

174 Vgl. WOLFF, B. (1994), S. 44.

175 Vgl. zur Bedeutung der Innenbeziehungen in Unternehmungen für dessen Funktionsfähigkeit MOLITOR, B. (1989), S. 110ff.

176 Vgl. hierzu mit Bezug auf politische Handlungsprozesse PIES, I. (1996), S. 5f. Unter Interessen werden "Bedürfnisse, Wünsche, Sorgen und Ängste - Dinge, die wir besitzen möchten oder um die wir uns Sorgen machen" verstanden (URY, W.L./BRETT, J.M./GOLDBERG, S.B. (1991), S. 21f.).

177 Vgl. STEINMANN, H./LÖHR, A. (1991), S. 28ff.

178 Vgl. FRESE, E. (1993), S. 6 und 11ff.

179 "Das beste Leistungsvermögen (Qualifikation) nützt nichts, wenn Leistungsbereitschaft (Motivation) fehlt. (...) Motiviert sein heißt, sich zu einem Ziel hingezogen zu fühlen, nicht dahingeschoben zu werden." (MASING, W. (1994), S. 65).

MOLITOR beschreibt das Problem und die Zielsetzung einer organisatorischen Lösung von Interessenkonflikten wie folgt: "(...) kommen Menschen unterschiedlicher Herkunft, unterschiedlichen Bildungsstandes und unterschiedlicher persönlicher Interessen tagtäglich an bestimmtem Ort zusammen, und das **moralische** Problem ist, wie im Rahmen der institutionellen Zweckbestimmung dieser "Ort" gestaltet werden kann und wie die Beteiligten während der Betriebszeit miteinander umgehen, auf daß in der arbeitsteiligen Produktion selbst ein Stück guten Lebens in Selbstverwirklichung, kooperativer Gerechtigkeit und Erfolgserlebnissen erfahren werden kann"[180].

WOLFF gibt allerdings zu bedenken, daß im Rahmen der Lösung von Interessengegensätzen in der Praxis der **menschliche Aspekt häufig vernachlässigt** wird und der Schwerpunkt meist auf dem technischen Aspekt liegt.[181] Dies führt dazu, daß aus einer Variation des Individualverhaltens dem einzelnen Akteur keine motivierenden Vor- oder Nachteile erwachsen.

Eine **anforderungsgerechte Verteilung des Unternehmungsergebnisses** ist jedoch eine unbedingte Voraussetzung für das Bewirken eines qualitäts- und damit nachfragerorientierten Verhaltens aller Mitglieder einer Einzelhandelsunternehmung.[182] Nur so wird es gelingen, den einzelnen Akteur zu motivieren, seine Eigeninteressen hinter die Gesamtinteressen der Unternehmung zurückzustellen oder gar darin zu integrieren.

Die anreizorientierte Verteilung des Unternehmungsergebnisses setzt voraus, daß unter den Akteuren Transparenz über den Verteilungsmodus besteht. Entsprechend ist die Forderung BUCHANANS zu interpretieren, daß mangelndes moralisches Verhalten durch die **Installation von Regeln** im Sinne verbindlicher Normen zu kompensieren ist.[183] BURR beschreibt Regeln zusammenfassend als "für einen abgegrenzten Adressatenkreis gültige, **dauerhafte Restriktionen individuellen und kollektiven Tuns**, die die Zielsetzung haben, individuelles und kollektives Handeln für bestimmte Problemfälle und Problemklassen vorzustrukturieren und dadurch effektives und effizientes Handeln in wiederkehrenden Entscheidungssituationen zu ermöglichen"[184].

---

180 MOLITOR, B. (1989), S. 110.

181 Vgl. WOLFF, B. (1994), S. 2ff.

182 Vgl. ORTLIEB, P. (1993), S. 57ff. und WOLFF, B. (1994), S. 4f.

183 Vgl. o.V. (1986), S. 42.

184 BURR, W. (1998), S. 314, der damit die in der Literatur vorzufindenden Definitionen aufgreift. (vgl. z.B. LESCHKE, M. (1996), S. 76).

Diese Definiton deckt sich weitgehend mit der **Intention der ISO-Normen**. Auch diese verfolgen mit der Forderung nach einer Darlegung von Qualitätsmanagement-Systemen organisatorische Zielsetzungen. Die Festschreibung von Abläufen und Tätigkeiten mündet in der **Formulierung von Regeln**, deren Beachtung ein paretosuperiores Ergebnis für Anbieter und vor allem Nachfrager bewirken soll. Im Gegensatz zu den oben diskutierten moralorientierten faktischen Normen handelt es sich hier um explizit formulierte Regeln, in denen unberücksichtigt bleibt, daß zwischen den aufgestellten Regeln und dem Moralverhalten der Akteure innerhalb der Regeln zu differenzieren ist.[185] Welche Auswirkungen dies für den Erfolg der Zertifizierung hat, soll an späterer Stelle ausführlich diskutiert werden.

Als Zwischenfazit kann festgehalten werden, daß der **externen und internen Ausrichtung der ISO-Normen unterschiedliche Institutionenverständnisse zugrunde liegen**. Während die Zertifizierung in externer Betrachtung das Zustandekommen und die Abwicklung von Verträgen fördern soll, steht hinsichtlich der internen Zielsetzung der Normen die Formulierung von Regeln im Mittelpunkt.

3.2. Interessengegensätze im Theorienvergleich

Das differenzierte Institutionenverständnis der ISO-Normen erfordert die Anwendung unterschiedlicher Analyseansätze. Als Basis für deren Festlegung ist eine begriffliche Abgrenzung von Verträgen und Regeln notwendig, um darauf aufbauend die relevanten ökonomischen Theorieverständnisse abzuleiten.

3.2.1. Verträge und Regeln als institutionelle Lösung von Interessengegensätzen

Die begriffliche Unterscheidung von Verträgen und Regeln als Instrumente der Festschreibung von Rechten und/oder Pflichten ist in der Literatur nicht unumstritten. In einigen Quellen werden Regeln als eine Ausprägung von Verträgen aufgefaßt, andere Quellen beschreiben Verträge als Sonderform von Regeln.[186] Die Begriffsfestlegung für die vorliegende Arbeit soll sich daher an der **Intention der beiden Institu-**

[185] Vgl. hierzu MOLITOR, B. (1989), S. 11, der ergänzt, daß Regeln nicht voraussagen, was geschehen wird, sondern lediglich Auskunft darüber geben, was geschehen soll.

[186] Vgl. PICOT, A. (1990), S. XIII, der Regeln als Sammelbegriff für Vertragsformen, Rechtssysteme, organisatorische Regelungen usw. definiert.

tionen orientieren. Unter Zugrundelegung der Annahme eines opportunistischen Verhaltens und einer damit einhergehenden begrenzten Vertrauenswürdigkeit von Marktakteuren[187] erweitern **Verträge** das Verständnis von Regeln insofern, als sie den **Konsens** der Akteure durch Antrag und Annahme zwingend voraussetzen. Dies kann auch Vereinbarungen dahingehend beinhalten, welche Folgen bzw. Sanktionsmechanismen das Abweichen eines Vertragspartners vom Vertragsinhalt bewirkt.[188] Eine einseitige Vorgabe von Verträgen ist ex definitione nicht möglich, da die ausdrückliche Annahme eines Angebotes zwingende Vertragsvoraussetzung ist.[189]

Hierin manifestiert sich der wesentliche Unterschied von **Regeln** zu Verträgen. Zwar sind auch Regeln üblicherweise verbindlich. Jedoch sind ihre Inhalte meist ohne Bezug zu einem konkreten Sachverhalt oder einem konkreten Adressaten formuliert. Regeln haben damit häufig **allgemeingültigen Charakter** und sind gegebenenfalls von der jeweils betroffenen Person für eine spezifische Situation zu interpretieren. Der Umfang dieser Interpretationsfähigkeit hängt davon ab, wie präzise die Regelinhalte formuliert sind.[190] Der Hinweis auf die Allgemeingültigkeit vieler Regeln deutet weiterhin an, daß Regeln häufig ohne das Mitwirken aller Akteure formuliert werden. Eine Einigung aller betroffenen Akteure ist somit - im Gegensatz zu Verträgen - keine notwendige Voraussetzung von Regeln.[191]

Dieser Regelbegriff korrespondiert mit dem Verständnis der Darlegung qualitätsrelevanter Tätigkeiten und Prozesse durch die ISO-Normen.[192] Ist die Darlegung erfolgt und durch eine Auditierung überprüft worden, sind die festgeschriebenen Prozesse von den betroffenen Mitarbeitern zu befolgen. Anders verhält sich dies hinsichtlich der gewünschten Außenwirkung einer Darlegung der Regeln. Hier beabsichtigen die ISO-Normen eine vertrauensbildende und -fördernde Wirkung bei Anbahnung, Abschluß und Abwicklung von Verträgen.

Im folgenden Kapitel ist zu fragen, welche Forschungsansätze eine Analyse der beschriebenen **Institutionen** unterstützen und damit zur Anwendung kommen sollen.

---

187 Vgl. WILLIAMSON, O.E. (1990), S. 55.

188 Vgl. WILLIAMSON, O.E. (1990), S. 55.

189 Nicht übersehen werden darf an dieser Stelle, daß Machtungleichgewichte bei Vertragsabschlüssen die Eigenbestimmheit von Angebot und Annahme negativ beeinflussen können (vgl. WILLIAMSON, O.E. (1996), S. 22f.).

190 Vgl. BURR, W. (1998), S. 320f. und Kapitel 3.4.1.3., S. 106ff.

191 Vgl. WILLIAMSON, O.E. (1990), S. 55.

192 Die nahe Verwandschaft von Regeln und Normen wird auch dadurch deutlich, daß diese Begriffe in der Literatur häufig synonym verwandt werden (vgl. z.B. SUCHANEK, A. (1996), S. 106).

3.2.2. Bestimmung der zur Anwendung kommenden institutionenökonomischen Forschungsansätze

Im Zusammenhang mit Fragen der Qualität sind verschiedene Ansätze entstanden, die vor allem die Annahme von Informationsasymmetrien zwischen Marktpartnern in ihre Überlegungen integrieren. So beschreibt AKERLOF in seinem Aufsatz "Market for Lemons" am Beispiel des Handels mit gebrauchten Kraftfahrzeugen, daß das opportunistische Ausnutzen von Informationsasymmetrien im Hinblick auf einseitig bekannte Eigenschaften eines Fahrzeugs zu negativen Konsequenzen bis hin zum Versagen eines gesamten Marktes führen kann:[193]

> "There are new cars and used cars. There are good cars and bad cars (which in America are known as "lemons"). A new car may be a good car or a lemon, and of course the same is true of used cars.
> The individuals in this market buy a new automobile without knowing whether the car they buy will be good or a lemon. But they do know that with probability q it is a good car and with probability (1-q) it is a lemon; by assumption, q is the proportion of good cars produced and (1-q) is the proportion of lemons.
> After owning a specific car, however, for a length of time, the car owner can form a good idea of the quality of this machine; i.e., the owner assigns a new probability to the event that this car is a lemon. This estimate is more accurate than the original estimate. An asymmetry in available information has developed: for the sellers now have more knowledge about the quality of a car than the buyers. But good cars and bad cars must still sell at the same price - since it is impossible for a buyer to tell the difference between a good car and a bad car. It is apparent that a used car cannot have the same valuation as a new car - if it did have the same valuation, it would clearly be advantageous to trade a lemon at the price of a new car, and buy another new car, at a higher probability q of being good and a lower probability of being bad. Thus the owner of a good machine must be locked in. Not only is it true that he cannot receive the true value of his car, but he cannot even obtain the expected value of a new car.
> Gresham's law has made a modified reappearance. For most cars traded will be the "lemons", and good cars may not be traded at all. The "bad" cars tend to drive out the good (in much the same way that bad money drives out the good). But the analogy with Gresham's law is not quite complete: bad cars drive out the good because they sell at the same price as good cars; similary, bad money drives out good because the exchange rate is even. But the bad cars sell at the same price as good cars since it is impossible for a buyer to tell the difference between a good and a bad car; only the seller knows."[194]

---

[193] Vgl. AKERLOF, G.A. (1970), S. 488ff. und KUNKEL, M. (1994), S. 87ff., der aufzeigt, daß in der AKERLOF'schen Tradition weitere Ansätze entwickelt worden sind, die dessen Erkenntnisse in Erklärungsmodelle überführen (vgl. beispielsweise LELAND, H.E. (1979); KLEIN, B./LEFFLER, K.B. (1981) und SHAPIRO, C. (1983)).

[194] AKERLOF, G.A. (1970), S. 489f.

Die anhand dieses Beispiel deutlich werdende Veränderung der Verhaltensannahmen wirtschaftswissenschaftlicher Theorieansätze ist nicht zuletzt auf den vielzitierten Aufsatz "The Nature of the Firm" von COASE zurückzuführen.[195] Dieser legt den Grundstein einer in den siebziger und achtziger Jahren zur **Neuen bzw. Modernen Institutionenökonomik**[196] weiterentwickelten Theorie, die den "Datenkranz"[197] um die Neoklassik aufbricht und durch realitätsnahe Annahmen und eine Berücksichtigung institutioneller Arrangements ergänzt. Abb. 12 veranschaulicht die Ansätze der Modernen Institutionenökonomik:

Abb. 12: Ansätze der Modernen Institutionenökonomik

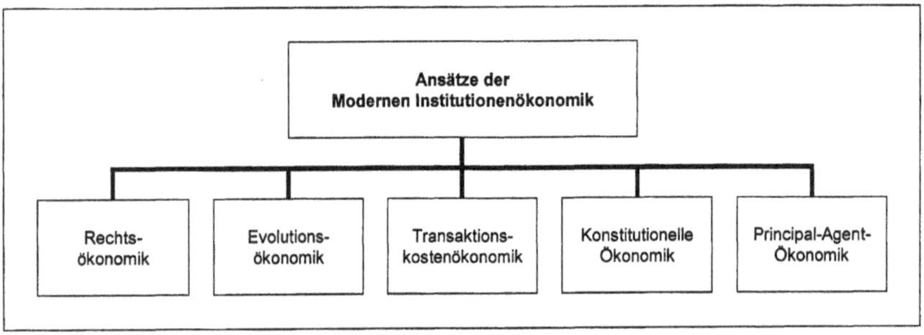

Quelle: Eigene Abbildung in Anlehnung an BECK, P. (1997), S. 9f., MANDEWIRTH, S.O. (1997), S. 52ff. und WILLIAMSON, O.E. (1993), S. 37ff.

Charakteristikum aller aufgeführten Ansätze der Modernen Institutionenökonomik ist die **Fokussierung auf die institutionellen Rahmenbedingungen** wirtschaftlicher Sachverhalte und Abläufe. Unter einer Institution wird in diesem Zusammenhang folgendes verstanden: "System von Normen einschließlich deren Garantieinstrumente, mit dem Zweck, das individuelle Verhalten in eine bestimmte Richtung zu steuern. Institutionen strukturieren unser tägliches Leben und verringern auf diese Weise dessen Unsicherheiten"[198]. "Unternehmen, Haushalte, der Staat und seine Gliederungen, Gesetze, Rechte, Verträge und Gerichte sind Institutionen, aber auch Güte-

[195] Vgl. COASE, R.H. (1937).

[196] Als Pioniere der Neuen Institutionenökonomik gelten COASE und NORTH (vgl. hierzu BONUS, H./ WESSELS, A.M. (1994), S. 109). FELDMANN weist darauf hin, daß die Bezeichnung Neue Institutionenökonomik auf Rechtsökonomik, Principal-Agent-Ökonomik und Transaktionskostenökonomik zu beschränken ist. Sofern diese um weitere Ansätze, wie beispielsweise die Konstitutionelle Ökonomik, ergänzt wird, schlägt er die Bezeichnung Moderne Institutionenökonomik vor (vgl. FELDMANN, H. (1995), S. 7ff. und 44ff.).

[197] Vgl. SCHUMANN, J. (1992), S. 460.

[198] RICHTER, R. (1994), S. 2.

siegel, Zulassungsregeln, Handelsbräuche, Geschäftsbeziehungen, bekannte Firmennamen und Markenartikel."[199] Diese Institutionenvielfalt erfordert Ansätze mit unterschiedlichen Untersuchungsperspektiven und Gestaltungsvariablen.

Im Mittelpunkt der **Rechtsökonomik** steht die Property-Rights-Theorie, die Handlungen der Wirtschaftssubjekte durch die Gestaltung von Verfügungs-, Handlungs- oder auch Eigentumsrechten erklärt und steuert.[200] Der Wert eines Gutes wird durch ein Bündel von Handlungsrechten ("bundle of property rights"[201]) bestimmt, das mit dem Kauf erworben wird. Da ISO-Normen jedoch kaum Bezug auf Eigentums- oder Verfügungsrechte nehmen, scheint dieser Ansatz für eine Analyse ungeeignet.

Gleiches gilt für **evolutionsökonomische Ansätze**, die die Entstehung und Entwicklung wirtschaftlicher Sachverhalte als einen selbststeuernden Prozeß beschreiben.[202] Diese stehen im Gegensatz zu der statischen Darlegung von Abläufen und Tätigkeiten gemäß der ISO-Normen.

Im Mittelpunkt des Institutionenverständnisses der **Transaktionskostenökonomik** stehen die Transaktionsbeziehungen zwischen Marktpartnern.[203] Im Rahmen kostenorientierter Betrachtungen unterstellt die Transaktionskostenökonomie, daß neben den Produktionskosten vor allem auch die Transaktionskosten bestimmend für die Entstehung und Entwicklung von Unternehmungen und Marktbeziehungen sind. Indem angenommen wird, daß der Grad der Harmonisierung von Schnittstellen effizienzbestimmend für die Beziehungen zwischen Marktpartnern ist, treten Verträge in den Mittelpunkt der Transaktionskostenökonomik.[204] **Als Grundlage für die Untersuchung der Eignung der ISO-Normen als unterstützendes Element von Vertragsabschlüssen *zwischen Einzelhandelsunternehmung und Nachfrager* scheint die Transaktionskostenökonomik daher prädestiniert.**

---

199 KAAS, K.P. (1995a), S. 3.

200 Vgl. PICOT, A. (1991), S. 145.

201 FURUBOTN, E.G./PEJOVICH, S. (1972), S. 1139.

202 Vgl. für eine Bestandsaufnahme des Forschungsstandes der Evolutionsökonomik JANSEN, M.C.W./MENARD, C. (1995), S. 157ff.

203 Hauptvertreter transaktionskostenökonomischer Überlegungen ist WILLIAMSON (vgl. z.B. WILLIAMSON, O.E. (1996)). Auf die Notwendigkeit einer Berücksichtigung von Transaktionskosten wiesen ALCHIAN/DEMSETZ bereits 1972 hin (vgl. ALCHIAN, A.A./DEMSETZ, H. (1972), S. 783ff.).

204 Vgl. WILLIAMSON, O.E. (1990), S. 34.

Fraglich ist nun, welcher Teilbereich der Modernen Institutionenökonomik für **die Erklärung unternehmungsinterner Interessensgegensätze** bzw. deren Kanalisation durch verbindlich formulierte Regeln geeignet ist. Die Transaktionskostenökonomik scheidet hierfür aus, da sie auf Verträge abzielt, die im institutionellen Sinne von Regeln zu differenzieren sind.[205]

Die **Principal-Agent-Ökonomik** betrachtet bilaterale Beziehungen zwischen einem Akteur mit hohem und einem Akteur mit niedrigem Informationsstand sowie die institutionalen Möglichkeiten zum Abbau dieser Informationsasymmetrien.[206] Eine Agency-Beziehung entsteht, "whenever one individual depends on the action of another (...). The individual taking the action is called the agent. The affected party is the principle"[207]. Agency-Beziehungen sind notwendig, um sich die Spezialisierungsvorteile der Arbeitsteilung zunutze zu machen, wie z.B. zwischen dem Agenten Angestellter und dem Prinzipal Unternehmer. Die Vorteile der Arbeitsteilung werden durch "agency costs" geschmälert.[208] Es entsteht somit die Aufgabe, die Interessen von Prinzipalen und Agenten soweit zu verknüpfen, daß Anreize gegeben sind, die "agency costs" zu begrenzen oder auszuschließen. Anreize wären in langfristigen bilateralen Vertragsbeziehungen, in denen beide Seiten an einer gemeinsamen Gewinnmaximierung Interesse haben, vorstellbar. Beziehungen und Interessengegensätze innerhalb von Unternehmungen sind jedoch nicht bilateraler, sondern multilateraler Natur, da sie gruppendynamischen Abäufen unterliegen.[209] Im Sinne einer möglichst problembezogenen Analyse wäre es daher wünschenswert, eine theoretische Grundlage zu identifizieren, die dieser Multilateralität Rechnung trägt. Da die Principal-Agent-Theorie dies nicht explizit ermöglicht, soll sie an dieser Stelle zunächst keine Berücksichtigung finden.

---

205 Vgl. Kapitel 3.2.1., S. 53f.

206 Zur Principal-Agent-Ökonomik vgl. z.B. ARROW, K.J. (1985); ROSS, S.A. (1973), S. 134ff.; SHAVELL, S. (1979), S. 55ff. und FAMA, E.F. (1980), S. 288ff.

207 PRATT, J.W./ZECKHAUSER, R.J. (1985), S. 2.

208 Vgl. PRATT, J.W./ZECKHAUSER, R.J. (1985), S. 3.

209 Vgl. WOLFF, B. (1994), S. 87, die damit an GUTENBERGS Substitutionsprinzip der Organisation anknüpft. Dieses besagt, daß bei repetitiven Sachverhalten Effienzvorteile mittels des Ersatzes von Einzelfallregelungen durch Generalregelungen erzielt werden können (vgl. GUTENBERG, E. (1983), S. 239ff.).

Diesen untersuchungsspezifischen perspektivischen Mangel meidet die **Konstitutionelle Ökonomik.**[210] Ihr liegt der Gedanke zugrunde, daß für die Analyse von Sachverhalten nicht nur die Handlungen der Akteure innerhalb gegebener Regeln (Choice within Rules), sondern vor allem auch die institutionelle Gestaltung der Regeln selbst (Choice of Rules) relevant ist.[211] Es wird diskutiert, welche institutionellen Funktionen Regeln erfüllen und wie sie formuliert werden sollten, damit sich eine pareto-superiore Wirkung entfaltet. **Damit ist die Konstitutionelle Ökonomik nah bei der Frage nach der Eignung der regelorientierten Darlegung von Abläufen und Tätigkeiten gemäß der ISO-Normen und soll für die formale interne Analyse zugrunde gelegt werden.**[212]

3.3. Externe Perspektive einer Analyse der ISO-Normen im Einzelhandel

Kapitel 3.1.1. beschreibt Informationsasymmetrien als bestimmenden Faktor von Qualitätsunsicherheiten im Einzelhandel: Dem externen Nachfrager ist ein Screening-Bedürfnis hinsichtlich der Qualität angebotener bzw. erworbener Leistungen zu unterstellen. Es liegt im Interesse einer Einzelhandelsunternehmung, diesem Bedürfnis durch Aussendung von **qualitätsindizierenden Signalen** entgegenzukommen. Zertifikaten wird allgemein eine Eignung als Qualitätsindikator attestiert.[213]

Es stellt sich die Frage, warum gerade den ISO 9000ff.-Zertifikaten diese Eignung in den einleitend vorgestellten deskriptiven Wirkungsbetrachtungen abgesprochen wird.[214] Warum sollen ausgerechnet die ISO-Normen nicht gewährleisten können, Qualitätsunsicherheit durch vertrauensbildende Maßnahmen abzubauen, um damit das Zustandekommen und die Abwicklung von vertraglichen Transaktionsbeziehungen zu fördern?

---

210 Als Begründer der Konstitutionellen Ökonomik gilt BUCHANAN (vgl. z.B. BUCHANAN, J.M. (1987)). Zur multilateralen Perspektive der Konstitutionellen Ökonomik vgl. FOLKERS, C. (1996), S. 121 und WATRIN, C. (1996), S. 254f.

211 Vgl. BRENNAN, G./BUCHANAN, J.M. (1993), S. 7 und VOIGT, S. (1996), S. 161f. BRENNAN/BUCHANAN bezeichnen die Konstitutionenökonomik auch als Konstitutionelle Politische Ökonomik (vgl. Brennan, G./Buchanan, J.M. (1993)), weshalb die Vermutung naheliegt, daß sie lediglich auf politische bzw. gesellschaftliche Fragestellungen anwendbar ist. PIES weist jedoch darauf hin, daß die Konstitutionenökonomik originär als Theorie des Marktes formuliert worden ist, die erst später im Analogieschluß auf staatliche Fragestellungen übertragen worden ist (vgl. PIES, I. (1996), S. 2ff. und TÜRK, K. (1995), S. 38).

212 LESCHKE beschreibt die konstitutionelle Ökonomik als Instrumentarium zur Analyse von Regelsystemen (vgl. LESCHKE, M. (1996), S. 76).

213 Vgl. S. 44ff.

214 Vgl. Kapitel 1.1., S. 1ff.

Im folgenden soll diese Frage zunächst unter Zugrundelegung formaler Überlegungen, die weitgehend von einzelhandelsbezogenen Spezifika abstrahieren, diskutiert werden. Aufbauend hierauf wird dann gefragt, ob die ISO-Normen inhaltlich bzw. in materieller Hinsicht die für den Nachfrager im Einzelhandel relevanten Qualitätsbeurteilungskriterien berücksichtigen.

3.3.1. Formale Analyse externer Wirkungen der ISO-Normen im Einzelhandel

	Formale Analyse	Materielle Analyse
Externe Perspektive	**Unterstützen die ISO-Normen in formaler Hinsicht den Aufbau von qualitätsbezogenem Vertrauen beim Nachfrager im Einzelhandel?**	Kapitel 3.3.2
Interne Perspektive	Kapitel 3.4.1	Kapitel 3.4.2

Basierend auf den einleitend in Abb. 2 formulierten Erkenntniszielen soll im folgenden diskutiert werden, ob die Zertifizierung gemäß der ISO-Normen in formaler Hinsicht geeignet ist, Vertrauen beim externen Nachfrager hinsichtlich einer Leistung zu bilden, indem Transaktionen durch qualitätsbezogene Zusicherungen unterstützt werden. Auf der Basis transaktionskostenökonomischer Überlegungen werden die Rahmenbedingungen und Voraussetzungen für den effizienten Einsatz der ISO-Normen als vertragsunterstützendes Element erläutert. Aufbauend hierauf wird ein Modell entwickelt, das die Identifikation jener Fälle ermöglicht, in denen die Zertifizierung für eine konkrete Unternehmung effizient ist. Anhand des Einzelhandels wird dieses Modell anschließend angewandt.

3.3.1.1. Determinanten der Absicherung von Transaktionen

Gegenstand transaktionskostenökonomischer Überlegungen ist insbesondere die Frage, unter welchen Umständen welcher Intensitätsgrad der Koordination zwischen Vertragspartnern unter Kosten-/Nutzen-Gesichtspunkten am wirkungsvollsten ist. Damit stehen **Effizienzüberlegungen** im Mittelpunkt dieses Ansatzes.

Hinsichtlich des Intensitätsgrads der Koordination unterscheidet die Transaktionskostenökonomik drei grundlegende Abwicklungsformen:[215]

[215] Vgl. WOLFF, B. (1994), S. 33ff.

- **Marktliche Abwicklung**: Leistungen werden aufgrund spontan zustandekommender Kaufverträge ausgetauscht. Längerfristige Bindungen sind in der Regel nicht nötig, da ein Wechsel der Marktpartner problemlos möglich ist.

- **Hierarchische Abwicklung**: Die Erstellung der betreffenden Leistungen erfordert umfangreiche transaktionsspezifische Investitionen eines oder beider Vertragspartner. Um diese Investionen gegen opportunistisches Verhalten abzusichern, kann eine Integration der Leistungserstellung in rechtlich und wirtschaftlich abhängige Organisationsformen angezeigt sein.

- **Kooperative Abwicklung**: Zur Leistungserstellung sind z.B. wegen häufiger Veränderungen der Leistungspalette kaum spezifische Investitionen sinnvoll und notwendig. Aufgrund einer gewünschten Dauerhaftigkeit der Vertragsbeziehungen wirken jedoch Kooperationsvereinbarungen, die beispielsweise den Austausch von Informationen betreffen, effizienzsteigernd, so daß kooperative Abwicklungsformen entstehen.

Operationalisierbar wird die Effizienz unterschiedlicher Koordinationsformen durch die Höhe der bei einer Transaktion anfallenden Kosten.[216] Eine **Transaktion** beinhaltet in diesem Zusammenhang die einem Austausch von Leistungen vor- und nachgelagerten vertraglichen Regelungen.[217] **Transaktionskosten** werden entsprechend als die "im Zusammenhang mit der Bestimmung, Übertragung und Durchsetzung von Verfügungsrechten entstehenden Kosten"[218] definiert. Aufgrund ihres umfassenden Charakters beschreibt WOLFF Transaktionskosten auch als die "Kosten der Organisation von Leistungsprozessen"[219].

Wenn die Höhe der Transaktionskosten als der wesentliche Indikator für die Effizienz von Koordinationsformen gilt, stellt sich die Frage, welches Instrumentarium zur Kostensenkung eingesetzt werden kann. WILLIAMSON schlägt hierfür **Institutionen**

216 PICOT weist darauf hin, daß die Anwendung der Transaktionskostenökonomik nicht zwangsläufig eine Operationalisierung der Transaktionskosten erfordert. Es genüge, jene Leistungsmerkmale zu identifizieren, die kostenbeinflussend wirken (vgl. PICOT, A. (1992), S. 80).

217 Vgl. COMMONS, J.R. (1931), S. 652.

218 PICOT, A./DIETL, H. (1990), S. 178. WILLIAMSON selbst definiert Transaktionskosten anschaulich als "ökonomisches Gegenstück zur Reibung" (WILLIAMSON, O.E. (1990), S. 21).

219 WOLFF, B. (1994), S. 31.

vor.[220] Die Effizienz eines institutionellen Arrangements kann dann angenommen werden, wenn keine alternativen Institutionen existieren, welche die Akteure in freien Verhandlungen bevorzugen würden.[221]

In Abhängigkeit vom Zeitpunkt des Zustandekommens und den Rahmenbedingungen eines Vertrages sind Transaktionskosten in ex ante- und ex post-Kosten zu unterscheiden. **Ex ante-Transaktionskosten** (Anbahnungs- und Vereinbarungskosten) sind solche, die mit der Gründung einer Vertragsbeziehung einhergehen. **Ex post-Transaktionskosten** (Kontroll- und Anpassungskosten) sind solche, die entstehen, wenn Verträge bewußt oder unbewußt unvollständig formuliert werden und daher im Nachgang zu kontrollieren oder anzupassen sind.[222] Abb. 13 veranschaulicht die Transaktionskostenarten im Überblick.

Abb. 13: Transaktionskosten im Überblick

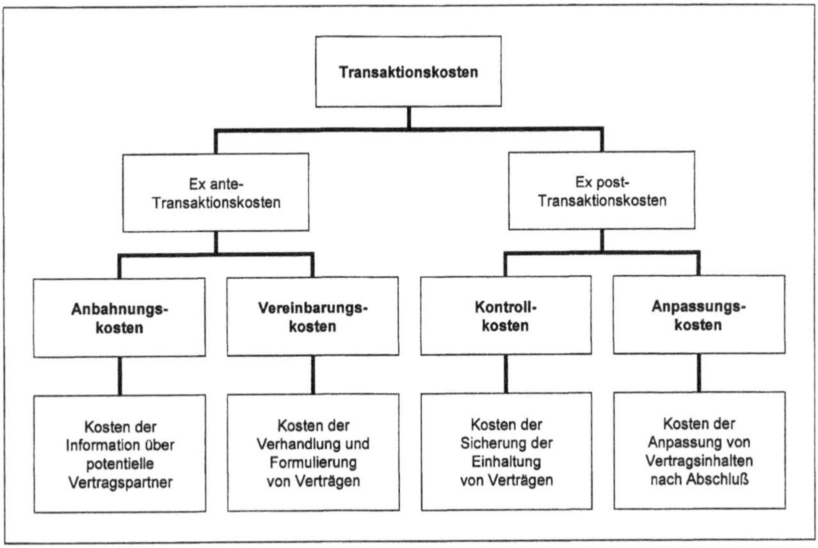

Quelle: Eigene Abbildung in Anlehnung an PICOT, A. (1982), S. 270 und WILLIAMSON, O.E. (1990), S. 22f.

220 Vgl. WILLIAMSON, O.E. (1990), S. 1 und hierzu auch BECK, P. (1997), S. 11.

221 Vgl. WOLFF, B. (1994), S. 31, die derartige institutionale Arrangements als pareto-effizient bezeichnet.

222 Vgl. BECK, P. (1997), S. 14f.

Insbesondere die Höhe der ex post-Transaktionskosten ist maßgeblich davon abhängig, welches Verständnis einem betrachteten Vertrag zugrunde liegt. Die folgenden drei **Vertragsdefinitionen** sind zu unterscheiden:

Das **Klassische Vertragsrecht** definiert Verträge als vollständig.[223] Sind sämtliche Eventualitäten fixiert, können ex post-Transaktionskosten gänzlich entfallen. Diese Art von Verträgen ist an die folgenden Voraussetzungen geknüpft:[224]

- Transaktionen sind unterscheidbar.
- Vor Vertragsabschluß sind die Leistungen klar spezifizierbar.
- Nach Vertragsabschluß sind die Leistungen von dritter Seite überprüfbar.

Nach **Neoklassischem Vertragsrecht** wird aufgrund praxisnäherer Verhaltensannahmen davon ausgegangen, daß Verträge unvollständig formuliert werden. Flexible Formulierungen ermöglichen Anpassungen nach Vertragsabschluß, die zu ex post-Transaktionskosten führen.[225] Nach WILLIAMSON sind neoklassische Verträge insbesondere dann anzuwenden, wenn

- Notwendige Vertragsanpassungen ex ante nicht vorhersehbar sind,
- künftige Vertragsanpassungen ex ante nicht konkretisierbar sind und/oder
- Wahrnehmungsdifferenzen zwischen den Vertragspartnern voraussichtlich zu umstandsbedingten gegenseitigen Ansprüchen führen werden.[226]

Als dritte Vertragsdefinition ist auf den **Kooperationsvertrag** hinzuweisen, der auch als relationaler Vertrag bezeichnet wird.[227] Hiermit werden Vertragsbeziehungen von langer Geltungsdauer bei Aufgabe isolierter Transaktionen beschrieben. Dies hat zur Konsequenz, daß die Einschaltung Dritter zum Zwecke der Kontrolle und Anpassung von Verträgen nicht mehr effizient erscheint. Stattdessen ersetzen zweiseitige kontroll- oder vertrauensgestützte Anreizsysteme regelnde Instanzen.[228]

223 Vgl. WILLIAMSON, O.E. (1990), S. 78.

224 Vgl. MACNEIL, I.R. (1978), S. 883.

225 Vgl. WOLFF, B. (1994), S. 38.

226 Vgl. WILLIAMSON, O.E. (1990), S. 79.

227 Vgl. WILLIAMSON, O.E. (1990), S. 80f. und WOLFF, B. (1994), S. 40f., die diesen Begriff u.a. von GOLDBERG, V. (1976) übernimmt.

228 Vgl. WILLIAMSON, O.E. (1990), S. 80f.

Die Wahl des effizienten Vertragstyps für eine konkrete Transaktion wird wesentlich durch die Dimensionen beeinflußt, die die Transaktion charakterisieren. Diese Dimensionen sollen daher im folgenden diskutiert werden.

3.3.1.2. Dimensionen der effizienzorientierten Wahl von Vertragsformen

WILLIAMSON unterstellt in seiner Auslegung der Transaktionskostenökonomik, daß für das effiziente Zustandekommen der vorstehend diskutierten Abwicklungsformen von Transaktionen deren Dimensionen relevant sind. Entsprechendes gilt für die Identifikation der Vertragsform, die eine konkrete Transaktion unterstützt.[229] Damit wird die Bedeutung von Verträgen auf die Beherrschung und Überwachung von Transaktionen fokussiert. WILLIAMSON kennzeichnet Verträge und die darin beinhalteten Sanktionsmechanismen auch als "**Beherrschungs- und Überwachungssysteme**"[230].

Die Dimensionen der Transaktionen wirken unmittelbar auf die Höhe der anfallenden Transaktionskosten.[231] Als relevant gelten dabei folgende Dimensionen:[232]

- Faktorspezifität,
- Unsicherheit,
- Häufigkeit.

Die **Faktorspezifität** beschreibt, ob von einer oder von beiden beteiligten Parteien Investitionen in transaktionsspezifische Aktiva zu tätigen sind. Je spezieller diese Investitionen auf eine konkrete Transaktion zugeschnitten sind, umso größer wird ihre Faktorspezifität, sprich ihr konkreter Transaktionsbezug sein.[233]

Eine hohe Spezifität birgt erhebliche Gefahrenpotentiale für den Investor: Hochspezifische Investitionsgüter sind in der Regel nicht für Verwendungszwecke außerhalb der zugrunde liegenden Vertragsbeziehung einsetzbar, weshalb solche Fälle in der

229 Vgl. WILLIAMSON, O.E. (1990), S. 81ff.

230 Vgl. WILLIAMSON, O.E. (1990), S. 33. Im Original werden Beherrschungs- und Überwachungssysteme als "governance structures" bezeichnet.

231 Vgl. MANDEWIRTH, S. O. (1997), S. 93.

232 Vgl. WILLIAMSON, O.E. (1996), S. 60ff.

233 Vgl. WILLIAMSON, O.E. (1990), S. 60. Zur Kritik an der Berücksichtigung der Faktorspezifität vgl. DEMSETZ, H. (1988), S. 149.

Literatur auch als "log-in-effect" diskutiert werden.[234] Entsprechend unterscheidet WILLIAMSON hinsichtlich ihrer Bindung in zwei Investitionsarten:[235]

- **Einzweckinvestionen**:
  Spezifische Investitionen, die lediglich einen Verwendungszweck innerhalb einer konkreten Transaktionsbeziehung zulassen. Einzweckinvestitionen sind zwar in der Regel kostengünstiger, das Nichtzustandekommen einer Transaktion führt jedoch nach erfolgter Investition zwangsläufig zu Verlusten.

- **Mehrzweckinvestition**:
  Flexible Investitionsgüter, die unterschiedliche Verwendungszwecke zulassen. Die Investition erfordert in der Regel einen höheren Kapitaleinsatz, ist jedoch nach Vertragserfüllung oder außerordentlicher Vertragsbeendigung anderweitig verwendbar.

Die Dimension **Unsicherheit** setzt an der Annahme opportunistischen Verhaltens in Vertragsbeziehungen an. Unsicherheit macht die anpassungsfähige Gestaltung von Verträgen bzw. Beherrschungs- und Überwachungssystemen erforderlich.[236] Die begrenzte Rationalität der Vertragspartner erschwert zudem die Formulierung lückenloser Verträge.[237] Als Reaktion auf diese Verhaltensannahmen beschränkt sich WILLIAMSON auf die Betrachtung sequentieller Anpassungprozesse.[238]

Die **Häufigkeit** von Transaktionen steht in besonders engem Wirkungszusammenhang mit den entstehenden Transaktionkosten. Zwar ist davon auszugehen, daß mit Zunahme der Transaktionshäufigkeit sowohl die Produktions- als auch die Transaktionskosten aufgrund von Skaleneffekten zurückgehen. Jedoch rentiert sich die Einrichtung spezieller Beherrschungs- und Überwachungssysteme oft erst bei häufigen Transaktionen.[239] Die Ermittlung eines konkreten Bewertungsmaßstabes fällt - wie auch bei den übrigen Dimensionen - schwer und ist daher situationsspezifisch festzulegen.

---

234 Vgl. BECK, P. (1997), S. 19.

235 Vgl. WILLIAMSON, O.E. (1990), S. 61ff.

236 Vgl. WILLIAMSON, O.E. (1996), S. 15.

237 Für eine differenzierte Diskussion von Unsicherheit und begrenzter Rationalität als Bestimmungsfaktioren von Transaktionen vgl. BACKHAUS, K./AUFDERHEIDE, D. (1995), S. 51ff.

238 Vgl. WILLIAMSON, O.E. (1990), S. 67f.

239 Vgl. MANDEWIRTH, S.O. (1997), S. 104 und WILLIAMSON, O.E. (1990), S. 69.

Verträge haben die Aufgabe, **Tauschvorgänge zu erleichtern.**[240] Die Vertragspartner klassischer Verträge versuchen, alle zukünftigen Eventualitäten zu antizipieren. Die Mitwirkung Dritter soll dadurch überflüssig werden. Lücken werden im Hinblick auf Schlichtung möglicher Streits durch Dritte gelassen. Man spricht daher von dreiseitig kontrollierten Verträgen. MACNEIL beschreibt Kooperationen ("relational contracting") als dritte Form der Vertragsgestaltung.[241] Eine vollständige Antizipation oder Schlichtung möglicher Streits durch Dritte ist nicht nötig, wenn das Interesse beider Vertragspartner an langfristigen Beziehungen Anreize gibt, sich vertragskonform zu verhalten. Beim "relational contracting" wird der Vertrag fortlaufend an transaktionsspezifische Änderungen angepaßt, wobei sich die Vertragspartner von der ursprünglichen Vereinbarung völlig entfernen können.

Unter Berücksichtigung der genannten Dimensionen überführt WILLIAMSON die unterschiedlichen Transaktionen und die zugehörigen Vertragstypen in das in Abb. 14 dargestellte Strukturmodell. Aus Gründen der Komplexitätsreduktion werden die folgenden **Annahmen** unterstellt:[242]

- Beschränkung auf die Abbildung der Dimensionen Faktorspezifität (3 Klassen) und Häufigkeit (2 Klassen), da unterstellt wird, daß die Unsicherheit groß genug ist, um adaptive sequentielle Entscheidungen erforderlich zu machen.
- Anbieter und Nachfrager wollen dauerhaft im Geschäft bleiben.
- Angebotsmonopole sind ausgeschlossen.
- Häufigkeitskriterien beziehen sich ausschließlich auf Tätigkeiten der Nachfrager.
- Investitionskriterien beziehen sich ausschließlich auf die Investionseigenschaften der Anbieter.

Bei wenig spezifischen Transaktionen ist die Kontrolle durch den Markt auf der Grundlage klassischer Verträge effizient. Neoklassische Verträge decken gelegentliche Transaktionen gemischter und hochspezifischer Art ab. Kooperationen sind bei wiederholten und unter Umständen auch bei gelegentlichen gemischt und hochspezifischen Transaktionen effizient. Vereinheitlichte Kontrolle als Extremform der

---

240 Vgl. MACNEIL, I.R. (1978), S. 862.

241 Vgl. MACNEIL, I.R. (1978), S. 885.

242 Vgl. WILLIAMSON, O.E. (1990), S. 81ff.

Kooperation ist als vertikale Integration zu verstehen. In der neoklassischen Theorie ist vertikale Integration entweder aus technischen Gründen sinnvoll oder wird im Zuge einer Monopolisierung als Mittel zur Preisdiskriminierung mißbraucht.[243]

Abb. 14: Strukturierung von Transaktionen und den zugehörigen Vertragstypen bzw. institutionellen Arrangements nach Effizienzgesichtspunkten

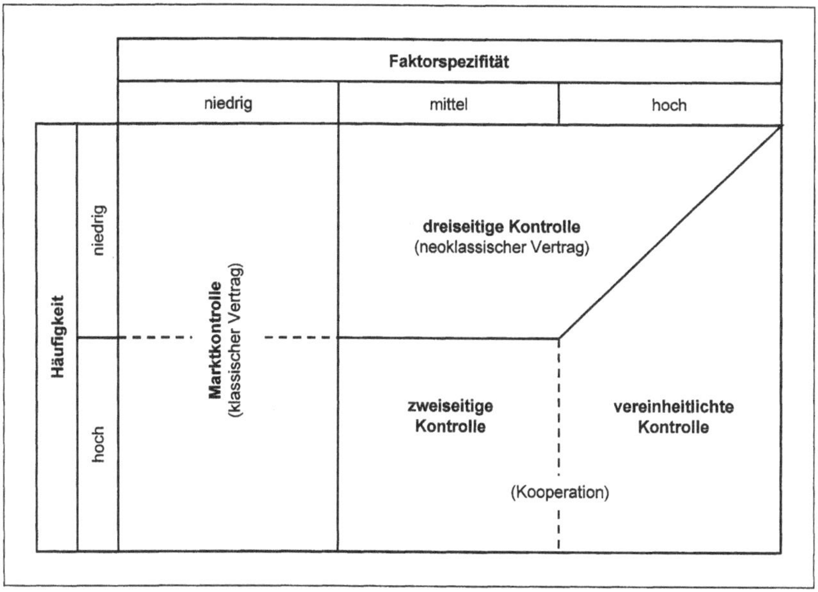

Quelle: In Anlehnung an WILLIAMSON, O.E. (1990), S. 89.

In der Theorie von WILLIAMSON handelt der Mensch als Schöpfer von Verträgen innerhalb von Märkten, Unternehmungen und Kooperationen, die je nach Spezifität der Transaktionen und Ausgestaltung ihrer Beherrschungs- und Überwachungssysteme Transaktionskosten minimieren. Im folgenden soll diskutiert werden, ob und gegebenenfalls an welcher Stelle die ISO-Normen in dieses Verständnis einzuordnen sind.

243 Erst in jüngerer Zeit wurde verstärkt nach den Effizienzvorteilen vertikaler Integration geforscht (vgl. WILLIAMSON, O.E. (1990), S. 96ff. und WILLIAMSON, O.E. (1996), S. 27ff.).

3.3.1.3. ISO-Normen als Instrument der Unterstützung von Transaktionen

Das Zustandekommen und vor allem die Stabilität von Transaktionen bzw. Transaktionsbeziehungen hängt von deren **Effizienz** ab. Aufgrund der Verhaltensannahmen der Transaktionskostenökonomik kann nicht davon ausgegangen werden, daß sich diese automatisch bzw. ohne äußeres Einwirken einstellt.[244] Im vorangegangenen Kapitel wurden daher Verträge und ergänzende Beherrschungs- und Überwachungssysteme als Instrument für die Herstellung effizienter Transaktionsbeziehungen beschrieben.

Im allgemeinen ist davon auszugehen, daß die Installation von Beherrschungs- und Überwachungssystemen einen expliziten **Vertragsbestandteil**, insbesondere bei langfristig angelegten Transaktionsbeziehungen, darstellt. Bei Vertragsbeziehungen mit geringer Häufigkeit, die nur wenig spezifische Investitionen erfordern, können Beherrschungs- und Überwachungssysteme jedoch auch implizit vorgesehen werden.

An dieser Stelle setzen die **ISO-Normen** an. Wie bereits erläutert worden ist, fordern die Normen, daß die anbietende Unternehmung ihr Qualitätsmanagement-System gegenüber externen Nachfragern darlegt.[245] Die Übereinstimmung dieser Darlegung mit den realen Gegebenheiten wird anschließend durch eine akkreditierte Zertifizierungsgesellschaft überprüft und mittels der befristeten Vergabe eines Zertifikats bestätigt. Zielsetzung dieses Zertifikats ist es, Qualitätsunsicherheit beim Nachfrager ab- und qualitätsbezogenes Vertrauen aufzubauen.

Die Einbeziehung eines unabhängigen Dritten, der durch sein Urteil die Anbahnung, den Abschluß sowie die Abwicklung von Vertragsbeziehungen fördern soll, legt die Vermutung nahe, daß es sich bei der Zertifizierung um die Installation eines dreiseitigen Beherrschungs- und Überwachungssystems handelt. Hierzu formuliert WILLIAMSON die folgenden beiden **Bedingungen**:[246]

---

244 Vgl. zur Notwendigkeit der effizienten Gestaltung von Transaktionen WOLFF, B. (1994), S. 32.

245 Vgl. 2.2.1., S. 28ff.

246 Vgl. WILLIAMSON, O.E. (1990), S. 84f.

- **Bezug auf fundamentale Transformationen**[247]: Diese Forderung ist zwar nicht explizit ISO-normeninhärent, eine Negativabgrenzung fundamentaler Transformationen wird jedoch ebensowenig vorgenommen. Die selbstgewählte Beschränkung des Anwenders ist somit möglich.

- **Spezifität sorgt für Einhaltung von Verträgen auf Anbieterseite**: Diese Forderung wird dadurch erfüllt, daß das ISO-Zertifikat nur bei Übereinstimmung der dargelegten unternehmungsinternen Gegebenheiten mit der Realität vergeben werden kann. Durch regelmäßige Wiederholungsaudits ist auch die kontinuierliche Befolgung der Vorgaben mit gewissen Einschränkungen sichergestellt.[248]

Aufgrund dieser relativierenden Einschränkungen soll die Zertifizierung gemäß ISO 9000ff. als eine **Variante der dreiseitigen Kontrolle** interpretiert werden. Als Hauptimpuls der Beschäftigung mit dieser Variante wird die Befürchtung interpretiert, daß insbesondere durch unvollständige Verträge gestützte Transaktionen mit mittlerer Faktorspezifität bei zunehmender Unsicherheit dazu tendieren, sich in isolierten Markttausch oder in eine unternehmungsbezogene Integration zu verflüchtigen.[249] Diese Tendenz gilt es jedoch gerade aus Perspektive des Einzelhandels zu vermeiden, da in letzter Konsequenz dessen Umgehung bzw. Ausschaltung resultieren könnte.[250] Darüber hinaus sind im Einzelhandel aufgrund der existenten Leistungskomplexität[251] vollständige schriftliche Verträge als Motivation für das Zustandekommen und die vereinbarungsgemäße Abwicklung von Transaktionen häufig nicht geeignet, alle Eventualitäten zu fixieren. In etlichen, insbesondere discountierenden, Betriebsformen erscheint dies darüber hinaus auch nicht praktikabel.

Sollen **unvollständige Verträge** anreizeffizient sein, müssen sie die Vertragspartner daran hindern, Verhaltensspielräume opportunistisch auszunutzen.[252] Als Instrumente hierfür werden in der Literatur die folgenden unterschieden:

---

247 Tätigt ein Anbieter für eine Transaktion spezifische Investitionen, so wandelt sich die vorfindlcihe Konkurrenzsituation u.U. in ein bilaterales Monopol. WILLIAMSON bezeichnet diesen Vorgang als "fundamentale Transformation" (WILLIAMSON, O.E. (1990), S. 70).

248 Die ISO-Normen geht implizit davon aus, daß die dargelegten Abläufe und Tätigkeiten auch in den Zeiträumen zwischen den Audits eingehalten werden. Eine Garantie hierfür besteht für den Nachfrager allerdings nicht.

249 Vgl. WILLIAMSON, O.E. (1990), S. 90.

250 Eine weitere Reaktion auf diese Bedrohung des Handels könnte dessen verstärkte Rückwärtsintegration sein.

251 Vgl. hierzu vertiefend Kapitel 3.1.1., S. 43ff.

252 Dies gilt sowohl für neoklassische als auch relationale Verträge (vgl. WOLFF, B. (1994), S. 49f.).

- **Credible Commitments**:[253] Durch den Austausch von sogenannten Unterpfändern oder Geiseln erbringen die Transaktionspartner spezifische Investitionen, die von opportunistischem Verhalten abhalten sollen.[254] So argumentiert KUNKEL, daß Investitionen in Qualitätssicherungsmaßnahmen für Einzelhandelsunternehmungen Credible Commitments darstellen können, die zu "sunk costs" werden, wenn ein bereits geschlossenes Vertragsverhältnis ohne Erbringen der vereinbarten Leistung selbstverschuldet abgebrochen wird.[255] Credible Commitments stellen nach diesem Verständnis transaktionsspezifische Einzelabsprachen dar.

- **Selbstbindungen**:[256] Diese unterscheiden sich von Credible Commitments, da sie nicht zwangsläufig explizit dokumentiert oder einklagbar sein müssen. Beispielsweise wird bereits die dauerhafte Präsenz einer Unternehmung am Markt als Form der Selbstbindung angesehen, die Vertrauen beim Nachfrager erzeugen soll.[257] Die Adressaten von Selbstbindungen müssen folglich nicht persönlich bekannt sein. Vertrauen durch Selbstbindung kann "auch gegenüber einem dispersen Publikum aufgebaut werden"[258]. Nachfrager, die einer Unternehmung vertrauen, werden in der Regel auch ohne Individualnachweis von der Qualität seiner einzelnen Leistungen überzeugt sein.[259]

In diesem Sinne sollen in der vorliegenden Arbeit die **ISO-Normen als Form der Selbstbindung** verstanden werden.[260] Diese Ausprägung dreiseitiger Beherrschungs- und Überwachungssysteme wäre in Anlehnung an Abb. 14 an entsprechender Stelle zu positionieren. Der jener Abbildung zugrunde liegende Verzicht auf

253 Vgl. WILLIAMSON, O.E. (1990), S. 186ff.

254 Vgl. WILLIAMSON, O.E. (1996), S. 41ff.

255 Vgl. KUNKEL, M. (1994), S. 3.

256 Vgl. KAAS, K.P. (1990), S. 545f.

257 Vgl. KAAS, K.P. (1990), S. 545. Als weitere Beispiele für Selbstbindungen werden die Zugänglichkeit einer Unternehmung für den Nachfrager und ihre Aufgeschlossenheit für dessen Wünsche und Reklamationen beschrieben.

258 KAAS, K.P. (1990), S. 545. Unter einem "dispersen Publikum" sind jene Abnehmer zu verstehen, die einem Anbieter nicht als Individuum bekannt sind und deshalb durch nicht-individuelle Maßnahmen anzusprechen sind.

259 KAAS führt aus, daß Firmenreputation eine besonders wirksame Form der Selbstbindung ist: "Eine einmal aufgebaute Reputation ist wie eine Geisel in der Gewalt des Kunden, deren Leben bei jedem Kauf erneut aufs Spiel gesetzt wird." (KAAS, K.P. (1990), S. 545). Dies unterstreicht die enge Verwandschaft von Selbstbindungen und Credible Commitments, obwohl erstgenannte nicht zwingend transaktionsspezifische Investionen und die damit einhergehende Verlustgefahr erfordern.

260 So auch KAAS, der die ISO-Zertifizierung in Anlehnung an SPENCE, M.A. (1973) als "Exogeneous costly signals" beschreibt (vgl. KAAS, K.P. (1995b), S. 29).

eine Berücksichtigung der Unsicherheit kann jedoch für eine handelsspezifische Analyse der ISO-Normen nicht zufriedenstellen. Wie bereits diskutiert wurde, ist gerade für die Wahrnehmung und Bewertung von Einzelhandelsleistungen die Qualitätsunsicherheit eine maßgebliche Dimension.[261] Entsprechend wurde in Abb. 11 in drei Leistungstypen unterschieden, hinsichtlich derer Nachfrager eine unterschiedlich stark ausgeprägte Qualitätsunsicherheit aufweisen. Diese drei Unsicherheitsgrade sollen folglich auch in der Gestaltung des folgenden Positionierungsmodells Berücksichtigung finden.

Nach entsprechender Modifikation lassen sich die ISO-Normen als dreiseitiges Beherrschungs- und Überwachungssystem in dem in Abb. 15 grau gekennzeichneten Effizienzraum positionieren.

Abb. 15: Klassifikation relevanter Transaktionen für eine effiziente ISO-Zertifizierung

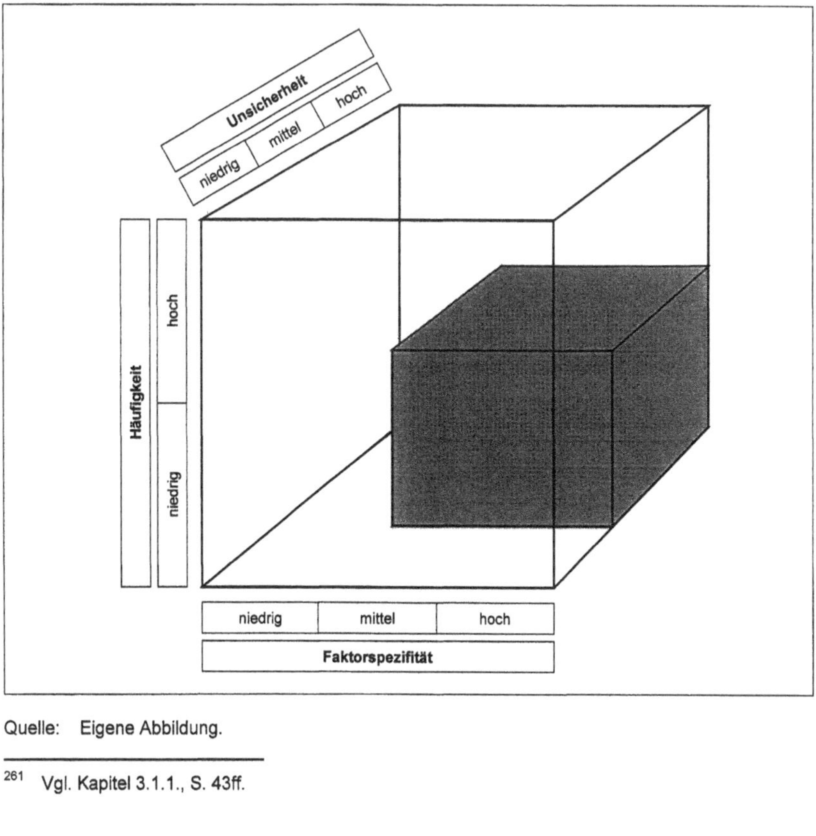

Quelle: Eigene Abbildung.

[261] Vgl. Kapitel 3.1.1., S. 43ff.

Eine Zertifizierung von Qualitätsmanagement-Systemen ist aus transaktionskostenökonomischer Sicht lediglich bei Vorliegen solcher Transaktionen angezeigt, die tendenziell innerhalb des über die drei Dimensionen aufgespannten **Effizienzraums** liegen. Eine Operationalisierung der den Dimensionen zugrunde liegenden Klassen kann an dieser Stelle nicht allgemeingültig erfolgen, da hierfür die fallspezifischen Transaktionsinformationen einer konkreten Unternehmung zugrunde zu legen sind.

Die alleinige Kenntnis des allgemeinen Effzienzraums der ISO-Normen birgt für eine Einzelhandelsunternehmung jedoch noch wenig entscheidungsunterstützende Informationen. Erst wenn diesem Raum das **relevante Transaktionsprofil** gegenübergestellt wird, lassen sich konkrete Empfehlungen für eine Beschäftigung mit der Zertifizierungsthematik generieren. Im folgenden Kapitel soll dies exemplarisch für den Einzelhandel vollzogen werden.

3.3.1.4. Ermittlung effizienter Anwendungsfelder der ISO-Normen im Einzelhandel

Grundlage für die Identifikation effizienter bzw. ineffizienter Anwendungsfelder der ISO-Normen im Einzelhandel ist zunächst die Abgrenzung der dort typischerweise anzutreffenden Transaktionen. Auch hier soll das zuvor aus Abb. 14 nach WILLIAMSON abgeleitete dreidimensionale Strukturierungsmodell zugrunde gelegt werden. Für den Einzelhandel sind die **Klassifizierungsdimensionen** wie folgt zu interpretieren:

- **Unsicherheit**:
  Hinsichtlich der Transaktionsunsicherheit wird in die Klassen 'niedrig', 'mittel' und 'hoch' unterschieden. Diese korrespondieren mit der zuvor eingeführten Unterscheidung in Search-goods, Experience-goods und Credence-Goods.[262]

- **Häufigkeit**:
  Hinsichtlich der Transaktionshäufigkeit wird in Anlehnung an WILLIAMSON[263] lediglich in die Klassen 'niedrig' und 'hoch' unterschieden. Zwar wird in der Literatur bezüglich der Bedarfshäufigkeit üblicherweise eine Einteilung in die drei Klassen 'Güter des täglichen bzw. ständigen Bedarfs', 'Güter des periodischen Bedarfs'

262 Vgl. zu dieser Unterscheidung Kapitel 3.1.1., S. 43ff.

263 Vgl. WILLIAMSON, O.E. (1990), S. 81f.

und 'Güter des aperiodischen Bedarfs' vorgenommen.[264] Diese Gliederung läßt jedoch keine Ordinalskalierung zu und ist daher für den vorliegenden Zweck einer möglichst trennscharfen Klassifikation ungeeignet.

- **Faktorspezifität**: Hinsichtlich der Faktorspezifität von Transaktionen wird in die Klassen 'niedrig', 'mittel' und 'hoch' unterschieden. Transaktionen mit niedriger Spezifität erfordern kaum spezifische Investitionen des Anbieters zum Zwecke der Erstellung einer nachfragergerichteten Leistung. Solche mit mittlerer Spezifität bewirken zeitweiliges transaktionsspezifisches Engagement, das jedoch nach Transaktionsabschluß wieder zurückgefahren werden kann, während transaktionsspezifische Investionen bei hoher Faktorspezifität in der Regel nicht rückgängig zu machen sind.

Der Übertrag dieser Dimensionen in eine Abbildung ergibt einen dreidimensionalen Positionierungsraum, in dem sich sämtliche, innerhalb von Unternehmungen und zwischen Marktpartnern, denkbaren Transaktionen abbilden lassen. Der Definition der Dimensionen liegen weiterhin die zuvor formulierten Annahmen zugrunde.[265]

Werden innerhalb des Positionierungsraums jene Transaktionen markiert, die typisch für die **Geschäftstätigkeit des Einzelhandels** sind, ergibt sich der in Abb. 16 grau aufgespannte Raum.

Wie bereits in zuvor ausgeführt wurde, deckt der Einzelhandel hinsichtlich der **Qualitätsunsicherheit** der Nachfrager alle Klassen ab. So werden beispielsweise im Lebensmitteleinzelhandel sowohl Search-goods, wie beispielsweise Frischware als auch Experience-goods, wie etwa Dosenware und Credence-goods, wie OTC-Arzneimittel[266] angeboten.

Auch hinsichtlich der **Häufigkeit** werden im Einzelhandel sowohl Güter des täglichen Bedarfs (z.B. Lebensmittel) als auch Güter des in der Regel selteneren periodischen (z.B. Kleidung) und aperiodischen Bedarfs (z.B. Unterhaltungselektronik) nachgefragt.

---

264 Vgl. AHLERT, D. (1996a), S. 42.

265 Vgl. S. 68f.

266 Als OTC (Over the Counter)-Arzneimittel werden freiverkäufliche Produkte bezeichnet, die nicht apothekenpflichtig sind.

Abb. 16: Klassifikation typischer Transaktionen im Einzelhandel

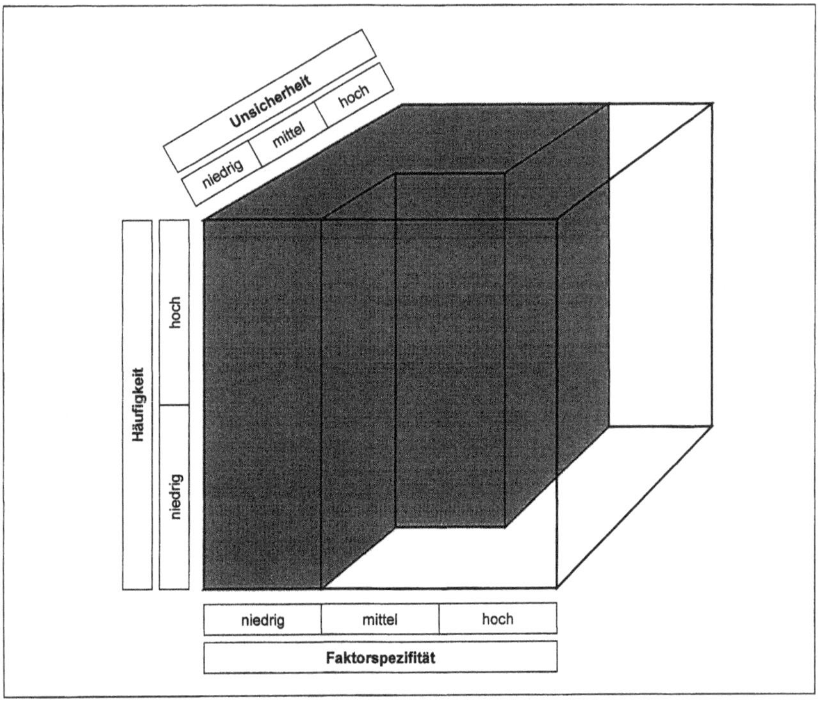

Quelle: Eigene Abbildung.

Offen bleibt, welche **Faktorspezifitäten** Transaktionen zwischen Einzelhandelsunternehmungen und privaten Nachfragern annehmen können. Wie die obigen Beispiele belegen, werden im Einzelhandel unspezifische und gemischt spezifische Transaktionen aller Unsicherheitsstufen und Häufigkeitsklassen angeboten. Weniger eindeutig ist die Abgrenzung im Hinblick auf Transaktionen mit hoher Spezifität.

MÜLLER-HAGEDORN argumentiert, daß der Einzelhandel durch seine Aktivitäten im Rahmen der Auffindung von Transaktionspartnern oder der Fixierung von Vertragsbedingungen hochspezifische Leistungen vollbringt.[267] PICOT setzt dagegen, daß hochspezifische Leistungen, womit in der Regel materielle Leistungen gemeint sind, üblicherweise unter Umgehung des Einzel- und Großhandels im direkten Kontakt zwischen Hersteller und Nachfrager transferiert werden.[268] Würde der erstgenannten

[267] Vgl. MÜLLER-HAGEDORN, L. (1990), S. 455f.

[268] Vgl. PICOT, A. (1986), S. 5.

Meinung gefolgt, müßte automatisch jede vertraglich fixierte Transaktionsbeziehung als hochspezifisch eingestuft werden. Da dies wenig realitätsnah erscheint und dem Untersuchungsziel einer differenzierten Darstellung abträglich ist, wird in der vorliegenden Arbeit der Sichtweise von PICOT gefolgt.[269] Dies führt im Umkehrschluß zu der Aussage, daß der Einzelhandel an keinen Transaktionen mit hoher Faktorspezifität beteiligt ist.

Fraglich bleibt somit lediglich, inwieweit der Einzelhandel Transaktionen mit mittlerer Faktorspezifität durchführt. Unstrittig erscheint hier, daß sowohl Transaktionen bei mittlerer als auch bei hoher Unsicherheit der Nachfrager stattfinden. Beispiele für mittlere Unsicherheit und hohe Spezifität sind maßgefertigte Möbel oder speziell zusammengestellte Lebensmittel (z.B. Feinkostsalate), deren Qualität zumeist erst nach Vertragsabschluß und nach Lieferung beurteilt werden kann. Hohe Unsicherheit und mittlere Spezifität liegt dagegen beispielsweise bei individuell gemischten OTC-Produkten vor.

Problematisch ist dagegen die Identifikation von Transaktionen mit niedriger Unsicherheit und mittlerer Faktorspezifität. Aufgrund der wechselseitigen Verflechtung der beiden Dimensionen können hier nur Leistungen konstruiert werden, die im Einzelhandel kaum anzutreffen sind und daher in dieser Arbeit keine Berücksichtigung finden sollen.

Nachdem nun die im Einzelhandel typischerweise vorkommenden Transaktionen eingegrenzt und beschrieben worden sind, ist im Rückgriff auf die eingangs gestellte Frage zu untersuchen, für welche der genannten Transaktionen eine Unterstützung durch die ISO-Normen effizient erscheint. Zu diesem Zwecke bietet es sich an Abb. 15 und Abb. 16 zu integrieren. Es ergibt sich das in Abb. 17 dargestellte Bild.

Die Integration der Transaktionen, für die eine Zertifizierung effizient erscheint, sowie jener Transaktionen, die für den Einzelhandel typisch sind, ergibt die grau gekennzeichnete Schnittmenge. In der Tendenz läßt dies die folgende Aussage zu:

Lediglich für Transaktionen mit mittlerer oder hoher Unsicherheit, geringer Nachfragehäufigkeit und mittlerer Spezifität der Investionen seitens des Einzelhandels, sind die ISO-Normen in transaktionskostenökonomischer Betrachtung ein effizientes Instrument der nachfragerorientierten Qualitätssicherung.

---

[269] Damit soll keine dahingehende Wertung getroffen werden, daß die von MÜLLER-HAGEDORN beschriebenen Handelsfunktionen keine Relevanz für die Leistungswahrnehmung und -beurteilung durch den Nachfrager besitzen. Lediglich dem überhöht spezifitätsfördernden Charakter dieser Funktionen soll widersprochen werden.

Abb. 17: Klassifikation von Transaktionen mit hoher Effizienz einer ISO-Zertifizierung im Einzelhandel

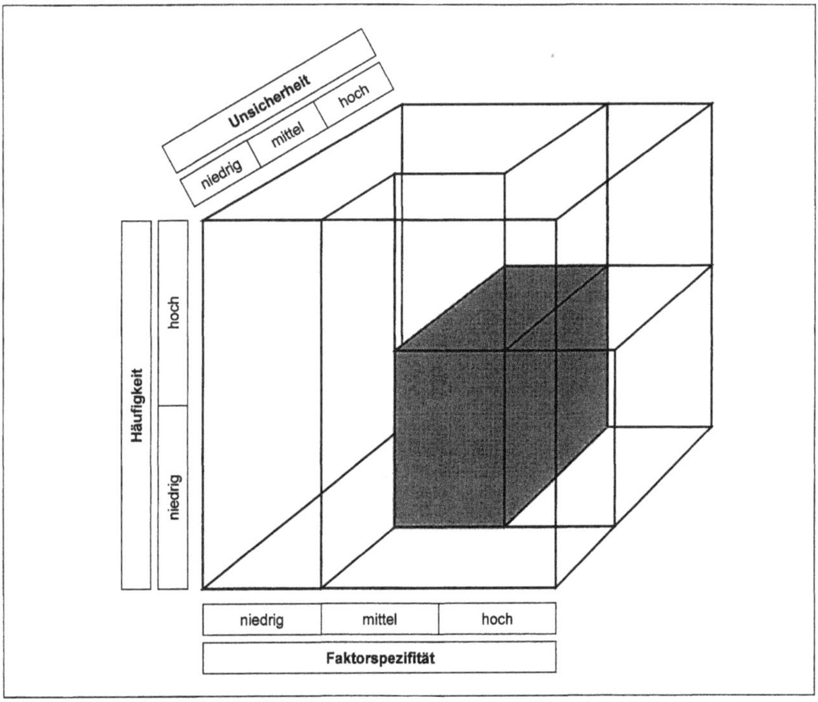

Quelle: Eigene Abbildung.

Im Umkehrschluß ist diese Erkenntnis so zu interpretieren, daß Einzelhandelsunternehmungen, für welche die beschriebenen Transaktionen nicht relevant sind, mit der Zertifizierung **kaum einen Abbau der Qualitätsunsicherheit** bzw. keinen Aufbau von Vertrauen auf Seiten der Nachfrager erzielen werden. Konkret folgt hieraus, daß sich die Zertifizierung für solche Unternehmungen anbietet, die überwiegend individuell gefertigte Experience- und Credence-goods für den eher seltenen, sprich periodischen oder aperiodischen Bedarf transferieren. Beispiele hierfür sind Unternehmungen, die nur noch zum Teil dem Handel im institutionellen Sinne zuzuordnen sind, wie etwa Maßschneidereien oder -schreinereien. Dies sind Betriebsformen, die einen relativ hohen handwerklichen Anteil der Leistungserstellung aufweisen bzw. die angebotenen Leistungen durch Unterauftragnehmer nach Kundenwünschen anfertigen lassen. Wenig effizient ist die Implementierung der ISO-Normen tendenziell für solche Unternehmungen, deren Transaktionen sich auf vorab konfektionierte Leistungen beschränken, wie etwa Lebensmittel- oder Bekleidungseinzelhändler.

Die wenig eindeutige Abgrenzbarkeit der den Beurteilungsdimensionen zugrunde liegenden Klassen führt dazu, daß eine Anzahl von Einzelhandelsunternehmungen existiert, die sowohl Transaktionen ausführen, für die die Zertifizierung effizient ist, als auch solche, für die sich keine Zertifizierung anbietet. Beispielhaft hierfür sind Bekleidungs- oder Möbelfacheinzelhändler, die sowohl Konfektions- bzw. Mitnahmeartikel als auch Maßartikel anbieten.

Da die ISO-Normen eine Zertifizierung von Teilbereichen zulassen, stellt sich für solche Einzelhandelsunternehmungen die Überlegung, **lediglich jene Bereiche zertifizieren zu lassen, für die dies effizient erscheint**. Für alle anderen Unternehmungen, für die eine Zertifizierung gänzlich ineffizient wäre, muß die Empfehlung ausgesprochen werden, andere Instrumente des qualitätsorientierten Signaling anzuwenden, die für ihre speziellen Rahmenbedingungen geeignet erscheinen.[270]

3.3.1.5. Diskussion der Transaktionskostenwirkungen einer effizienten ISO-Zertifizierung im Einzelhandel

Die Erkenntnis, für welche Transaktionen die ISO-Normen in transaktionskostenökonomischer Betrachtung effizient erscheinen, suggeriert, daß die Zertifizierung **Kostenvorteile** gegenüber dem nicht zertifizierten Zustand generiert. Am Beispiel des Einzelhandels soll diskutiert werden, ob die Zertifizierung tatsächlich Transaktionskostenänderungen bewirkt. In Analogie zur Transaktionskostenökonomik steht dabei weniger eine Quantifizierung konkreter Kosten, als vielmehr eine qualitative Gegenüberstellung der Wirkungen einer Zertifizierung mit dem nicht zertifizierten Zustand im Vordergrund.[271] Zwei **Fragen** gilt es zu beantworten:

---

270 Vgl. zu alternativen Signaling-Instrumenten Kapitel 3.1.1., S. 43ff.

271 Vgl. PICOT, A. (1992), S. 80. Die Vernachlässigung der Operationalisierung konkreter Kosten durch die Transaktionskostenökonomik wird in der Literatur verschiedentlich kritisiert (vgl. z.B. TERBERGER, E. (1994), S. 33ff., der diese Kritik auf weite Teile der Institutionenökonomik ausdehnt).

1. Wie verändern sich die Transaktionskosten im Einzelhandel durch die ISO-Zertifizierung?

2. Bestehen hinsichtlich eventueller Transaktionskostenänderungen Unterschiede zwischen Einzelhandelsunternehmung und Nachfrager?

Die Diskussion fokussiert auf die Betrachtung von **Experience- und Credence-goods**, da die Zertifizierung zuvor für Transaktionen von Search-goods als ineffizient beschrieben worden ist. Dies erklärt sich unter anderem dadurch, daß der Nachfrager seine Qualitätsunsicherheit durch eigene Informationssuche abbauen kann. Vom Anbieter initiierte vertrauensbildende Maßnahmen sind daher unnötig. Die folgende Abb. 18 veranschaulicht die tendenziell zu erwartenden Veränderungen der Transaktionskosten aus **Unternehmungs- und Nachfragerperspektive**.

Die **Transaktionsanbahnungskosten** sind als Kosten der Informationssuche und -beschaffung über potentielle Vertragspartner gekennzeichnet.[272] Oben wurde die Zertifizierung einer begrenzten Anzahl von Transaktionen als effizient für die Schaffung von Vertrauen bzw. die Verringerung von Qualitätsunsicherheit des Nachfragers beschrieben.[273] Dem Nachfrager werden Screening-Aktivitäten im Rahmen der Suche geeigneter Transaktionspartner abgenommen. In Abhängigkeit vom betrachteten Leistungstyp kann von einer **Abnahme der Anbahnungskosten seitens der Nachfrager** ausgegangen werden.

Für die Einzelhandelsunternehmung folgt aus dem effizienten Einsatz des Zertifikats, daß unter Umständen auf die Umsetzung alternativer Signaling-Instrumente verzichtet werden kann.[274] Weiterhin ist zu erwarten, daß transaktionsvorbereitende Informations- und Beratungsgespräche verkürzt werden können. Folglich kann auch eine **Abnahme der Anbahnungskosten seitens des Anbieters** erwartet werden.

Transaktionsvereinbarungskosten wurden als Kosten der Verhandlung und Formulierung von Verträgen beschrieben.[275] Die ISO-Normen gehen auf die Formulierung konkreter Vertragsinhalte bzw. -ausgestaltungen aus Sicht der Nachfrager nicht ein.[276] Es kann daher davon ausgegangen werden, daß für den **Nachfrager keine Veränderungen der Vereinbarungskosten** aus der Zertifizierung entstehen.

---

272 Vgl. Abb. 13.

273 Vgl. Kapitel 3.3.1.4., S. 72ff.

274 Zu alternativen Signaling-Instrumenten vgl. Kapitel 3.1.1., S. 43ff.

275 Vgl. Abb. 13.

276 Vgl. hierzu ausführlich Kapitel 3.3.2.3., S. 94ff.

Abb. 18: Zu erwartende Transaktionskostenänderungen infolge einer ISO-Zertifizierung im Einzelhandel

		Veränderung der Transaktionskosten	
		Perspektive des Nachfragers	Perspektive der Einzelhandelsunternehmung
Transaktionskostenarten	Anbahnungskosten	⇩	⇩
	Vereinbarungskosten	⇔	⇧
	Kontrollkosten	⇩	⇧
	Anpassungskosten	⇔	⇧

⇧ = Steigerung der Transaktionskosten, ⇔ = Konstanz der Transaktionskosten, ⇩ = Verringerung der Transaktionskosten

Quelle: Eigene Abbildung.

Anders gestaltet sich dies aus der Perspektive der Einzelhandelsunternehmung. Das Element Vertragsprüfung fordert die detaillierte Darlegung aller Vorkehrungen, die sicherstellen, daß Vertragsabschlüsse dokumentiert und an die betroffenen Funktionsbereiche weitergeleitet werden, mit den vorhergehenden Angeboten bzw. Angebotsersuchen übereinstimmen sowie dem Potential der Handelsunternehmung entsprechen.[277] Insbesondere der Abschluß der im Einzelhandel üblichen Standardverträge oder mündlichen Kaufverträge wird hierdurch unter Umständen kompliziert. Es ist tendenziell damit zu rechnen, daß die **Vereinbarungskosten für den Anbieter ansteigen** werden.

Unter **Kontrollkosten** sind die Kosten einer Sicherung der Einhaltung von Verträgen subsummiert.[278] Dem Anbieter läßt die Implementierung der Normeninhalte in der Unternehmung wenig Spielräume zur nachvertraglichen Variation der Leistungserstellung. Entsprechend kann der Nachfrager seine Screening-Aktivitäten bezüglich der Leistungserstellung reduzieren. Die **Kontrollkosten des Nachfragers können so reduziert werden**.

---

[277] Vgl. DIN - DEUTSCHES INSTITUT FÜR NORMUNG E.V. (Hrsg., 1994b), S. 10f.

[278] Vgl. Abb. 13.

Der umgekehrte Effekt wird seitens der Einzelhandelsunternehmung zu beobachten sein. Ähnlich wie schon bei der Vereinbarung, müssen auch die Aktivitäten der Kontrolle vertraglich abgesicherter Transaktionen durch verschiedene Elemente der ISO-Normen dargelegt werden. Beispielhaft hierfür sind die Prozeßlenkung[279], die Lenkung fehlerhafter Produkte[280] und die Korrektur- und Vorbeugemaßnahmen[281] zu nennen. Die detaillierte Befolgung dieser Vorgaben wird **für die Einzelhandelsunternehmung kontrollkostensteigernd** wirken.

Anpassungskosten sind als Kosten der Veränderung von Vertragsinhalten nach Vertragsabschluß definiert[282]. Ähnlich wie schon bei den Vereinbarungskosten, stehen hier konkrete Leistungsbestandteile, wie Termine, Mengen oder Preise, im Mittelpunkt. Da die ISO-Normen deren konkrete Vereinbarung bzw. Anpassung nicht berücksichtigt, werden dem **Nachfrager tendenziell keine Anpassungskostenersparnisse** durch Transaktionen mit zertifizierten Unternehmungen erwachsen.

Hinsichtlich des Anbieters ist allerdings auch hier zu konstatieren, daß - wie schon bei den Vereinbarungskosten - die nachträgliche Anpassung von Vertragsinhalten der im Qualitätsmanagement-Handbuch dargelegten Vorgehensweise zu folgen hat. Änderungen von Vertragsinhalten nach Vertragsabschluß werden **für die Einzelhandelsunternehmung somit kostensteigernd** wirken.

Hinsichtlich der Eingangsfragen ist eine Summierung der einzelnen Transaktionskostenwirkungen zwar nicht möglich, da die Gewichtung der Kostenarten transaktionsspezifisch variieren wird. Tendenziell kann jedoch folgendes festgehalten werden:

Innerhalb des Effizienzraums der ISO-Zertifizierung im Einzelhandel werden in einer Gesamtbetrachtung die Kosten von Transaktionen für den Nachfrager abnehmen, während die Transaktionskosten für die anbietende Unternehmung ansteigen werden.[283]

Für Einzelhandelsunternehmungen ergibt sich hieraus die Konsequenz, daß die ISO-Zertifizierung auch innerhalb ihres Effizienzraums nur dann wirklich effizient ist, wenn aufgrund dieser Maßnahme Umsatzsteigerungen zu erwarten sind. In Branchen, die

---

279 Vgl. DIN - DEUTSCHES INSTITUT FÜR NORMUNG E.V. (Hrsg., 1994b), S. 16f.

280 Vgl. DIN - DEUTSCHES INSTITUT FÜR NORMUNG E.V. (Hrsg., 1994b), S. 21.

281 Vgl. DIN - DEUTSCHES INSTITUT FÜR NORMUNG E.V. (Hrsg., 1994b), S. 21f.

282 Vgl. Abb. 13.

283 Vgl. hierzu auch Abb. 4, in der die möglichen Erlös-, Kosten- und Gewinnverläufe bei einer Variation des Qualitätsniveaus dargestellt werden.

durch einen harten Wettbewerb und insbesondere Preiskampf gekennzeichnet sind, erscheint die Zertifizierung dagegen solange nicht sinnvoll, bis ihre Eignung zum Durchbrechen derartiger Marktbedingungen belegt werden kann.

3.3.2. Materielle Analyse externer Wirkungen der ISO-Normen im Einzelhandel

	Formale Analyse	**Materielle Analyse**
Externe Perspektive	Kapitel 3.3.1	**Berücksichtigen die ISO-Normen in materieller Hinsicht das Qualitätsverständnis der Nachfrager im Einzelhandel?**
Interne Perspektive	Kapitel 3.4.1	Kapitel 3.4.2

Im bisherigen Verlauf der Arbeit wurde analysiert, für welche Arten externer Transaktionen im Einzelhandel eine ISO-Zertifizierung entsprechend der normeigenen Zielsetzungen effizient erscheint. Dabei konnte festgestellt werden, daß die **Effizienz der Zertifizierung** mit zunehmender Unsicherheit der Nachfrager in bezug auf einen Leistungstyp ansteigt. Insbesondere für Anbieter von Credence- und Experience-goods, deren qualitätsbezogene Glaubwürdigkeit größtenteils vom Vertrauen des Nachfragers abhängt, erscheint die Zertifizierung angeraten.

An die ISO-Normen leitet sich hieraus die Frage ab, ob die Darlegungsforderungen der ISO-Elemente alle Aktivitäten erfassen, die die Beurteilungskriterien der Nachfrager im Einzelhandel tangieren. Nur wenn die ISO-Zertifizierung sich möglichst umfassend auf die qualitätsrelevanten Bereiche erstreckt, ist eine **nachfragerorientierte Qualitätssicherung** auch in Hinblick auf Search-goods möglich, die zunächst die Basis für eine weitgehend standardisierte Qualität und weitergehend für zukünftige Qualitätsverbesserungen legt.

Im folgenden wird zunächst diskutiert, welche **Dimensionen** Nachfrager der Beurteilung von Einzelhandelsunternehmungen und den von diesen angebotenen Leistungen zugrunde legen. Im Anschluß daran sind die konkreten **Leistungsbeurteilungskriterien** der Nachfrager zu identifizieren und in die Dimensionen einzuordnen. Aufbauend hierauf soll dann ein Abgleich der realen Beurteilungskriterien mit den in den ISO-Normelementen formulierten **Darlegungsforderungen** vorgenommen werden.

3.3.2.1. Ansätze zur Charakterisierung der Qualitätswahrnehmung von Nachfragern im Einzelhandel

Ein wesentliches Unterscheidungsmerkmal des Einzelhandels zum produzierenden Gewerbe ist, daß er einen sehr viel engeren **Kontakt mit dem Absatzmarkt** aufweist.[284] Die Mehrzahl der Transaktionen findet im persönlichen Beisein oder gar unter Integration der Nachfrager statt. Diese sogenannten Kundenkontaktaktivitäten stellen hohe Anforderung an die Erstellung der Handelsleistungen,[285] da diesbezügliche Mängel aufgrund der dominierenden Simultanität von Leistungserstellung und Leistungswahrnehmung meist nicht zu revidieren sind, bevor sie vom Nachfrager bemerkt werden.[286]

In der **handelswissenschaftlichen Literatur** existieren verschiedene Ansätze, die das Ziel verfolgen, die Leistungsspezifika und hierauf aufbauend das Qualitätsverständnis von Nachfragern im Einzelhandel zu kennzeichnen. Im Hinblick auf die vorliegende Arbeit ist fraglich, inwieweit die folgend vorgestellten Ansätze geeignet sind, eine Charakterisierung des Leistungs- und Qualitätsverständnisses vorzunehmen.

- Die **materielle Beschaffenheit von Handelsware** bildet den Ausgangspunkt vieler Diskussionen zur Leistungscharakteristik des Einzelhandels. Fraglich ist, ob **Sachleistungen und/oder Dienstleistungen** transferiert werden.[287] Die Diskussion soll an dieser Stelle mit dem Hinweis verkürzt werden, daß in der Literatur mittlerweile weitgehender Konsens besteht, dem Einzelhandel eine Zwitterstellung zwischen Sach- und Dienstleistungsunternehmung zuzusprechen.[288] Folglich hat SUNDHOFF bereits 1965 Handelsleistungen als **Kombination fremd-**

---

284 Zu weiteren Besonderheiten des Handels im Vergleich zum produzierenden Gewerbe vgl. HEINEMANN, G. (1994), S. 313.

285 STAUSS bezeichnet die an den "Kundenkontaktpunkten" stattfindenden Aktivitäten als "Augenblikke der Wahrheit" und weist auf ihre besondere Bedeutung für die Leistungsbeurteilung durch den Kunden hin (vgl. STAUSS, B. (1995), S. 28). BRUHN ergänzt, daß das Interaktionsverhalten neben dem Leistungsprogramm das zentrale Element der Kundenorientierung im Handel ist (vgl. BRUHN, M. (1997), S. 48).

286 In der Literatur wird daher die Schaffung einer "Right First Time-Kultur" gefordert (vgl. MURPHY, J.A. (1994), S. 6ff. sowie die dort angegebene Literatur).

287 Mehrere Literaturquellen nehmen eine Zuordnung des Handels zu Dienstleistungen vor (vgl. hierzu beispielsweise GEIGER, W. (1994b), S. 772, der sich dabei auf die DIN 9004, Teil 2 bezieht (vgl. DEUTSCHES INSTITUT FÜR NORMUNG E.V. (1992), S. 6f.) und GUTENBERG, E. (1984), S. 143ff.). MEYER dagegen negiert diese Definition und spricht dem Handel jeglichen Dienstleistungscharakter ab, da er lediglich Sachgüter veräußere (vgl. MEYER, A. (1986), S. 61ff.).

288 Vgl. zu dieser Diskussion ausführlich HANSEN, U. (1990), S. 156ff.; HENZLER, R. (1962), S. 146; MÜLLER-HAGEDORN, L. (1998), S. 59ff. und LISSON, A. (1994), S. 787f.

erstellter Sachleistungen mit eigenerstellten Dienstleistungen beschrieben.[289] Die Differenzierung nach der Materialität repräsentiert in erster Linie eine anbieterorientierte Sichtweise von Einzelhandelsleistungen. Da diese sich meist aus einem Bündel materieller und immaterieller Teilleistungen zusammensetzt,[290] ist zu vermuten, daß die substantielle Beschaffenheit einzelner Leistungsbestandteile für die Gesamtwahrnehmung des Nachfragers von untergeordneter Bedeutung ist.[291] Darüber hinaus bleibt, u.a. mit dem Hinweis auf Handels- oder Eigenmarken, die dienstleistungsorientierte Definition strittig, da zu diskutieren ist, ob nicht auch der Handel selbst Sachleistungen erstellt.[292]

- DONEBEDIAN trägt der **Multidimensionalität von Einzelhandelsleistungen** Rechnung.[293] Er differenziert die Handhabung von Qualität in drei Dimensionen:[294] **Potentialqualität** (von einzelnen Transaktionen unabhängige qualitätsrelevante Voraussetzungen, wie etwa Standort, Einkaufsstättengestaltung oder Reputation), **Prozeßqualität** (Aktivitäten, die während der Leistungserstellung stattfinden, etwa Kundenberatung oder alle Maßnahmen der Gestaltung eines Einkaufserlebnisses[295]) und **Ergebnisqualität** (Güte der erbrachten Leistung, wie etwa Fehlerfreiheit, Mengenstimmigkeit oder Termineinhaltung). Mit ähnlicher Begründung wie zuvor ist auch eine Differenzierung von Leistung und Qualität nach diesen Dimensionen wenig nachfragerorientiert. In Abhängigkeit von der gewünschten Leistung sowie der betrachteten Prozeßstufe wird der Nach-

---

289 Vgl. SUNDHOFF, E. (1965), S. 762ff. So auch BARTH, K. (1982), S. 106ff. WOLF, S. (1997), S. 86f. ergänzt diese Sichtweise, wenn sie von einer "Dualität der Handelsleistung" spricht.

290 Zu Leistungsbündeln als Absatzobjekte vgl. ENGELHARDT, W.H./KLEINALTENKAMP, M./RECKENFELDERBÄUMER, M. (1993), S. 395ff.

291 Vgl. WOLF, S. (1997), S. 95.

292 Der prozentuale Anteil von Handelsmarken am Gesamtsortiment von Handelsunternehmungen hat in den vergangenen Jahren erheblich zugenommen (vgl. KORNOBIS, K-J. (1997), S. 247ff.). Da es für den Nachfrager bei Handelsmarken häufig nicht möglich ist, zwischen selbst- und fremderstellten Produkten zu unterscheiden (vgl. zur Herkunftsbestimmungsfunktion für die Wahrnehmung von Handelsmarken SCHENK, H.-O. (1997), S. 82f.), wird ein immer bedeutenderer Anteil der Handelsleistungen vom Nachfrager als handelsseitig erstellte Sachleistung angesehen (vgl. KOPPELMANN, U./MERTENS, J. (1987), S. 329f., die den zunehmenden Einfluß des Handels auf die Produktentwicklung beschreiben).

293 Vgl. zur Abgrenzung von Markenartikeln und Dienstleistungen auch PETERS, M. (1995), S. 51.

294 Vgl. DONEBEDIAN, A. (1980), S. 81ff., der dieses Modell ursprünglich am Beispiel von Dienstleistungsunternehmungen entwickelt hat. Vgl. zusammenfassend BENKENSTEIN, M. (1996), S. 778ff. Da Einzelhandelsleistungen jedoch, wie in Kapitel 3.3.2.1., S. 82ff. ausführlich dargelegt wird, einen beachtlichen Dienstleistungsanteil beinhalten, soll das Modell an dieser Stelle auf Handelsunternehmungen übertragen werden (ebenso NIEMANN, H./ILLGEN, R./HANSEN, M. (1997), S. 7ff.).

295 Zur zunehmenden Bedeutung der Schaffung von Einkaufserlebnissen vgl. PINE, B.J./GILMORE, J.H. (1999), S. 57ff.

frager ein Bündel unterschiedlicher Leistungsbestandteile betrachten und seiner Kaufentscheidung zugrunde legen. In der Regel wird nicht zu erwarten sein, daß hierbei die Unterscheidung von Potential-, Prozeß- und Ergebnisqualität relevant ist, weil diese in der Wahrnehmung von Leistungsbündeln durch den Nachfrager nicht immer eindeutig zu identifizieren sein wird.[296] Vielmehr ist davon auszugehen, daß der Nachfrager seiner Entscheidung Kriterien zugrunde legt, die diese Dimensionen übergreifen.

- **Institutionenorientierte Forschungsansätze** sollen diesen Mangel heilen, indem sie den Einzelhandel als Ort der Kombination von Leistungsfaktoren charakterisieren.[297] Im institutionenorientierten Verständnis existiert eine Vielzahl unterschiedlicher, durch spezifische Faktorkombinationen gekennzeichneter Handelsleistungen, die durch die Definition der obigen Organisationsformen einer begrenzten Anzahl strukturähnlicher Gruppen zugeordnet werden.[298] Da die Nachfragerbedürfnisse allerdings ebenso vielfältig sind wie die möglichen Faktorkombinationen auf Anbieterseite, ist die an organisationalen Kriterien orientierte Typologisierung von Einzelhandelsleistungen aus Sicht der Nachfrager wenig praktikabel.

Augenscheinlich ist keiner der geschilderten Ansätze geeignet, der Zielsetzung einer nachfragerseitigen Strukturierung der Leistungen und Qualitätsbeurteilungen im Einzelhandel gerecht zu werden. Es stellt sich daher die Frage, ob basierend auf Kapitel

[296] Eine Ausnahme hiervon könnten solche Leistungsbestandteile sein, die nicht im unmittelbaren Zusammenhang mit der Handelsware stehen, wie beispielsweise die Öffnungszeiten einer Einkaufsstätte.

[297] Der Katalog E definiert wie folgt: "Handel im institutionellen Sinne - auch als Handelsunternehmung, Handelsbetrieb oder Handlung bezeichnet - umfaßt jene Institutionen, deren wirtschaftliche Tätigkeit ausschließlich oder überwiegend dem Handel im funktionellen Sinne zuzurechnen ist." (vgl. AUSSCHUß FÜR BEGRIFFSDEFINITIONEN AUS DER HANDELS- UND ABSATZWIRTSCHAFT (Hrsg., 1995), S. 28).

[298] Die im Rahmen der Leistungspolitik angebotenen Leistungsbündel bestimmen die Zuordnung von Handelsunternehmungen zu Betreibungskonzepten (vgl. ausführlich hierzu AHLERT, D./SIEBENBROCK, H. (1987), S. 4), Betriebsformen oder Betriebstypen. Dabei ist die begriffliche Abgrenzung von Betriebsform, Betriebstyp und Betreibungskonzept strittig (vgl. hierzu AHLERT, D./OLBRICH, R. (1999), S. 1ff. und BARTH, K. (1996), S. 83ff.; zur Diskussion des Betriebstyps als Ausprägung des institutionellen Handels vgl. u.a. BOEHLER, J. (1993), S. 191; MATHIEU, G. (1980), S. 116 und MÖHLENBRUCH, D. (1994), S. 97).
Zugleich wird der Betriebstyp auch als Produkt des institutionellen Handels definiert, was nach ALVES auch für das Betreibungskonzept gilt (vgl. ALVES, R. (1996), S. 3). Folgt man den institutionenorientierten Forschungsansätzen weiter, so stellen die den Organisationsformen inhärenten Faktorkombinationen die ‚Produkte' des Handels dar (vgl. BOEHLER, J. (1993), S. 191 und MATHIEU, G. (1980), S. 116). Wird nun der Produktbegriff - wie in der Literatur häufig üblich - mit dem Leistungsbegriff gleichgesetzt (vgl. beispielsweise MÖHLENBRUCH, D./NICKEL, S. (1995), S. 108), könnte daraus gefolgert werden, daß die unternehmensindividuelle Interpretation der Organisationsform die Leistung einer Einzelhandelsunternehmung repräsentiert.

3.3.1.1., die dort zur Anwendung kommende **vertragsgerichtete Betrachtung** ein Strukturierungsraster bieten kann.[299]

Sofern für den Transfer von Leistungen im Einzelhandel explizit formulierte Verträge geschlossen werden, beschränken sich diese überwiegend auf die **Transaktion von Kernleistungen.**[300] Die darüberhinaus in Kundenkontakt erbrachten unentgeltlichen Sachleistungen (z.B. Verpackungs- oder Transportmaterial) und Dienstleistungen (z.B. Beratung) stellen lediglich außervertragliche Angebote dar, die meist ohne verbindlichen Anspruch der Nachfrager zur Erleichterung oder angenehmeren Gestaltung aller Kaufakte offeriert werden.[301] Zwar werden sie sich, soweit sie kostenverursachend wirken, indirekt im Preisgefüge der angebotenen Leistungen niederschlagen,[302] eine verursachungsgerechte Zuordnung der unentgeltlichen Leistungen zu einer konkreten Transaktion erfolgt jedoch in der Regel nicht. Oder um es aus Nachfragersicht zu formulieren: Das Vorhandensein dieser Sach- und Dienstleistungen wird, in Abhängigkeit von Betriebsform und -typ, vorausgesetzt und deshalb nicht entlohnt. Mängel oder Fehlen der gewünschten Leistungen werden dagegen bemerkt und fließen in die Leistungsbeurteilung ein, ohne jedoch damit einen rechtsverbindlichen Anspruch zu begründen.[303]

Basierend auf diesen Überlegungen läßt sich die Beurteilung von Handelsleistungen aus Nachfragersicht in **vertragliche und außervertragliche Dimensionen** differenzieren.[304] Innerhalb dieser sollen nun die konkreten Beurteilungskriterien für die von Einzelhandelsunternehmungen erbrachten Leistungen und die daraus abgeleiteten Qualitätsurteile identifiziert und positioniert werden.

---

[299] Vgl. S. 63.

[300] Explizite, insbesondere schriftlich formulierte Kaufverträge stellen in vielen Branchen, wie z.B. der Lebensmittelbranche, eine Ausnahme dar, da hier mündliche und stillschweigende Kaufverträge dominieren.

[301] BRETZKE konkretisiert dies mit Fokus auf die Dienstleistungsbranche, indem er feststellt, daß diese durch die Kombination "vorvertraglich definierter Leistungsangebote" und "außervertraglich erhobener Leistungsansprüche" gekennzeichnet sei (vgl. BRETZKE, W.-R. (1995), S. 407). FEND bezeichnet solche Leistungen, die der Handel freiwillig und zusätzlich zum Warenangebot anbietet, als Serviceleistungen (vgl. FEND, L. (1998), S. 1147f.). Vgl. hierzu ausführlich GERSTUNG, F. (1978), S. 109ff.

[302] Unter Zugrundelegung der Kosten- und Leistungsrechnung könnte man in diesem Zusammenhang analog zu Gemeinkosten auch von "Gemeinleistungen" sprechen.

[303] Zur Bedeutung der Human Ressourcen für die Qualitätsbeurteilung von Handelsleistungen vgl. NIEMANN, H./ILLGEN, R./HANSEN, M. (1997), S. 8. BRUHN unterstreicht dies, wenn er das Interaktionsverhalten der Mitarbeiter als gleichgewichteten Faktor der Kundenorientierung neben dem Leistungsprogramm bezeichnet (vgl. BRUHN, M. (1997), S. 49).

[304] Vgl. FISCHER, C.A. (1993), S. 27, der mit einer ähnlichen Argumentation in eine rationale und eine emotionale Komponente unterscheidet.

3.3.2.2. Identifikation der nachfragerseitigen Qualitätsbeurteilungskriterien im Einzelhandel

Der Begriff der Qualität keiner direkten Operationalisierung zugänglich.[305] Die **Festlegung von Qualitäts- und Leistungsmerkmalen** muß das eigentliche Konstrukt ersetzen. Hierfür sind drei Verfahren praktikabel:[306]

- definitorische Gleichstellung von Begriff und Merkmal,
- Auswahl von Merkmalen, die in einer Korrelation zu dem Begriff stehen,
- Auswahl von Merkmalen, die aufgrund von Ursache-Wirkungsvermutungen in kausalem Zusammenhang zu dem Begriff stehen.

Für die vorliegende Untersuchung erscheinen die beiden letztgenannten Vorgehensweisen geeignet, weil so, im Gegensatz zur definitorischen Ableitung von Einzelmerkmalen, ein Merkmalsset festgelegt werden kann. Der bereits beschriebenen Komplexität von Leistungen im Einzelhandel wird hierdurch Rechnung getragen.

Die Festlegung der Leistungsmerkmale muß der Anforderung genügen, daß jene Kriterien Berücksichtigung finden, die der relevante Personenkreis - im vorliegenden Fall die Nachfrager - üblicherweise seiner Leistungs- und Qualitätsbeurteilung zugrunde legt.[307] Diese Voraussetzungen erfüllen Analysen der **Image- und Erfolgsfaktoren von Handelsunternehmungen.**[308] Sowohl auf Basis von Plausibilitätsüberlegungen als auch vor allem durch Befragung von Nachfragern werden Aussagen zu relevanten Leistungsmerkmalen identifiziert.

Die in der Literatur vorliegenden empirischen Untersuchungen weisen unterschiedliche methodische Vorgehensweisen auf. Während in einigen Fällen dem Nachfrager vorgegebene Kriterienkataloge zur Beurteilung vorgelegt werden, werden an anderer

---

305 Im Rahmen der Operationalisierung werden Fragestellungen oder Begriffe durch Merkmale ersetzt. Zum Zwecke der konkreten Überprüfung und Steuerung der Merkmale werden üblicherweise Indikatoren herangezogen (vgl. ANDRITZKY, K. (1977), S. 22f.). In der vorliegenden Arbeit soll die Operationalisierung jedoch auf die Ermittlung der Qualitäts- und Leistungsmerkmale beschränkt werden, da der Frage der Messung hier nicht vertieft werden kann.

306 Vgl. ANDRITZKY, K. (1977), S. 24ff.

307 Vgl. BÜKER, B. (1991), S. 20, der dies am Beispiel von Konstruktindikatoren begründet.

308 Für eine fundierte Diskussion von Image und Imagepolitik im Handel sowie zur inhaltlichen Verbindung dieser Begriffe mit dem der Leistungsbeurteilungskriterien vgl. HENSELER, R. (1977), S. 25ff.

Stelle die Merkmale im Rahmen der Befragung ermittelt. In der Literatur konnten drei Quellen identifiziert werden, die eine **Integration von Merkmals-Analysen** vornehmen:

- LINDQUIST hat aus 19 amerikanischen Studien Einzelmerkmale zur Beurteilung von Handelsunternehmungen zusammengetragen und diese in einem "good reason approach" geclustert.[309] Er kommt zu dem Ergebnis, daß den Kriterien Bequemlichkeit sowie Kundendienst und Service eine dominante Bedeutung zukommt und dem Waren- und Dienstleistungsangebot die Schlüsselbedeutung zugemessen werden muß.[310]

- HENSELER verfolgt eine ähnliche Zielsetzung und trägt die Ergebnisse von elf amerikanischen Studien zusammen.[311] Dabei beschränkt er sich auf die Aufstellung der in den einzelnen Studien identifizierten Leistungsmerkmale, verbunden mit dem Hinweis, daß diese teils inhaltsgleich, teils inhaltsverschieden sind.[312] DEPPISCH nimmt eine Auswertung der zusammengestellten Studien vor.[313] Im Vergleich mit dem obigen Merkmalskatalog weist diese Auswertung den Vorteil auf, daß neben der Identifikation der relevanten Leistungsbeurteilungsmerkmale auch deren Rangfolge aus der Anzahl der Nennungen abgeleitet wird. Es ist deutlich, daß neben dem Sortiment vor allem die Beratung, der Preis und der Standort eine hohe Bedeutung für die Einschätzung einer Handelsleistung durch den Nachfrager haben. Andere Aspekte, wie Ansehen, Nachkaufzufriedenheit oder Zielgruppenaffinität, treten demgegenüber in den Hintergrund.

- DEPPISCH formuliert, basierend auf der Kritik an den beiden oben vorgestellten Kriterienkatalogen, Mindestanforderungen an die zu berücksichtigenden Untersuchungen.[314] Unter Berücksichtigung dessen greift er in seiner Analyse sowohl auf solche Studien zurück, die schon bei LINDQUIST und HENSELER Verwendung

---

309 Vgl. LINDQUIST, J.D. (1974), S. 29ff.

310 Vgl. LINDQUIST, J.D. (1974), S. 36f.

311 Vgl. HENSELER, R. (1977), S. 123ff. Die dort zitierten Studien sind: BERRY, L.L. (1968); BURKE, M.C./BERRY, L.L. (1974), 62ff.; CARDOZO, R.N. (1974), S. 85ff.; FISK, G. (1961), S. 1ff.; JOLSON, M.A./SPATH, W.F. (1973), S. 38ff.; KELLY, R.F./STEPHENSON, R. (1967), S. 43ff.; MARTINEAU, P. (1958), S. 47ff.; MCDOUGALL, G.H.G./FRY, J.N. (1974), S. 53ff.; PATHAK, D.S./CRISSY, W.J.E./ SWEITZER, R.W. (1974), S. 21ff.; PERRY, M./NORTON, N.J. (1970), S. 1ff. und WHARTON (weitere Angaben zu dieser Quelle fehlen bei HENSELER). An anderer Stelle wird das niedrige methodische Niveau der Studien bemängelt (vgl. DEPPISCH, C.G. (1997), S. 79).

312 Vgl. HENSELER, R. (1977), S. 124f.

313 Vgl. DEPPISCH, C.G. (1997), S. 77ff.

314 Vgl. DEPPISCH, C.G. (1997), S. 72.

fanden als auch auf neuere Untersuchungen aus den achtziger und neunziger Jahren.[315] Nach der Auswahl werden die insgesamt 20 berücksichtigten Studien im Rahmen einer Metaanalyse einander gegenübergestellt und kategorisiert. [316] Dabei ist zu kritisieren, daß keine Aussagen zur Rangfolge der einzelnen Kriterien getroffen werden. Da dieses Problem jedoch aus den zugrunde liegenden Studien erwächst, kann das Manko auch durch Nachbearbeitung in der vorliegenden Arbeit nicht behoben werden. Darüber hinaus werden, wie schon in den Katalogen zuvor, keine Angaben zu den Beziehungen und Wechselwirkungen der einzelnen Kriterien untereinander gemacht. Auch dies muß darauf zurückgeführt werden, daß die Analyse lediglich auf Sekundärmaterial zurückgreift.

Eine Zusammenfassung der drei vorgestellten Studien in Tab. 4 ergibt die dargestellten Kriterienkataloge zur Beurteilung der Leistung von Einzelhandelsunternehmungen durch den Nachfrager. Aufgrund der großen zeitlichen und geografischen Distanzen zwischen den Erhebungen waren durchaus differierende Ergebnisse zu erwarten.[317] Umso erstaunlicher ist es, daß die drei dargestellten Merkmalskataloge **kaum feststellbare Differenzen** aufweisen. Selbst hinsichtlich jener Leistungsmerkmale, die Ergebnisabweichungen andeuten, lassen sich diese meist durch unterschiedliche Begriffsdefinitionen erklären. So fehlt beispielsweise im LINDQUIST-Katalog, im Vergleich zu den anderen, eine explizite Auflistung preisbezogener Kriterien und beratungsbezogener Kriterien. Dies ist jedoch damit zu erklären, daß bei LINDQUIST der Preis dem Cluster ‚Waren- und Dienstleistungsangebot' und die Beratung dem Kriterium ‚Kundendienst und Service' untergeordnet wird.

Die Heterogenität der Vorgehensweise bei der Verdichtung der Merkmale wirft gleichzeitig ein Problem auf, das schon bei der Deskription der einzelnen Kataloge festgestellt worden war: Die unterschiedlichen Begriffsfassungen führen dazu, daß die hinter den Clustern stehenden Beurteilungskriterien nicht immer trennscharf sind. Beispielsweise verteilt LINDQUIST das Kriterium Dienstleistung gleichzeitig auf die

315 An dieser Stelle soll nur auf jene Quellen verwiesen werden, die nicht schon zuvor im Rahmen der Kataloge von LINDQUIST und HENSELER zitiert wurden: BBE-UNTERNEHMENSBERATUNG GMBH (1986), S. 1ff.; JAMES, D.L./DURAND, R.M./DREVES, R.A. (1976), S. 23ff.; KORTE, C. (1995), S. 170ff.; MÜLLER, S./BEESKOW, W. (1982), S. 408ff.; o.V. (1994a), S. 68ff.; o.V. (1994b), S. 1ff., PARASURAMAN, A./ZEITHAML, V.A./BERRY, L.L. (1985), 41ff.; PARASURAMAN, A./ZEITHAML, V.A./ BERRY, L.L. (1988), zitiert nach HENTSCHEL, B. (1990), S. 231; ROSENBERGER, G. (1982), S. 155ff.; TEAS, R.K. (1994), S. 436; WESTBROOK, R.A. (1981), S. 77ff.; ZIMMER, M./GOLDEN, L.L. (1988), S. 720ff.

316 Vgl. DEPPISCH, C.G. (1997), S. 111ff.

317 Vgl. MÜLLER, S./BEESKOW, W. (1982), S. 401, die argumentieren, daß sich die amerikanischen Studien aufgrund der differierenden städtebaulichen Voraussetzungen nicht unmittelbar auf hiesige Verhältnisse übertragen lassen.

Sortimentsebene und auf die Ebene von Kundendienst und Service. Andererseits prägt DEPPISCH den Begriff der Zusatzleistungen und läßt offen, ob er damit sachleistungsergänzende Dienstleistungen oder kaufaktunterstützende Value-Added-Services meint.

Tab. 4: Vergleich der vorgestellten Merkmalskataloge zur Beurteilung der Leistungen von Einzelhandelsunternehmungen

Rang[318]	Merkmalskatalog nach LINDQUIST	Merkmalskatalog nach HENSELER und DEPPISCH	Merkmalskatalog nach DEPPISCH
1.	Waren-, Dienstleistungsangebot	Sortiment	Sortiment
2.	*(integriert in "Kundendienst, Service")*	Beratung	Beratung, persönliche Interaktion
3.	Bequemlichkeit	Standort	Erreichbarkeit
4.	*(integriert in "Waren- und Dienstleistungsangebot")*	Preis	Preisaspekte
5.	Kundendienst, Service	Serviceleistungen, Kundendienst	Zusatzleistungen
6.	Werbeaktivitäten	Werbung	Werbung
7.	Einrichtung	Ladengestaltung	Tangibles Umfeld
8.	Atmosphäre	Geschäftsatmosphäre	*(integriert in "Tangibles Umfeld")*
9.	Institutionelle Faktoren	Ruf, Ansehen der Unternehmung	Zuverlässigkeit
10.	Nachkauf-Zufriedenheit	Zufriedenheit nach dem Kauf	Gesamtbeurteilung
11.	Kundenkreis	Zielgruppenaspekte	
12.		Sonstiges	Sonstiges

Quelle: Eigene Tabelle in Anlehnung an DEPPISCH, C.G. (1997), S. 111ff.; HENSELER, R. (1977), S. 123ff. und LINDQUIST, J.D. (1974), S. 29ff.

Um Überschneidungen und Redundanzen zu vermeiden, erscheint es notwendig, die Merkmalskataloge zu bereinigen, bevor sie hinsichtlich ihrer Relevanz für die Wahrnehmung und Beurteilung von Leistungen des Einzelhandels diskutiert werden können. Grundlage dessen soll die Qualitätsdefinition sein, auf der diese Arbeit basiert.[319] Fraglich ist, mittels welcher Vorgehensweise die für die vorliegende Untersu-

318 Der Rangfolge der Kriterien ist der Katalog von HENSELER und DEPPISCH zugrunde gelegt, in dem ein Ranking erarbeitet wird.

319 Qualität wurde in Kapitel 2.1.1., S. 12ff. definiert als "Gesamtheit von Merkmalen einer Leistung bezüglich ihrer Eignung, die vom Nachfrager vorausgesetzten und vom Anbieter Erfordernisse zu erfüllen".

chung relevanten Leistungsbeurteilungskriterien identifiziert werden können. Grundsätzlich bietet sich in einem solchen Zusammenhang die empirische Fundierung derartiger Überlegungen an. Die obigen Untersuchungsergebnisse führen jedoch zu der Vermutung, daß die Nachfrager sich schwer tun würden, die inhaltliche Differenzierung der einzelnen Dimensionen und Merkmale nachzuvollziehen. Da weiterhin aufgrund der obigen Analysen bereits in erheblichem Umfang empirisches Material in den ermittelten Merkmalen beinhaltet ist, stellt die folgende **Konkretisierung eines untersuchungsspezifischen Merkmalskatalogs** auf der Grundlage von strukturierten common-sense-Überlegungen eine Möglichkeit der Erkenntnisgewinnung dar.

Sachleistungs- und Dienstleistungsmerkmale:
Wie in den den oben diskutierten Untersuchungen festgestellt wurde, sind die Merkmale von Sach- und Dienstleistungen für die Nachfrager ein wesentliches Beurteilungskriterium von Handelsleistungen. Dies ist nicht zuletzt darauf zurückzuführen, daß sie die einzigen entgeltlichen Leistungen des Einzelhandels darstellen. Eine getrennte Betrachtung von Sach- und Dienstleistungen wäre rein begrifflicher Natur und würde der Nachfragerperspektive widersprechen, die der Leistungsbeurteilung in der Regel **Leistungsbündel** zugrunde legt.[320] Die Operationalisierung dieser Merkmale kann über eine Vielzahl von Indikatoren, wie etwa Sortimentsbreite, -tiefe und -verfügbarkeit, oder den quantitativen Umfang der angebotenen Dienstleistungen erfolgen.

Interaktionsmerkmale:
Interaktionsmerkmale beinhalten alle **persönlichen Kundenkontaktaktivitäten** der Einzelhandelsmitarbeiter mit dem Nachfrager. Aufgrund der Simultanität von Leistungserstellung und Leistungswahrnehmung sowie der häufigen Integration der Nachfrager (z.B. im Rahmen einer gemeinsamen Identifikation einer Problemlösung), bergen die Interaktionsmerkmale aus Sicht einer Einzelhandelsunternehmung sowohl Chancen als auch Risiken, wobei insbesondere letztere dem Nachfrager unmittelbar bewußt werden.

Performancemerkmale:
Kaum unbedeutender als die Interaktionsmerkmale sind die Performancemerkmale aus Nachfragersicht einzuschätzen. Diese umfassen alle **unpersönlichen Maßnahmen zur Erleichterung und Beschleunigung des Kaufakts** der Nachfrager, von der Gestaltung der Parkmöglichkeiten über die Bereitstellung von Einkaufshilfen

---

320 Zum Begriff der Leistungsbündel vgl. ausführlich ENGELHARDT, W.H./KLEINALTENKAMP, M./ RECKENFELDERBÄUMER, M. (1993), S. 395ff.

bis hin zu Informationsmaterialien. Im Gegensatz zu den vorgenannten Merkmalen beruht der Ursachencharakter von Performancemerkmalen zum weit überwiegenden Teil auf Leistungen, die vor Beginn eines konkreten Kaufentscheidungsprozesses etabliert werden und daher nur sehr selten auf einen individuellen Nachfrager ausgerichtet sind.

Merkmale des tangiblen Umfelds:
Unter den Merkmalen des tangiblen Umfelds sind sämtliche **Rahmenbedingungen der Interaktions- und Performancemerkmale** zusammenzufassen. Darunter fallen v.a. architektonische und atmosphärische Charakteristika einer Einzelhandelsunternehmung, die auf einen Nachfrager wirken. Im Unterschied zu den Performancemerkmalen entfalten diese ihre ursächliche Geltung jedoch nur selten durch Inanspruchnahme, sondern zumeist durch ihre bloße Präsenz. Die Indikatoren dieses Merkmals können von der Wahl des Standortes über innenarchitektonische Aktivitäten bis hin zum Nachfragerkreis und zu aktuellen Trends wie dem Air-Design[321] reichen.

Preis-Leistungsmerkmale:
Im engeren Sinne ist der Preis zwar nicht als Leistungsmerkmal zu begreifen. Vielmehr stellt er den vertraglich fixierten Gegenwert der entgeltlichen Leistungsbündel dar. Als Indikator für die Qualitätsbeurteilung durch den Nachfrager gewinnt er jedoch im Rahmen der Beurteilung des Preis-Leistungsverhältnisses fundamentale Bedeutung. In zahlreichen empirischen Untersuchungen wird die Hypothese bestätigt, daß das Preis-Leistungsverhältnis eine **Relevanz für die Qualitätsbeurteilung** durch den Nachfrager hat.[322] Das Preis-Leistungsverhältnis soll daher als nachfragerseitig qualitätsrelvevantes Leistungsbeurteilungskriterium in der vorliegenden Untersuchung Berücksichtigung finden.

Werbemerkmale:
Im Gegensatz zum Preis erscheint die Zugehörigkeit von Werbemerkmalen zu den Leistungsbeurteilungsgrößen nicht unmittelbar zwingend. Anders als alle anderen Merkmale stehen sie weder in umittelbarer Verbindung zu einer funktionalen, kaufaktbezogenen Einzelhandelsaktivität, noch in direkter Beziehung zur Handelsunternehmung. Intentional sind Werbeaktivitäten jedoch in aller Regel zur **Vorbereitung**

---

[321] Zur Bedeutung des Air-Designs als Erfolgsfaktor im Handel vgl. STÖHR, A. (1998), S. 223ff.

[322] Zum Beziehungsgeflecht von Preis, Leistung und Qualität vgl. ausführlich CURRY, D.J./RIESZ, P.C. (1988), S. 36ff.; GROSSMAN, S.J./STIGLITZ, J.E. (1976), S. 246ff. und LEAVITT, H.J. (1954), S. 205ff.

bzw. Beeinflussung von Kaufentscheidungsprozessen der Nachfrager vorgesehen. Zumindest indirekt wirken sie so auch leistungsbestimmend, da die Güte der Werbung bzw. der Werbebotschaften im Sinne ihrer Informationsgüte bestimmend für ihren Erfolg ist.[323]

Nicht unmittelbar einsichtig ist, daß das in allen drei vorgestellten Katalogen enthaltene Kriterium Standort nicht in der obigen Merkmalsauflistung berücksichtigt wird. Wie jedoch bereits anhand der entsprechenden Beispiele deutlich wird, gehören Fragen des Standortes inhaltlich zu den Performancemerkmalen bzw. zu den Merkmalen des tangiblen Umfelds. Eine zusätzliche Berücksichtigung des Standorts als eigenständiges Merkmal würde daher zwangsläufig zu inhaltlichen Überschneidungen führen und auch dem Charakter des Standorts aus der Perspektive der Nachfrager nicht gerecht werden.

Bezüglich der verbleibenden Leistungsbeurteilungskriterien aus Tab. 4 muß konstatiert werden, daß sie in erster Linie Merkmale darstellen, die von einer Handelsunternehmung nicht unmittelbar und aktiv, etwa in Form einer zu erbringenden Leistung, zu beeinflussen sind. Sowohl die Kundenzufriedenheit als auch die Reputation einer Handelsunternehmung erwachsen in erster Linie aus eigenen oder fremden Erfahrungen der Nachfrager und sind daher als ex post-Betrachtung anzusehen. Zwar beruht insbesondere die Reputation darüber hinaus auch auf anderen Faktoren. Bei genauer Betrachtung sind jedoch häufig Merkmale, wie etwa der Standort, der Kundenkreis oder auch die Werbung hierfür ursächlich. Eine Eingliederung in die Kategorie der originären Leistungsbeurteilungskriterien scheint daher ausgeschlossen.

Die identifizierten Leistungsbeurteilungskriterien lassen sich, wie in Abb. 19 dargestellt, in die zuvor diskutierten nachfragerseitigen Wahrnehmungsdimensionen von Einzelhandelsleistungen integrieren.

[323] Vgl. beispielsweise KIHLSTROM, R.E./RIORDAN, M.H. (1984), S. 427ff. und MILGROM, P./ROBERTS, J. (1986), S. 796ff.

Abb. 19: Integrierte Interpretation der nachfragerseitigen Wahrnehmungsdimensionen und Beurteilungskriterien von Einzelhandelsleistungen

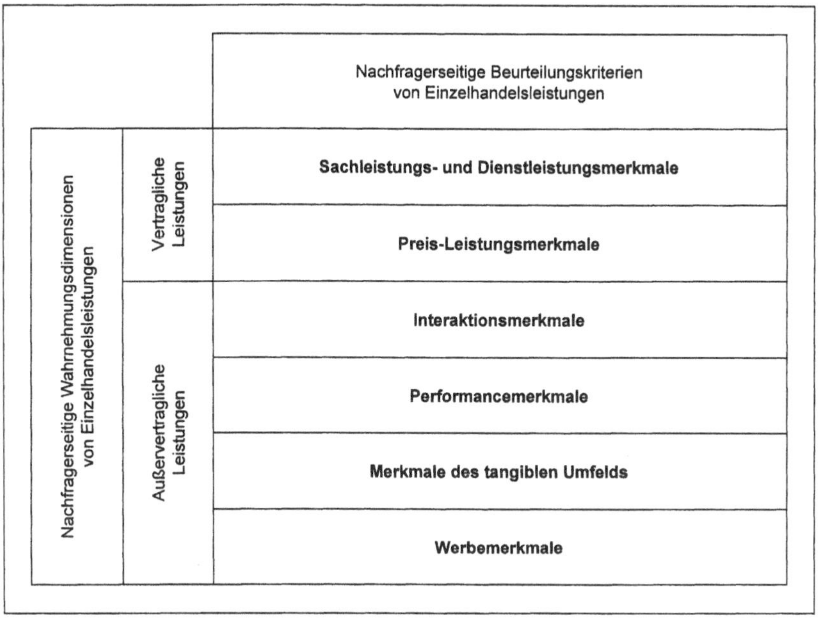

Quelle: Eigene Abbildung.

Aus Abb. 19 lassen sich vielfältige Empfehlungen für die qualitätsorientierte Unternehmungsführung im Einzelhandel ableiten. Durch Variation einzelner Merkmalsbereiche hat eine Unternehmung die Möglichkeit, sowohl die eigenen **Positionierungs- als auch Profilierungsentscheidungen** zu gestalten. Eher preisorientierte Handelsunternehmungen werden ihr Angebot auf Sach- und Dienstleistungen fokussieren und nur ein Minimum an außervertraglichen Leistungen anbieten. Damit kann die Entstehung von discountierenden Betriebsformen des Einzelhandels erklärt werden. Im Gegensatz dazu werden eher leistungsorientierte Fachhändler umfangreiche außervertragliche Leistungen anbieten, als Konsequenz hieraus jedoch in der Regel auch einen relativ höheren Preis für die vertraglichen Leistungen verlangen.

3.3.2.3. Berücksichtigung der nachfragerseitigen Qualitätsbeurteilungskriterien im Einzelhandel durch ISO 9001

Für die erfolgreiche Anwendung der Normen in der Unternehmungspraxis werden in der ISO 9001 zwei grundlegende **Voraussetzungen** formuliert:[324]

1. Hinsichtlich einer Leistung werden vom Nachfrager Designaktivitäten erwartet und die Qualitätsanforderungen an die Leistung sind bekannt bzw. werden noch formuliert.

2. Durch die Darlegung seiner qualitätsrelevanten Aktivitäten kann der Anbieter beim Nachfrager Vertrauen aufbauen.

Die Voraussetzungen deuten an, daß die Zertifizierung vornehmlich für jene Transaktionen vorgesehen ist, die zuvor als effizient gekennzeichnet worden sind.[325] Die **Formulierungen erscheinen jedoch zu unpräzise**, als daß erwartet werden kann, daß sie von allen Adressaten wunschgemäß interpretiert werden. Eine Negativabgrenzung der Voraussetzungen macht dies deutlich: Nur wenige Einzelhandelsunternehmungen werden behaupten, daß sie sich nicht nach den Qualitätsforderungen der Nachfrager richten oder nicht den Aufbau von nachfragerseitigem Vertrauen beabsichtigen.

Die geringe Präzision in Gemeinschaft mit unscharfen Interpretationen der ISO-Normen durch Dritte[326] bieten einen Erklärungsansatz dafür, daß viele Unternehmungen sich für den Erwerb des Zertifikats entschlossen haben, obwohl die obigen Voraussetzungen für sie kaum zutreffen. Als Konsequenz kann so auch die häufig nach erfolgter Zertifizierung anzutreffende **Enttäuschung der Anwender** begründet werden.

Da die Voraussetzungen der ISO-Normen unpräzise formuliert sind, ist zu erwarten, daß auch Einzelhandelsunternehmungen, die nicht der **definierten Zielgruppe** angehören, sich zu einer Darlegung ihrer Qualitätsmanagement-Systeme entschließen. Es wäre wünschenswert, daß die Normen über ihre vertrauensbildende Wirkung hinaus auch auf die Qualität der im Einzelhandel erstellten und angebotenen Leistungen Einfluß nehmen. Als notwendige Voraussetzung hierfür wurde im Verlauf dieser Arbeit gefordert, daß die ISO-Normen die aus Nachfragersicht relevanten Leistungs-

---

324 Vgl. DIN - DEUTSCHES INSTITUT FÜR NORMUNG E.V. (Hrsg., 1994b), S. 5f.

325 Vgl. Kapitel 3.3.1.4., S. 72ff.

326 Vgl. hierzu Kapitel 2.2.2.2., S. 38ff.

beurteilungsgrößen berücksichtigen bzw. positiv beeinflussen.[327] Es stellt sich somit die Frage, inwieweit ISO 9001[328] die vorstehend identifizierten, für Nachfrager von Einzelhandelsleistungen relevanten Beurteilungsgrößen tangiert.

In den einleitenden Kapiteln der Norm finden sich keine expliziten Hinweise hierzu. Lediglich aus der Auswahl grundlegender Begriffsdefinitionen kann auf den Fokus der ISO-Normen geschlossen werden:[329]

- **Produkt:** "Ergebnis von Tätigkeiten und Prozessen". Die Definition der erstellten Einzelhandelsleistungen als Produkt läßt die Vermutung zu, daß in den ISO-Normen nicht nur auf vertraglich fixierte Leistungen Bezug genommen wird. Dies wird durch eine Anmerkung gestützt, die aussagt, daß ein Produkt sowohl materiell als auch immateriell sein kann.

- **Angebot**: "Bereitschaftserklärung eines Lieferanten, einen zustandekommenden Vertrag über die Lieferung eines Produktes zu erfüllen." Die Definition schränkt die obige Interpretationsmöglichkeit wieder auf vertragliche Leistungen ein und schließt den Bezug der ISO-Normen auf außervertragliche oder transaktionsbegleitende Leistungen aus.

- **Vertrag**: "Zwischen einem Lieferanten und einem Kunden vereinbarte Forderungen, übermittelt durch beliebige Mittel." Die Definition des Vertrags konkretisiert die obigen Begriffsfestlegungen dahingehend, daß die Wirksamkeit der Zertifizierung die explizite Formulierung von Leistungsforderungen durch den Nachfrager voraussetzt.

Die festgelegten Begriffsdefinitionen finden ihren Niederschlag in den Forderungen der einzelnen Normelemente. Auch diese beziehen sich ausschließlich auf die Erfüllung vertraglich fixierter Qualitätsanforderungen. Die in Tab. 5 aufgeführten charakteristischen Formulierungen verdeutlichen dies.

Außervertragliche Leistungen finden in den Elementen der ISO 9001 kaum Berücksichtigung. Lediglich Element 4.18 deutet mit der Forderung nach der Schulung der Mitarbeiter, die mit qualitätswirksamen Tätigkeiten betraut sind, die besondere Bedeutung einer Ausbildung der Human Ressourcen im Einzelhandel an. Allerdings wird die Notwendigkeit der Schulung zugleich auf die jeweilige "speziell zuge-

327 Vgl. Kapitel 2.1.1., S. 12ff.

328 Zur Begründung der Eignung von ISO 9001 für eine Zertifizierung von Einzelhandelsunternehmungen vgl. Kapitel 2.2.2.1., S. 35ff.

329 Vgl. DIN - DEUTSCHES INSTITUT FÜR NORMUNG E.V. (Hrsg., 1994b), S. 6f.

ordnete Aufgabe"[330] eingeschränkt. Bezüglich aller nicht antizipierbaren, transaktionsbegleitenden Tätigkeiten fordert die Norm keine Schulungen oder Verhaltensunterweisungen und sieht daher auch keine Darlegung derartiger Vorhaben vor.

Tab. 5: Leistungsbezogene Formulierungen in den Elementen der ISO 9001[331]

Element	Charakteristische Formulierungen des Elements
4.1	"(...) relevant für (...) die Erwartungen und Erfordernisse seiner Kunden (...)"
4.2	"(...) Sicherstellung, daß ein Produkt die festgelegte Qualitätsforderung erfüllt (...)"
4.3	"(...) Verfahrensanweisungen zur Vertragsprüfung (...)"
4.4	"(...) Erfüllung der festgelegten Qualitätsforderung (...)"
4.5	"(...) Lenkung aller Dokumente und Daten (...)"
4.6	"(...) sicherzustellen, daß beschaffte Produkte (...) die festgelegten Qualitätsforderungen erfüllen."
4.7	"(...) Verfahrensanweisungen für die Lenkung von Verifizierung, Lagerung und Erhaltung (...)"
4.8	"(...) Kennzeichnung des Produktes mit geeigneten Mitteln (...)"
4.9	"(...) Produktions-, Montage- und Wartungsprozesse, welche die Qualität direkt beeinflussen (...)"
4.10	"(...) festgelegte Qualitätsforderung an das Produkt erfüllt wird."
4.11	"(...) Konformität von Produkten mit der festgelegten Qualitätsforderung (...)"
4.12	"(...) Produkt (...) das die geforderten Qualitätsprüfungen bestanden hat (...)"
4.13	"(...) Produkt, welches die festgelegte Qualitätsforderung nicht erfüllt (...)"
4.14	"(...) Beseitigung der Ursachen von tatsächlichen oder potentiellen Fehlern (...)"
4.15	"(...) Erfüllung der festgelegten Qualitätsforderungen sicherzustellen."
4.16	"Wo es vertraglich vereinbart ist (...)"
4.17	"(...) Planung und Verwirklichung interner Qualitätsaudits (...)"
4.18	"(...) Schulung aller Mitarbeiter (...) die mit qualitätswirksamen Tätigkeiten betraut sind."
4.19	"(...) die festgelegten Forderungen erfüllt."
4.20	"(...) Verfahrensanweisungen zum Verwirklichen und Überwachen (...)"

Quelle: Eigene Tabelle in Ablehnung an DIN - DEUTSCHES INSTITUT FÜR NORMUNG E.V. (Hrsg., 1994b), S. 7ff.

Mit Bezug auf die diesem Kapitel zugrundeliegende Fragestellung ist zusammenfassend folgendes festzuhalten:

330 DIN - DEUTSCHES INSTITUT FÜR NORMUNG E.V. (Hrsg., 1994b), S. 25.

331 Für die detaillierte Bezeichnung der Elemente vgl. Tab. 3.

Die ISO-Normen berücksichtigen das Qualitätsverständnis der Nachfrager im Einzelhandel nur zum Teil. Lediglich hinsichtlich vertraglich fixierter Qualitätsanforderungen verlangen die Normen eine Darlegung der qualitätswirksamen Tätigkeiten und Prozesse. Weitere, insbesondere außervertragliche Leistungsbeurteilungsmerkmale, die für das Qualitätsurteil der Nachfrager im Einzelhandel ebenfalls von hoher Bedeutung sind, werden in den ISO-Normen vernachlässigt.

Um sicherzustellen, daß auch 'Nicht-Sach- und Dienstleistungsmerkmale' durch das dargelegte Qualitätsmanagement-System Berücksichtigung finden, müßten diese explizit in den zwischen Einzelhandelsunternehmung und Nachfrager zustandekommenden Kaufvertrag integriert werden. Dies widerspricht jedoch der in Kapitel 3.3.2.1. begründeten Unterscheidung in vertragliche und außervertragliche Leistungen bzw. Leistungsmerkmale, die insbesondere für Transaktionen im Einzelhandel kennzeichnend sind.[332] Darüber hinaus erschwert die einzelhandelsspezifische Besonderheit, daß ein **großer Teil der Verträge mündlich** zustande kommt sowie der Umstand, daß die Mehrzahl der außervertraglichen Leistungen nicht transaktionsspezifisch erbracht wird,[333] diese Eingliederung.

Ein weiteres Problem besteht in der Annahme der ISO-Normen, daß die Nachfrager ihre Qualitätsforderungen eigenständig formulieren können. Dies wird jedoch in zahlreichen Fällen kaum möglich sein, da der Nachfrager statt eines konkreten Konsumwunsches häufig lediglich die Vorstellung eines **komplexen Konsumproblems** hat, für das er vom Anbieter Lösungen in Form komplexer Konsumgüter erwartet.[334] Konkrete Leistungs- oder Qualitätsanforderungen sind daher allenfalls implizit bekannt.

---

332 Vgl. 88f.

333 Vgl. hierzu z.B. die in Abb. 19 beschriebenen Performancemerkmale, Merkmale des tangiblen Umfelds oder Werbemerkmale.

334 Komplexe Konsumgüter sind die "Kombination materieller und immaterieller Güter für die Lösung umfassender Konsumprobleme des Verbrauchers. Waren unterschiedlicher Art, Dienstleistungen und Serviceleistungen, aber auch die Kauf- und Verwendungsberatung, sind zu einem fein abgestimmten Angebotsmix für den anspruchsvollen Verbraucher zu komponieren" (AHLERT, D. (1996b), S. 97).

3.3.3. Zwischenfazit zur Analyse externer Wirkungen der ISO-Normen im Einzelhandel

Die ISO-Normen erheben den Anspruch, allgemeingültig formuliert und somit in allen Wirtschaftsbereichen einsetzbar zu sein. Dieser Aussage ist grundsätzlich zuzustimmen, sofern die Intention der anwendenden Unternehmung in der bloßen Erlangung des Zertifikats besteht. Werden darüber hinaus auch vertrauens- bzw. nachfragergerichtete Ziele mit den ISO-Normen verfolgt, muß diese Aussage jedoch eingeschränkt werden.

Zum Beleg wurde auf Basis transaktionskostenökonomischer Überlegungen ein **Analysemodell** entwickelt, innerhalb dessen der effiziente Anwendungsbereich der ISO-Normen den im Einzelhandel vorzufindenden Transaktionen gegenüber zu stellen ist. Wie anhand des Modells gezeigt werden konnte, sind die ISO-Normen nur für einen begrenzten Teil aller denkbaren Transaktionsbeziehungen effizient. Legt man weiterhin zugrunde, daß eine konkrete Unternehmung in der Regel ihrerseits nur einen bestimmten Typ von Transaktionen abwickelt, so ergibt sich eine Gruppe von Einzelhandelsunternehmungen, für die die ISO-Normen als vertragsunterstützende Qualitätszusicherung effizient sind. Für alle Handelsunternehmungen außerhalb dieser Menge gilt dies nicht.

In der zurückliegenden extern ausgerichteten Analyse wurde die Anwendung dieser Überlegungen für den Einzelhandel beschrieben. Ohne hierbei auf konkrete Branchen oder Betriebsformen einzugehen, wurde deutlich, daß die ISO-Normen auch im Einzelhandel lediglich einen begrenzten effizienten Anwendungsbereich aufweisen:

Die ISO-Zertifizierung ist ineffizient, wenn sich die Aktivitäten einer Einzelhandelsunternehmung auf Transaktionen mit niedriger Faktorspezifität sowie häufige Transaktionen mit mittlerer Faktorspezifität bei mittlerer oder hoher Unsicherheit beziehen.

Weiterhin war zu untersuchen, wodurch die Effizienz der ISO-Zertifizierung hinsichtlich der verbleibenden Transaktionen gekennzeichnet ist. Zu diesem Zweck wurde in die **Transaktionskostenwirkungen** seitens des Nachfragers und jene seitens der Einzelhandelsunternehmung unterschieden:

Die positiven Effizienzwirkungen der ISO-Zertifizierung beschränken sich auf die Nachfrager, während die Einzelhandelsunternehmung mit einem Effizienzrückgang rechnen muß, wenn sich die Aktivitäten einer Einzelhandelsunternehmung auf seltene Transaktionen mit mittlerer Faktorspezifität bei mittlerer oder hoher Unsicherheit beziehen.

Basierend auf diesen Erkenntnissen wurde in einem zweiten Untersuchungsschritt gefragt, ob die ISO-Normen in materieller Hinsicht geeignet erscheinen, das Qualitätsverständnis der Nachfrager im Einzelhandel zu berücksichtigen. Ein Abgleich der aus Nachfragersicht qualitätsrelevanten Beurteilungskriterien für Handelsleistungen mit den Inhalten der ISO 9001 brachte das folgende Ergebnis:

Die ISO-Normen vernachlässigen einen Teil der qualitätsbezogenen Beurteilungskriterien von Einzelhandelsleistungen, weil sie sich lediglich auf Vertragsleistungen beziehen, während für die Qualitätswahrnehmung der Nachfrager im Einzelhandel sowohl vertraglich fixierte als auch außervertragliche Teilleistungen relevant sind.

Ob diese negative Tendenz in der Analyse der ISO-Normen am Beispiel des Einzelhandels auch bei Einnahme einer unternehmungsinternen Betrachtungsperspektive ihre Fortsetzung findet, soll im folgenden Kapitel untersucht werden.

3.4. Interne Perspektive einer Analyse der ISO-Normen in Einzelhandelsunternehmungen

Neben der externen Perspektive ist auch die Berücksichtigung unternehmungsinterner Gegebenheiten eine notwendige Voraussetzung für die erfolgreiche Implementierung des ISO-Gedankenguts.[335] Wenn die ISO-Zertifizierung erfolgreich Regeln für die Abläufe und Tätigkeiten in der Unternehmung etablieren soll, ist es notwendig, daß relevante **formal-organisatorische Erkenntnisse** hierbei Berücksichtigung finden. In Kapitel 3.4.1. wird die Erfüllung dieser Notwendigkeit überprüft.

---

335 Für eine ausführliche Begründung der Notwendigkeit einer Ergänzung der externen um eine intern ausgerichtete Analyse vgl. Kapitel 1.1., S. 1ff. und 3.1.2., S. 50ff.

Darüber hinaus ist in materieller Hinsicht die Forderung aufzustellen, daß die Prozeßstruktur in Einzelhandelsunternehmungen mit Hilfe der ISO-Normelemente abgedeckt werden kann. Dies ist notwendige Voraussetzung dafür, daß die Zertifizierung die qualitätsrelevanten Prozesse unterstützt. Ob dies gegeben ist, wird in Kapitel 3.4.2. am Beispiel von Einzelhandelsunternehmungen untersucht.

3.4.1. Formale Analyse interner Wirkungen der ISO-Normen in Einzelhandelsunternehmungen

	Formale Analyse	Materielle Analyse
Externe Perspektive	Kapitel 3.3.1	Kapitel 3.3.2
Interne Perspektive	**Unterstützen die ISO-Normen in formaler Hinsicht die qualitätsbezogene Organisation von Einzelhandelsunternehmungen?**	Kapitel 3.4.2

In der Einleitung dieser Arbeit wurde auf das vermeintliche Paradoxon hingewiesen, daß die ISO-Zertifizierung den Anschein weckt, externes, qualitätsgerichtetes Vertrauen auf der Basis einer Dokumentation internen Mißtrauens schaffen zu wollen. Im folgenden ist nun zu untersuchen, ob dieses Paradoxon realiter existiert. Stellt die Implementierung der ISO-Normen tatsächlich ein Instrument dar, das die Sicherung von Qualität durch den Aufbau von starren Regeln und Kontrollen erreichen will, und wie ist die gewählte Vorgehensweise organisationstheoretisch zu bewerten?

Grundlage der Beantwortung dieser Frage ist die Diskussion von Regeln und ihrer Bedeutung für die Organisation von Einzelhandelsunternehmungen. Aufbauend darauf wird die Analyse der Eignung einer Qualitätsmanagement-Darlegung gemäß ISO 9001 als Regel vorgenommen.

3.4.1.1. Regeln als Instrument der Bewältigung von Interessengegensätzen

Die Konstitutionenökonomik befaßt sich weniger mit der Frage des Verhaltens von Wirtschaftsakteuren innerhalb gegebener Regeln (Choice within Rules) als vielmehr mit der Gestaltung der Regeln selbst (Choice of Rules).[336] Unter Zugrundelegung **divergierender Interessen zwischen Akteuren** wird beabsichtigt, mittels der Formu-

336 Vgl. hierzu auch WATRIN, C. (1993), S. XVI.

lierung von Regeln geeignete organisatorische Rahmenbedingungen zu identifizieren, um die Eigeninteressen so in Einklang zu bringen, daß Handlungsergebnisse hervorgebracht werden, die von allen Beteiligten toleriert werden können.[337]

Fraglich ist in diesem Zusammenhang, welche **Regelmechanismen** geeignet sind, um diese Zielsetzung zu erreichen. Grundlage dieser Diskussion ist die Annahme der Konstitutionenökonomik, daß es bei der Organisation zwischenmenschlicher Beziehungen nicht um die Verhinderung, sondern um die **Sicherung von Eigenständigkeit** geht. BUCHANAN formuliert dies wie folgt: "Kollektive Selbstbeschränkung ermöglicht erst die Freiräume, die die kreative Verfolgung von individuellen Zielen erfordert."[338] Oder anders gesagt "Regeln ermöglichen es jedem Handelnden, das Verhalten des anderen vorherzusagen"[339].

Regeln sollen ein Gleichgewicht schaffen, indem die Erzielung des bestmöglichen Ergebnisses ermöglicht wird.[340] Notwendige Voraussetzung für die Generierung von Vorschlägen zur Erreichung dieses Ziels ist die Beurteilung der **Effizienz von zur Anwendung kommenden Regeln**. Eine Effizienzaussage erfordert jedoch nicht nur die Analyse von Handlungsergebnissen, sondern vor allem die Untersuchung der handlungsbestimmenden Regeln.[341] Zusammenfassend können die beiden folgenden Ausprägungen der Konstitutionenökonomik beschrieben werden:[342]

1. **Positive Konstitutionenökonomik**: Erklärung und Prognose des Zusammenhangs zwischen Regeln und Verhaltensmustern.[343]

2. **Normative Konstitutionenökonomik**: Generierung von Forderungen und Empfehlungen zur effizienten Ausgestaltung von Regeln.[344]

Für die folgende Analyse ist zunächst die positive Ausprägung relevant, wenn die Frage zu beantworten ist, ob die ISO-Normen die Organisationsstruktur von Einzelhandelsunternehmungen unterstützen. Im Sinne der angestrebten Generierung von

---

337 Vgl. BRENNAN, G./BUCHANAN, J.M. (1993), S. 4ff., die diesen Ansatz auch als Vorschlag zur Lösung bzw. Vermeidung eines spieltheoretischen Gefangenendilemmas bezeichnen.

338 BUCHANAN, J.M. zitiert nach WOLFF, B. (1994), S. 143.

339 BRENNAN, G./BUCHANAN, J.M. (1993), S. 10 (im Original z.T. kursiv).

340 Vgl. BRENNAN, G./BUCHANAN, J.M. (1993), S. 21f.

341 Vgl. BRENNAN, G./BUCHANAN, J.M. (1993), S. 23f.

342 Vgl. SCHMIDT, J. (1996), S. 100.

343 Vgl. AUFDERHEIDE, D. (1996), S. 185 und BURR, W. (1998), S. 314.

344 Vgl. BURR, W. (1998), S. 314 und PIES, I. (1996), S. 6.

Gestaltungsempfehlungen für eine Verbesserung eventueller Schwachstellen der aktuellen Normen soll dann auf die normative Ausprägung der Konstitutionellen Ökonomik zurückgegriffen werden.

3.4.1.2. Qualitätssicherung gemäß der ISO-Normen als Verfassungsregel

Im Mittelpunkt der positiv ausgerichteten Regelanalyse steht die Frage, wie die betreffende Regel entstanden ist. In der Literatur werden in diesem Zusammenhang **konstruktivistische und evolutionäre Entstehung** unterschieden.[345]

Die Diskussion der planvollen Konstruktion von Regeln orientiert sich an dem **konstitutionenökonomischen Ansatz** von BUCHANAN.[346] Dieser ist nicht frei von Widerspruch. So äußert VON HAYEK kritisch, daß Regeln zwar das "Ergebnis menschlichen Handelns, aber nicht menschlichen Entwurfs"[347] sein sollten. Er begründet dies damit, daß in spontan entstehende Regeln mehr Wissen eingeht und diese schöpferische Kraft durch eine bewußte Konstruktion zerstört würde.[348] Nicht zuletzt aus diesen Gründen fordert er, die Formulierung von Regeln evolutionären Entwicklungen zu überlassen.[349]

VON HAYEKS Forderung ruft jedoch ihrerseits eine Reihe von Kritiken hervor, die insbesondere an der **mangelnden Realitätsnähe** einer evolutionären Regelentwicklung in Gruppen ansetzen:[350]

- Mit steigender Gruppengröße sinken die Erfolgschancen einer evolutionären Entwicklung von Regeln, da die **Berücksichtigung von Individualinteressen** zunehmendend erschwert wird.[351]

---

345 Vgl. VANBERG, V. (1981), S. 5f.

346 Vgl. BRENNAN, G./BUCHANAN, J.M. (1993), S. 25ff.

347 HAYEK, F.A.v. (1969), S. 97.

348 Vgl. HAYEK, F.A.v. (1971), S. 47.

349 Vgl. VANBERG, V. (1982), S.101f.

350 Vgl. hierzu ausführlich BURR, W. (1998), S. 319f.

351 Vgl. VANBERG, V. (1982), S.148.

- Mit steigender Gruppengröße nimmt die **Wahrscheinlichkeit von Regelverletzungen** einzelner zu, da das Risiko, entdeckt zu werden sinkt und die zu befürchtenden Auswirkungen auf die Gruppe abnehmen.[352]

- Mit steigender Gruppengröße kann die evolutionäre Entwicklung effizienter Regeln aufgrund des '**Kritische-Masse-Effekts**' ausbleiben.

Die genannten Gründe lassen zumindest für einen Teil existierender oder vorstellbarer Regeln die planvolle **Konstruktion oder Veränderung effizienter und vor allem realitätsnäher** erscheinen. Offen bleibt allerdings, für welche konkreten Regeln diese Vermutung zutrifft. BURR nennt über die oben genannten Problembereiche hinaus die folgenden zentralen Voraussetzungen, die eine Konstruktion angeraten erscheinen lassen:[353]

- Der **Nutzen** der neuen Regel ist ex ante nicht allen Akteuren transparent, weswegen einzelne Beteiligte nicht an deren Entwicklung partizipieren oder diese gar boykottieren.

- Die **Kosten** der Evaluation neuer Regeln (z.B. durch probeweise Anwendung) sind für die Innovatoren hoch und können daher nicht von einzelnen Akteuren getragen werden.

- Regelinhalte erfordern die Interaktion einer Zentralinstanz, wenn ihre Formulierung **Expertenwissen** (z.B. Rechtskenntnisse, Verfahrenskenntnisse oder technische Kenntnisse) oder eine **schlichtende Instanz** voraussetzt.

Im Hinblick auf den Betrachtungsgegenstand dieser Arbeit, die Qualitätssicherung gemäß der ISO-Normen, ist zu konstatieren, daß die obigen Voraussetzungen eine planvolle Konstruktion der regelbasierten Zertifizierung zu rechtfertigen scheinen. Zwar sind in der Literatur zur Konstitutionenökonomik keine konkreten Angaben vorfindlich, ab wann eine **Gruppe als zu groß** zu bezeichnen ist. Für das Anwendungsfeld des Einzelhandels, der in zunehmendem Maße durch filialisierende Betriebsformen gekennzeichnet ist, soll diese Bedingung jedoch als gegeben betrachtet werden.[354]

---

352 Vgl. VANBERG, V. (1982), S. 137.

353 Vgl. BURR, W. (1998), S. 318f.

354 OLBRICH erklärt diese Entwicklung mit den beobachtbaren Konzentrationstendenzen vor allem im Konsumgüterhandel (vgl. OLBRICH, R. (1998), S. 29ff.).

Hinsichtlich der Voraussetzung, daß der **Nutzen** neuer Regeln nicht allen Akteuren transparent ist, kann dies auch für die Einführung der ISO-Normen angenommen werden. In der Literatur zur Zertifizierung wird so auch erklärt, warum die Einführung bei den betroffenen Mitarbeiter auf Unverständnis oder sogar Widerstand stößt.[355]

In Zusammenhang hiermit steht auch die Frage nach den **Kosten** der Erprobung neuer Regeln. Die Realität im Einzelhandel zeigt, daß in praxi trotz der seit Jahren zu beobachtenden Diskussion der Notwendigkeit einer Qualitäts- und Nachfrageorientierung kaum Fortschritte in diesem Thema erzielt worden sind.[356] Arbeitsabläufe, die oft in starren Stellenbeschreibungen fixiert sind, lassen für den einzelnen Mitarbeiter in der Unternehmung häufig keinen Raum für die Evaluation veränderter Tätigkeiten oder Regeln. Allenfalls bei Akzeptanz hoher Opportunitätskosten seitens der Akteure (Überstunden, Konfrontation mit Kollegen usw.) wäre hier eine Änderung zu erwarten. Dies erklärt, warum **selbstmotiviertes qualitäts- und kundenorientiertes Verhalten** der Mitarbeiter und die evolutionäre Entwicklung von Regeln in bestehenden Organisationsformen nicht zwangsläufig erwartet werden können.[357]

Gleiches gilt für die im Einzelhandel existenten Interessengegensätze zwischen Unternehmungsführung und Mitarbeitern. Auch hierfür werden seit etlichen Jahren - beispielsweise unter dem Stichwort des Shareholder- und Stakeholder-Value - Lösungsmöglichkeiten diskutiert. Eine Heilung der Interessengegensätze ist jedoch bisher nicht zu beobachten. Die **Einschaltung einer Instanz**, die durch die konstruktivistische Formulierung von ISO-basierten Regeln einen Beitrag zur Kanalisation und eventuell zur Beilegung divergiererender Interessen leistet, scheint somit dem Ansatz einer evolutionären Lösung der Problematik vorzugswürdig. Nicht vernachlässigt werden darf in diesem Zusammenhang allerdings, daß die hierdurch bedingte Schaffung neuer Schnittstellen zu Bürokratiekosten führen wird, die im Rahmen von Effizienzüberlegungen zu berücksichtigen sind.

Zusammenfassend kann festgehalten werden, daß die Implementierung der ISO-Normen in Einzelhandelsunternehmungen dem konstitutionenökonomischen Ansatz der Konstruktion von Organisationsregeln folgt und die Zweckmäßigkeit dieser Vorgehensweise auch belegt werden kann. Offen geblieben ist jedoch die Frage, für welche Regeln die Konstruktion effizient erscheint, und wie die ISO-Normen unter Zugrundelegung dieses Regelverständnisses einzuordnen sind.

---

355 Vgl. WOLF, S. (1997), S. 141.

356 Vgl. Kapitel 1.1., S. 1ff.

357 Vgl. HOMBURG, C./WERNER, H. (1998), S. 169ff.

VANBERG unterscheidet hinsichtlich des Geltungsanspruchs zwei Regelarten:[358]

- **Verhaltensregeln**:
  Diese Regelart wird auch als ungeplante Regel spontaner Ordnung bezeichnet, die unabhängig von ihrer Zwecksetzung für eine beliebige Anzahl an Personen und Organisationen anwendbar sein muß.

- **Verfassungsregeln**:
  Diese Regelart wird durch eine Organisation oder Unternehmung bewußt konstruiert. Sie wird deshalb auch als geplante Organisationsregel bezeichnet.[359] Kennzeichnend für sie ist, daß Aufgaben innerhalb einer Organisation klar definiert und konkreten Mitarbeitern oder Funktionsträgern zugewiesen werden. Aufgrund der Veränderungen und Fluktuationen müssen Verfassungsregeln grundsätzlich neu verhandelbar sein.

Uneinigkeit besteht in der Literatur darüber, in welchem Verhältnis Verhaltens- und Verfassungsregeln zu den oben diskutierten Ansätzen der Regelgenerierung stehen. BURR verweist darauf, daß beide Regelarten sowohl evolutionär als auch konstruktiv entstehen können.[360] VANBERG dagegen stellt fest, daß Verfassungsregeln stets das Ergebnis bewußten Entwurfs gewesen seien.[361] In der vorliegenden Arbeit soll letztgenannter Auffassung gefolgt werden, da im Hinblick auf die an Verfassungsregeln angelehnten **Organisationsregeln eine evolutionäre Entstehung kaum praktikabel** erscheint.

Für die Diskussion von Regeln im Sinne der ISO-Normen ergibt sich die Aussage, daß die Darlegung qualitätsrelevanter Aktivitäten als Verfassungs- bzw. Organisationsregel zu bezeichnen ist, die den Rahmen für das Verhalten der betreffenden Akteure vorgibt.

Inwieweit diese Vorgaben den Mitarbeitern eigene Gestaltungsspielräume lassen, innerhalb derer sie ihre Aktivitäten selbst bestimmen können, soll im folgenden Kapitel diskutiert werden.

---

358 Vgl. VANBERG, V. (1981), S. 18.

359 Vgl. BURR, W. (1998), S. 318.

360 Vgl. BURR, W. (1998), S. 318.

361 Vgl. VANBERG, V. (1981), S. 20.

3.4.1.3. Qualitätssicherung gemäß der ISO-Normen als präzise Gebotsregel

Sollen die Inhalte von Regeln formuliert werden, stellt dies deren Verfasser vor eine Grundsatzentscheidung. Damit Regeln ihre gewünschte Wirkung entfalten und Verhaltensverläßlichkeit herbeiführen können, sollten sie eine **zeitliche Stabilität** aufweisen. Diese Anforderung mündet in einer tendenziell konservativen Ausrichtung.[362] Andererseits ist die Forderung aufzustellen, daß Regeln derart formuliert sind, daß ihre Interpretation eine **Anpassung an sich verändernde Umweltbedingungen** zuläßt, ohne daß zu diesem Zweck notwendigerweise die Regelinhalte eine Veränderung erfahren müssen.[363]

Folglich wird die **Flexibilität** zu einem wesentlichen Gestaltungsparameter bei der Formulierung von Regeln. Nach WOLFF sind hierbei folgende Inhalte festzulegen:[364]

- Festlegung der **Verhaltensgrenzen** einer Person gegenüber anderen Gruppenmitgliedern,
- Festlegung der **Besitz- und Verfügungsrechte** über Güter oder Ressourcen,
- Festlegung der Kompetenzen einer **Durchsetzungsinstanz** für individuelle Rechte.

Der Grad der **Vorstrukturierung von Tätigkeiten** ist eine wesentliche Determinante der Flexibilität von Regeln. Nur unflexible Regeln sind auf konstante Umweltbedingungen angewiesen. Sind Regeln dagegen flexibel formuliert, werden sie verschiedene von den jeweiligen Umweltzuständen abhängige Regelungspfade zulassen.[365]

Gebotsregeln strukturieren die Handlungen von Akteuren detailliert vor und engen dessen Gestaltungs- und Entscheidungsräume stark ein. Damit erschweren sie grundsätzlich den Aufbau von Flexibilität.[366] **Verbotsregeln** dagegen umgehen diesen Mangel, indem sie den Akteuren eigenbestimmte Handlungsräume ermöglichen. Sie bestimmen lediglich die Zielsetzungen und Grenzen individuellen Verhaltens,

---

[362] Vgl. BRENNAN, G./BUCHANAN, J.M. (1993), S. 14.

[363] Vgl. VOIGT, S. (1996), S. 176.

[364] Vgl. WOLFF, B. (1994), S. 117f.

[365] Vgl. BURR, W. (1998), S. 320.

[366] Vgl. BURR, W. (1998), S. 320f.

überlassen aber die Entscheidung über die Zielerreichung weitgehend den jeweiligen Akteuren. Die Zielsetzung von Verbotsregeln reduziert sich damit auf die Eindämmung unerwünschten Verhaltens.[367]

Eine weitere flexibilitätsbestimmende Determinante ist die Offenheit der Regelformulierung. Als **offene Regeln** werden solche bezeichnet, die die bereits oben angesprochene Berücksichtigung möglichst zahlreicher Umstände zulassen und entsprechend wandelbar sind. Häufig sind derartige Regeln dadurch gekennzeichnet, daß nur fundamentale Inhalte festgeschrieben und konkrete Inhalte in ergänzende Regeln integriert werden.[368] Hiervon zu unterscheiden sind **präzise Regeln**, die - häufig im Sinne von Gebotsregeln - Handlungen detailliert vorgeben. Diese Präzision wiederum senkt die Anpassungsfähigkeit von Regeln, sodaß eine **Trade-Off-Beziehung** zwischen Präzision und Anpassungsfähigkeit zu erwarten ist.[369]

Im Hinblick auf die Zertifizierung gemäß der ISO-Normen ist festzustellen, daß sie weitgehend dem Charakter der **Implementierung von Gebotsregeln** entspricht. Durch die Darlegung des Qualitätsmanagement-Systems werden Regeln festgeschrieben, die dem einzelnen Akteur nur wenig Spielraum zu Individualentscheidungen lassen. Zwar soll normgemäß die Aufnahme der Abläufe und Aktivitäten von den betroffenen Mitarbeitern selbst vorgenommen werden. Ist diese Phase jedoch abgeschlossen, im Qualitätsmanagement-Handbuch sowie den begleitenden Unterlagen dokumentiert und von offizieller Seite zertifiziert, resultieren **präzise Regeln**, die nur geringe Anpassungsmöglichkeiten bieten.

Diese Bewertung wiegt umso schwerer, als in der Literatur darauf hingewiesen wird, daß bedeutende Innovationen das bewußte Durchbrechen von Regeln erfordern. Sofern dies durch **unflexible Regeln** unterbunden wird, können diese sogar kontraproduktiv wirken, weil beispielsweise der Anreiz zur Entwicklung kreativer Überlegungen unterdrückt wird. BRENNAN/BUCHANAN unterstützen diese Kritik, wenn sie die starre und vor allem externe Vorgabe von Regeln als autoritären Imperativ bezeichnen, der "antiindividualistische Implikationen" enthält.[370]

---

367 Vgl. LESCHKE, M. (1996), S. 76.

368 Vgl. BURR, W. (1998), S. 321.

369 Vgl. BURR, W. (1998), S. 321.

370 Vgl. BRENNAN, G./BUCHANAN, J.M. (1993), S. 53.

Es kann festgehalten werden, daß die ISO-Normen die Darlegung präziser Gebotsregeln verlangen. In konstitutionenökonomischer Betrachtung ist dies als eine ungeeignete Voraussetzung für eine effiziente und qualitätsorientierte Organisation von Unternehmungen zu interpretieren.

Als Minimalforderung für die umsetzungsorientierte Verbesserung präziser Gebotsregeln ist zu fordern, daß ihre Befolgung mit Anreizen besetzt ist. Ob die ISO-Zertifizierung dies bewirkt, wird im folgenden untersucht.

3.4.1.4. Anreizeffizienzorientierte Beurteilung der ISO-Normen im Einzelhandel

BUCHANAN begründet seine Überzeugung, daß die Ökonomie sich nicht nur mit der Optimierung von Outputs oder Ergebnissen wirtschaftlichen Handelns befassen soll, damit, daß Koordinationsprobleme der Auslöser für Outputprobleme sind.[371] Die **Optimierung der Koordination** soll zwangsläufig zu einer Optimierung des Outputs führen.

Als wesentliche Determinante der Koordinationsoptimierung beschreiben BRENNAN/BUCHANAN Regeln.[372] In koordinativer Hinsicht können Regeln die folgenden Funktionen übernehmen:[373]

- **Reduktion von Unsicherheit** bezüglich des Verhaltens anderer Akteure.
- **Informationsversorgung** hinsichtlich des für Handlungen notwendigen Wissens.
- Verbesserung der **Konsistenz und Stabilität** von Entscheidungsfindung und -qualität.
- Abgrenzung von **Aufgabengebieten und Handlungsspielräumen**.

---

371 Vgl. BUCHANAN, J.M. (1979), S. 19.

372 "Eine Reform von Endzuständen oder Resultaten kann eher durch eine Reform der Regeln, statt durch eine direkte Manipulation der Ergebnisse erreicht werden." (BRENNAN, G./BUCHANAN, J.N. (1993), S. 18). Vgl. ergänzend BURR, W. (1998), S. 312.

373 Vgl. BURR, W. (1998), S. 315ff.

An anderer Stelle in der Literatur wird jedoch darauf hingewiesen, daß die Einführung von Regeln zur Verbesserung der koordinativen Arbeitsteilung zwar möglicherweise die allokative Effizienz kurzfristig steigert, andere Problembereiche hierbei jedoch ausgeklammert oder sogar verstärkt werden.[374] Unter diese Bereiche sind insbesondere Aspekte der Mitarbeiterführung zu fassen. Diese weisen gerade im Einzelhandel eine erfolgsentscheidende Bedeutung auf.[375] WOLFF fordert konsequenterweise, das Problem der regelbasierten Organisation von Unternehmungen in ein **Motivations- und ein Koordinationsproblem** zu differenzieren.[376]

In motivationaler Hinsicht sind effiziente Regeln dazu geeignet, eine gleichzeitige Verfolgung von Individual- und Gemeinschaftszielen zu bewirken.[377] Anreize und deren effizienter Einsatz werden in dieser Sichtweise zu einem zentralen Bestimmungsfaktor von Organisationsformen, da sie durch eine simultane Optimierung von Koordination und Motivation die Möglichkeit bieten, eine pareto-effiziente Situation für alle Beteiligten zu schaffen.[378]

Es stellt sich die Frage, ob und unter welchen Umständen Regeln geeignet sind, durch **Integration koordinativer und motivationaler Gesichtspunkte** Anreize für die betroffenen Akteure zu setzen. Dabei sind die in Abb. 20 dargestellten Kategorien der Anreizeffizienz von Regeln zu unterscheiden.

Eine hohe Anreizeffizienz von Regeln ist nicht nur aus Mitarbeiterperspektive wünschenswert. Auch aus Perspektive der Gesamtunternehmung erscheint es sinnvoll, Regeln mit geeigneten Anreizen zu besetzen, da eine abnehmende Anreizeffizienz und gleichzeitig zunehmende Divergenz zwischen Individual- und Gruppeninteressen lediglich durch den **Aufbau von Kontrollmechanismen und -instanzen** zu kompensieren sein wird.

Die Darlegung von Qualitätsmanagement-Systemen gemäß der ISO-Normen beschränkt sich intentionsgemäß auf die Vorgabe von Pflichten und fokussiert explizit auf die oben genannte **Koordinationsfunktion von Regeln**. Das Qualitätsmanagement-Handbuch und die zugehörigen Dokumente könnten in dieser Interpretation auch als ein Medium zur Speicherung von explizitem und implizitem Wissen über

374 Vgl. WOLFF, B. (1994), S. 3, die dies anhand eines Beispiels belegt.

375 Vgl. hierzu die Ausführungen in Kapitel 3.1.2., S. 50ff. und vertiefend BARTH, K. (1996), S. 53ff.; BARTH, K./HELPUP, A. (1994), S. 229 und PETERS, M. (1995), S. 54.

376 Vgl. WOLFF, B. (1994), S. 4f.

377 Vgl. BRENNAN, G./BUCHANAN, J.M. (1993), S. 20.

378 Vgl. WOLFF, B. (1994), S. 5.

Verfahrensweisen bezeichnet werden. Ihre Bedeutung reduziert sich auf Stellenbeschreibungen, die auf eine Auswahl qualitätsrelevanter Aspekte abzielen. Dies wird auch durch die oben geführte Diskussion unterstrichen, die zu dem Ergebnis kommt, daß die ISO-Normen die Formulierung präziser Gebotsregeln fordern.[379]

Abb. 20: Kategorien der Anreizeffizienz von Regeln

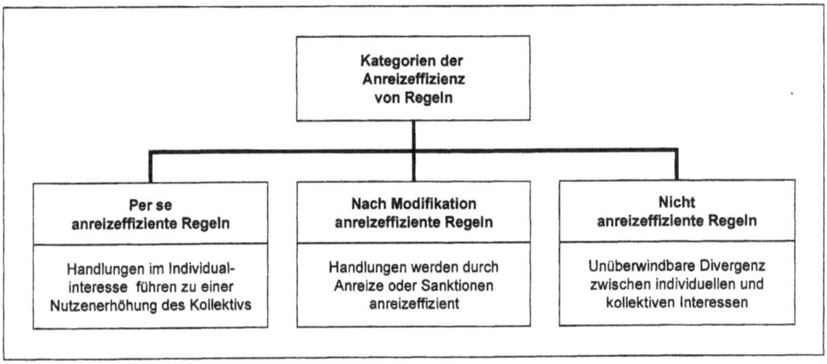

Quelle: Eigene Abbildung in Anlehnung an BURR, W. (1998), S. 322.

Motivationale Aspekte finden in den ISO-Normen lediglich insoweit Berücksichtigung, als die Identifikation der qualitätsrelevanten Abläufe und Tätigkeiten bei normkonformer Vorgehensweise durch die betroffenen Mitarbeiter selbst vorgenommen werden soll.[380] Nach abgeschlossener Darlegung und Zertifizierung bieten sich den Akteuren bei darlegungsgemäßem Verhalten kaum noch Veränderungsspielräume, die zu einer Verbesserung der Qualität führen könnten. Erst im Rahmen der Wiederholungsaudits besteht eine Möglichkeit zur Restrukturierung der Darlegung.

Im Sinne des oben Gesagten muß die Zertifizierung von Qualitätsmanagement-Systemen gemäß der ISO-Normen in die Kategorie der 'nicht anreizeffizienten Regeln' eingeordnet werden. Die Darlegung von Anreiz- oder Sanktionsmechanismen, die eine Einordnung in die 'nach Modifikation anreizeffizienten Regeln' zuließe, wird in den Normen nicht gefordert.

Nicht anreizeffiziente Regeln können im Umkehrschluß unmittelbar demotivierende Wirkungen entfalten, da der einzelne keinen Nutzen aus ihnen zieht oder sogar Nachteile in Kauf nehmen muß. Realistisch betrachtet scheint es jedoch kurz- und

---

379 Vgl. Kapitel 3.4.1.3., S. 106ff.

380 Vgl. DGQ - DEUTSCHE GESELLSCHAFT FÜR QUALITÄT E.V. (Hrsg., 1995a), S. 21.

mittelfristig nicht möglich, die ISO-Normen derart umzugestalten, daß per se anreizeffiziente Regeln resultieren. Dies würde eine vollständige Abkehr von der bisherigen Normenphilosophie bedeuten, die vor allem eine unternehmungsexterne Orientierung aufweist. Im Vorgriff auf die Gestaltungsempfehlungen ist daher der Ratschlag auszusprechen, die Norminhalte derart umzuformulieren, daß sie positiv wirkende Anreizmechanismen, negativ wirkende Sanktionsmechanismen oder wirkungsneutrale Steuerungsmechanismen vorsehen, die als 'nach Modifikation anreizeffizient' bezeichnet werden können.[381]

Grundsätzlich ist davon auszugehen, daß Regeln und Regelsysteme kaum vollständig sein können. In langfristiger Betrachtung sollte daher angestrebt werden, alternative Institutionen zu implementieren, die geeignet sind, Regeln zu ergänzen oder zu ersetzen.[382] Mit Bezug auf die den ISO-Normen zugrunde liegende Qualitätsorientierung ist hier beispielsweise die Entwicklung einer **Qualitätskultur** anzustreben, die präzise Qualitätsdarlegungen überflüssig macht und etwa über den Weg einer Formulierung von flexiblen Verbotsregeln langfristig eine weitgehend regellose Organisation ermöglicht.

3.4.1.5. Konsensorientierte Beurteilung der ISO-Normen im Einzelhandel

Im Rahmen der vorangegangenen Diskussion der ISO-Normen wurde bereits darauf hingewiesen, daß die **Identität von Kollektiv- und Individualzielen** eine notwendige Voraussetzung für die Formulierung anreizeffizienter Organisationsregeln ist. Offen geblieben ist bisher, anhand welcher Kriterien diese Übereinstimmung operationalisierbar ist. In der Literatur werden hierzu zwei Ansätze unterschieden:[383]

- **Externe**, die Akteure transzendierende Kriterien,
- **Interne**, auf die Interessen der Akteure abstellende Kriterien.

Sollen Individualinteressen bei der Regelfestlegung Berücksichtigung finden, bietet es sich an, auf **interne Kriterien** zurückzugreifen, die von einer grundsätzlichen Verbesserungsfähigkeit jedlicher Art von Institutionen ausgehen. So ist es möglich,

---

381 Vgl. BURR, W. (1998), S. 317.

382 Vgl. BURR, W. (1998), S. 324.

383 Vgl. zusammenfassend VANBERG, V. (1981), S. 28f.

die Präferenzen aller Beteiligten zu berücksichtigen. Darüber hinaus abstrahiert diese Betrachtungsperspektive vom Regelursprung und umgeht so die Diskussion der Regelentstehung.[384]

Als Kriterium für die Effizienz von Kollektiventscheidungen beschreibt WICKSELL bereits Ende des 19. Jahrhunderts die **Einstimmigkeit von Regelentwürfen**.[385] Der Vorteil dieses Kriteriums wird deutlich, wenn es mit der Alternative regelloser Zustände verglichen wird. Durch die Vorabfestlegung von Regeln wird eine Vielzahl von Konfliktmöglichkeiten eliminiert. Darüber hinaus sind Regeln häufig auf mehrere Situationen anwendbar und ermöglichen somit in vielfältigen Situationen eine Verringerung des Konfliktpotentials.[386]

Es ist jedoch anzunehmen, daß die Wahrscheinlichkeit für einstimmige Entscheidungen mit zunehmender Komplexität der zugrunde liegenden Sachverhalte und Umstände abnehmen wird. Neben der Dynamik und Vielfalt der Umweltdeterminanten wirkt insbesondere die Anzahl und Intensität der Konflikte beschränkend.[387] Die Zielsetzung muß somit darin bestehen, ein Effizienzkriterium zu identifizieren, das unter Berücksichtigung der oben beschriebenen Bedingungen eine **Simulation des einstimmigen Konsens** ermöglicht.

In Anlehnung an die politische Lösung vergleichbarer Problemstellungen wird auch für die Entwicklung privatwirtschaftlicher Regeln häufig die **Mehrheitsabstimmung** als sinnvoll angesehen. Allerdings wirft diese Vorgehensweise zwangsläufig das Problem auf, den nicht berücksichtigten Minderheiten bei einer derartigen Vorgehensweise eine Kompensation für die Vernachlässigung ihrer Belange zu bieten.[388] Zudem werden, gerade bei Abstimmungen in Abhängigkeitsverhältnissen, neben quantitative Faktoren auch Machtfaktoren treten, die diese Problematik zusätzlich intensivieren.

Als Reaktion auf diese Kritikpunkte wird in der Literatur ein zweistufiges Verfahren vorgeschlagen, das eine möglichst realistische **Simulation von Einstimmigkeitsentscheidungen** bieten soll:[389]

---

384 Vgl. VANBERG, V. (1981), S. 30.

385 Vgl. WICKSELL, K. (1896), zitiert nach FOLKERS, C. (1996), S. 111.

386 Vgl. BRENNAN, G./BUCHANAN, J.M. (1993), S. 38f.

387 Vgl. BRENNAN, G./BUCHANAN, J.M. (1993), S. 36f.

388 Vgl. VOIGT, S. (1996), S. 165.

389 Vgl. VOIGT, S. (1996), S. 164 in Anlehnung an BUCHANAN, J.M. (1959).

1. **Hypothetischer Konsens**:
   In der ersten Stufe der Konsenssimulation werden die fraglichen Regeln hinsichtlich ihrer Eignung zur Erzielung eines Konsens auf Seiten aller Akteure bewertet. Dabei soll die Betrachtungsperspektive eines "liberalen Ökonoms" eingenommen werden, der Hypothesen zur Effizienz von Regeln und Regelsystemen generiert.[390] In diesem Sinne ist der hypothetische Konsens als heuristisches Instrument zur Identifikation möglicher Mängel und Verbesserungen zu interpretieren.[391]

2. **Empirische Prüfung des hypothetischen Konsens**:
   Die empirische Prüfung setzt an der Kritik einer Beliebigkeit des hypothetischen Konsens an.[392] Die in 1. gewonnenen Hypothesen werden einem Test in einer das Kollektiv repräsentierenden Gruppe unterzogen. So sollen möglichst realistische Aussagen zu den tatsächlich effizienten Regeln erzielt und subjektive Beeinflussungen durch den "liberalen Ökonom" ausgeschlossen werden.

Auch diese Konsenssimulation ist nicht frei von Kritik. Insbesondere die Nicht-Beachtung der Prämissen des homo oeconomicus wird bemängelt.[393] PIES charakterisiert diese Kritik als grundlegendes Mißverständnis des konstitutionellen Ansatzes und liefert somit implizit eine Rechtfertigung für den obigen Vorschlag:[394]

- Das Konsenskriterium ist in erster Linie eine **methodische, weniger eine normative Konstruktion**: Jene Regeln, die von allen Akteuren akzeptiert werden, sind legitim.

- Das Konsenskriterium ist realistisch, weil es sich immer anwenden läßt, wenn das Abstraktionsniveau nur hoch genug angesetzt wird. Gefragt ist somit nach der **Zustimmungsfähigkeit** (hypothetischer Konsens), nicht nach der tatsächlichen Zustimmung.

---

390 Vgl. VANBERG, V. (1981), S. 33.

391 Aufgrund der Unsicherheit über die Realitätsnähe des hypothetischen Konsens schlägt AUFDERHEIDE die Bezeichnung "fiktiver Konsens" vor, der durch einen "Schleier der Ungewißheit" beeinträchtigt wird (AUFDERHEIDE, D. (1996), S. 189).

392 Vgl. ausführlich VOIGT, S. (1996), S. 169f.

393 Vgl. zusammenfassend VOIGT, S. (1996), S. 165 und S. 171f.

394 Vgl. PIES, I. (1996), S. 9ff.

- Das Konsenskriterium repräsentiert - im Gegensatz zum reinen Effizienzbegriff - ein internes Kriterium, das **Pareto-Superiorität** und nicht ein (unrealistisch erscheinendes) Pareto-Optimum anstrebt.

Wird das beschriebene hypothetische Konsenskriterium auf die Darlegung von Qualitätsmanagement-Systemen gemäß der ISO-Normen angewandt, stellt sich die Frage, ob diese eine konsensfähige Regelung der qualitätsorientierten Unternehmungsorganisation ermöglichen. Zur Beurteilung der konsensorientierten Effizienz konstitutioneller Einigungsprozesse beschreibt WOLFF die folgenden Charakterisitika innerbetrieblicher Beziehungen:[395]

- Existenz von potentiellen oder tatsächlichen **Interessenkonflikten** zwischen zwei oder mehr Akteuren.
- Akteure bieten **neben positiven auch negative Anreize** bzw. Sanktionen.[396]
- Einigung auf eine Regel beruht auf **Freiwilligkeit**.
- Regelinhalt wirkt für alle Akteure **pareto-superior**.[397]
- **Getrennte Behandlung** der konstitutionellen Einigung auf Regeln und der postkonstitutionellen Einigung auf Verträge.
- **Möglichkeit von Neuverhandlungen** besteht.

Die Heranziehung dieser Charakteristika läßt die folgenden Tendenzaussagen hinsichtlich einer **Eignung der ISO-Zertifizierung zur Erzielung eines hypothetischen Konsens** zu:

- In Einzelhandelsunternehmungen können **Interessenkonflikte aufgrund divergierender Individual- und Kollektivziele** sowohl zwischen Unternehmungsführung und Mitarbeitern als auch zwischen einzelnen Mitarbeitern bzw. Abteilungen existieren. Die Konflikte resultieren insbesondere aus der Forderung der Unternehmungsführung nach einer optimalen Nachfrager- und Qualitätsorientierung, deren Umsetzung jedoch nur selten mit Anreizen besetzt ist. Während die

395 Vgl. WOLFF, B. (1994), S. 121, die damit Aussagen von BUCHANAN aus verschiedenen Quellen zusammenfaßt.

396 Vgl. hierzu auch LESCHKE, M. (1996), S. 77.

397 "Effizient ist ein institutionelles Arrangement, wenn es keine realisierbare Alternative gibt, die die Betroffenen nach ihren jeweiligen Zielen und Präferenzen in freien Verhandlungen bevorzugen würden." (WOLFF, B. (1994), S. 31).

Unternehmungsführung - insbesondere in Personengesellschaften - jedoch direkt von einer anforderungsgerechten Qualität der erstellten und angebotenen Leistungen profitieren kann,[398] ist dies für die Mitarbeiter nur bedingt der Fall. Bloße Appelle werden daher nicht ausreichen, wenn ein qualitätsorientiertes Verhalten wider deren eigenen (situationsbedingten) Individualzielen läuft.[399] Die erste und grundlegende Voraussetzung effizienter Einigungsprozesse durch die Implementierung der ISO-Normen ist somit gegeben.

- Zugleich wird damit auch auf die Forderung nach der **Berücksichtigung positiver und negativer Anreize** im Rahmen der ISO-Zertifizierung hingewiesen. Die Normen fordern an keiner Stelle die Implementierung oder Darlegung motivationaler oder sonstiger Aspekte.[400] Gleiches gilt für die Berücksichtigung negativer Anreize. Die Nicht-Befolgung der Verfahrens- und Arbeitsanweisungen birgt für den einzelnen Akteur keinerlei norm-inhärente Konsequenzen oder Sanktionen. Auch die Feststellung derartiger Handlungsabweichungen im Rahmen von Wiederholungsaudits führt im schlechtesten Fall zur Nicht-Verlängerung des Zertifikats für die gesamte Einzelhandelsunternehmung. Sanktionen für den jeweiligen Mitarbeiter folgen hieraus allenfalls mittelbar und weitgehend isoliert von den ISO-Normen.

- Bezüglich der geforderten **Freiwilligkeit der Einigung auf eine Regel** ist diese hinsichtlich der ISO-Zertifizierung nicht gegeben. Zwar empfehlen die Normen, die Aufzeichnung und Darlegung der relevanten Prozesse und Tätigkeiten durch die jeweils betroffenen Akteure vornehmen zu lassen. Nach erfolgter Zertifizierung haben diese jedoch keine weiteren Einlußmöglichkeiten. Darüber hinaus besteht für die jeweiligen Akteure bzw. Gruppen keine Wahlmöglichkeit, ob sie sich an der Zertifizierung beteiligen und welche ihrer Aktivitäten hiervon betroffen sind. Da die ISO-Normen für die gesamte Implementierung explizit eine "Verantwortung der obersten Leitung"[401] vorschreiben, ist dem gesamten Zertifizierungsvorhaben ein Top-Down-Charakter zu unterstellen, der dem Anspruch auf Freiwilligkeit entgegenläuft.

---

398 Vgl. zum Zusammenhang von Qualität und Unternehmungserfolg Kapitel 2.1.2., S. 14ff.

399 Vgl. PIES, I. (1996), S. 5, der dies am Beispiel politischen Handelns ausführt. Zu arbeitnehmerspezifischen Individualzielen vgl. beispielsweise CHMIELEWICZ, K./NÜCKE, H. (1981), S.184f.

400 Vgl. hierzu auch Kapitel 3.4.1.4., S. 108ff.

401 Vgl. DIN - DEUTSCHES INSTITUT FÜR NORMUNG E.V. (Hrsg., 1994b), S. 7. und HANS, R. (1992), S. 249ff.

- Die Forderung nach einer **pareto-superioren Wirkung der Regelinhalte** für alle Beteiligten geht einher mit der bereits diskutierten Ausstattung von Regeln mit Anreizen. Da die ISO-Normen die Formulierung präziser Gebotsregeln fordern,[402] läßt die Zertifizierung insbesondere für die Akteure in operativen Tätigkeiten kaum Freiräume für die Verwirklichung eigener Zielsetzungen. Im Gegenteil bringt die detaillierte Festlegung von Arbeitsabläufen und die Implementierung bürokratischer Institutionen, wie etwa Kontrollinstanzen für die Mitarbeiter häufig eine höhere Arbeitslast als im ungeregelten Zustand mit sich. Gerade im Einzelhandel, wo eine Vielzahl der Aktivitäten intuitiv abläuft oder einem ständigen Wandel unterworfen ist, hat die Zertifizierung häufig eine Bürokratisierung zur Folge, die nur von einem Teil der Mitarbeiter als positiv empfunden wird.

- In den ISO-Normen werden **konstitutionelle und postkonstitutionelle Einigungen** nicht isoliert behandelt. Die Normelemente beziehen sich sowohl auf die Formulierung von Regeln mit Bezug auf qualitätsdeterminierende Abläufe in der Unternehmung als auch explizit auf die Formulierung und Prüfung von Verträgen mit externen Nachfragern. Darüber hinaus werden diese beiden Institutionen sogar vermischt, wenn Regeln für den Umgang mit Verträgen aufgestellt werden.

- Schließlich sieht das Charakteristikum effizienter konstitutioneller Einigungsprozesse vor, daß grundsätzlich die **Möglichkeit von Neuverhandlungen der Regelinhalte** gegeben sein muß. Dieser Forderung kommen die ISO-Normen bedingt nach, indem im Hinblick auf die Wiederholungsaudits Veränderungen der Darlegungsinhalte möglich sind. Allerdings sind diese Re-Audits zeitlich und nicht durch sachliche Notwendigkeiten determiniert. Aus diesem Grunde kann den ISO-Normen allenfalls eine bedingte Berücksichtigung dieses Chrakteristikums attestiert werden.

Diese Tendenzaussagen werden in der folgenden Tab. 6 nochmals im Zusammenhang dargestellt:

Zusammenfassend ist festzuhalten, daß die ISO-Normen einem hypothetischen Konsenstest auf Basis der Charakteristika effizienter konstitutioneller Einigungsprozesse in weiten Teilen nicht standhalten. Insbesondere in bezug auf Anreizmechanismen, die eine wesentliche Voraussetzung für konsensfähige Regeln darstellen, weisen die Normen gravierende Defizite auf.

---

[402] Vgl. Kapitel 3.4.1.3., S. 106ff.

Tab. 6: Eignung der ISO-Zertifizierung zur Erzielung eines hypothetischen Konsens bei der Formulierung qualitätsorientierter Regeln in Einzelhandelsunternehmungen

Charakteristika effizienter konstitutioneller Einigungsprozesse	Berücksichtigung der Charakteristika durch die ISO-Normen
Existenz von potentiellen oder tatsächlichen Interessenkonflikten zwischen zwei oder mehr Akteuren	Charakteristikum berücksichtigt
Akteure bieten neben positiven auch negative Anreize bzw. Sanktionen	Charakteristikum nicht berücksichtigt
Einigung auf eine Regel beruht auf Freiwilligkeit	Charakteristikum nicht berücksichtigt
Regelinhalte wirken auf alle Akteure pareto-superior	Charakteristikum nicht berücksichtigt
Getrennte Behandlung der konstitutionellen Einigung auf Regeln und der postkonstitutionellen Einigung auf Verträge	Charakteristikum nicht berücksichtigt
Möglichkeit von Neuverhandlungen besteht	Charakteristikum bedingt berücksichtigt

Quelle: Eigene Tabelle.

Bezüglich der einleitend formulierten Fragestellung ist somit zu konstatieren, daß die ISO-Normen relevante Aspekte der qualitätsgerichteten Organisation von Einzelhandelsunternehmungen vernachlässigen. Im Hinblick auf die zu diskutierenden Gestaltungsempfehlungen ist an dieser Stelle die Forderung aufzustellen, Inhalt und Struktur der ISO-Normen deutlich präziser an konstitutionenökonomischen Erkenntnissen auszurichten. Erst im Anschluß hieran erscheint es sinnvoll, eine empirische Überprüfung normativer Handlungsvorschläge in Gestalt einer revidierten ISO-Norm vorzunehmen.

3.4.2. Materielle Analyse interner Wirkungen der ISO-Normen in Einzelhandelsunternehmungen

	Formale Analyse	**Materielle Analyse**
Externe Perspektive	Kapitel 3.3.1	Kapitel 3.3.2
Interne Perspektive	Kapitel 3.4.1	**Berücksichtigen die ISO-Normen in materieller Hinsicht die qualitätsbezogene Prozeßstruktur von Einzelhandelsunternehmungen?**

Im bisherigen Verlauf der Arbeit wurde herausgearbeitet, daß Unternehmungen sowohl koordinative als auch motivationale Fragestellungen im Rahmen der Gestaltung ihrer Organisation berücksichtigen sollen. Die bisherige Analyse kommt zu dem Ergebnis, daß die ISO-Normen sich demgegenüber ausschließlich mit der Koordination und Darlegung von Tätigkeiten und Prozessen beschäftigen, während Motivationsaspekte nahezu vollständig vernachlässigt werden.

Die materielle Analyse interner Wirkungen der ISO-Normen im Einzelhandel ist somit auf eine prozessuale Betrachtung zu reduzieren. Es ist zu untersuchen, ob das Prozeßverständnis der ISO-Normen geeignet erscheint, die **Prozeßstruktur von Einzelhandelsunternehmungen** abzubilden. Zu diesem Zweck sollen im folgenden die qualitätsrelevanten Prozesse in Einzelhandelsunternehmungen identifiziert und strukturiert werden, um daran anschließend zu analysieren, inwiefern die Norminhalte hierauf Bezug nehmen.

3.4.2.1. Identifikation der Prozeßstruktur in Einzelhandelsunternehmungen

In Kapitel 3.1.1. wurde der idealtypische Kaufentscheidungsprozeß von Nachfragern im Einzelhandel beschrieben.[403] Demgegenüber stehen auf Anbieterseite die **Geschäftsprozesse** zur Erstellung der Handelsleistungen. "Geschäftsprozesse repräsentieren die Geschäftsarten einer Unternehmung, ergeben sich aus den obersten Sachzielen und weisen zwingend Schnittstellen zu externen Marktpartnern auf."[404]

---

403 Vgl. S. 44ff.

404 BECKER, J./SCHÜTTE, R. (1996), S. 53 in Anlehnung an FRESE, E. (1994), S. 130 und EIFF, W.v. (1991), S. 60.

BECKER/SCHÜTTE differenzieren in Anlehnung an den Katalog E die Geschäftsarten des Handels in Lager-, Strecken-und Zentralregulierungsprozesse.[405] Die im Einzelhandel vorfindlichen Geschäftsarten beschränken sich weitgehend auf das **Lager- und Streckengeschäft**, da der Zentralregulierungsprozeß eine großhandels- bzw. einkaufsgenossenschaftsspezifische Abwicklungsart darstellt.

Die Definition bzw. Identifikation eines Geschäftsprozesses stellt eine umfangreiche Aufgabe dar.[406] Insbesondere wird diese dadurch erschwert, daß sich kaum allgemeingültige Aussagen zur Struktur solcher Prozesse machen lassen, da jene in Abhängigkeit von der betrachteten Einzelhandelsunternehmung variieren werden. Die folgende Darstellung eines einzelhandelsspezifischen Geschäftsprozesses kann daher nur ein sehr schematisches und stark vereinfachtes Abbild realer Geschäftsprozesse im Einzelhandel darstellen. Die Darstellung soll vielmehr eine methodisch unterstützende Funktion für die anschließende Analyse übernehmen.

Abb. 21 veranschaulicht in stark abstrahierter Form die Stufen eines Geschäftsprozesses im Einzelhandel. Es erfolgt keine Differenzierung von Lager- und Streckengeschäft, da diese Zuordnung für einen konkreten Geschäftsvorfall häufig erst während oder nach einem Kaufakt bzw. nach der Identifikation individueller Nachfragerbedürfnisse vorgenommen werden kann. Entsprechend können die einzelnen Stufen in der Realität eine unterschiedliche Ausprägung oder Reihenfolge annehmen.

Die Abbildung dient vielmehr dem pragmatischen Zweck, eine Darstellung der **qualitätsrelevanten Aktivitäten im Einzelhandel** vorzunehmen. Dabei wird zwischen dem eigentlichen Geschäftsprozeß und derivativen Tätigkeiten, die ohne unmittelbaren Nachfragerkontakt vorgenommen werden, unterschieden.

Die einzelnen Stufen des Geschäftsprozesses berücksichtigen die Handelsaktivitäten, die unmittelbar oder mittelbar im Kontakt mit dem Nachfrager vorgenommen werden. Die **Entwicklung von Handelsleistungen** erstreckt sich von generellen Fragen der Positionierung der Unternehmung, über die konkrete Zusammenstellung des Sortiments, bis hin zum Angebot von Dienst- und sonstigen Leistungen. Hierbei ist zwischen auftragsabhängigen Entwicklungen und solchen, die für einen anony-

405 Darüber hinaus werden Aktions- und Dienstleistungsprozesse unterschieden, die jedoch mit den oben genannten Prozessen nicht auf einer Ebene stehen, da sie Sonder- oder Kombinationsformen darstellen (vgl. BECKER, J./SCHÜTTE, R. (1996), S. 14f. und AUSSCHUSS FÜR BEGRIFFSDEFINITIONEN AUS DER HANDELS- UND ABSATZWIRTSCHAFT (Hrsg., 1995)).

406 BECKER beschreibt die elementare Bedeutung der Definition von Geschäftsprozessen am Beispiel des Business Process Reengineering (vgl. BECKER, J. (1995), S. 65f. und ergänzend BECKER, J./VOSSEN, G. (1996), S. 17).

men Nachfrager vorgenommen werden, zu unterscheiden.[407] Zwar ist im Einzelhandel in der Regel davon auszugehen, daß die konkreten Nachfrager im vorhinein nicht bekannt sind. Dennoch ist eine Vielzahl von Fällen denkbar, in denen der Kontakt zwischen Handel und Nachfrager den Impuls für die Entwicklung von Handelsleistungen gibt (z.B. die Entwicklung individuell angepaßter Möbel).[408]

Abb. 21: Schematischer Geschäftsprozeß und derivative Prozesse in Einzelhandelsunternehmungen

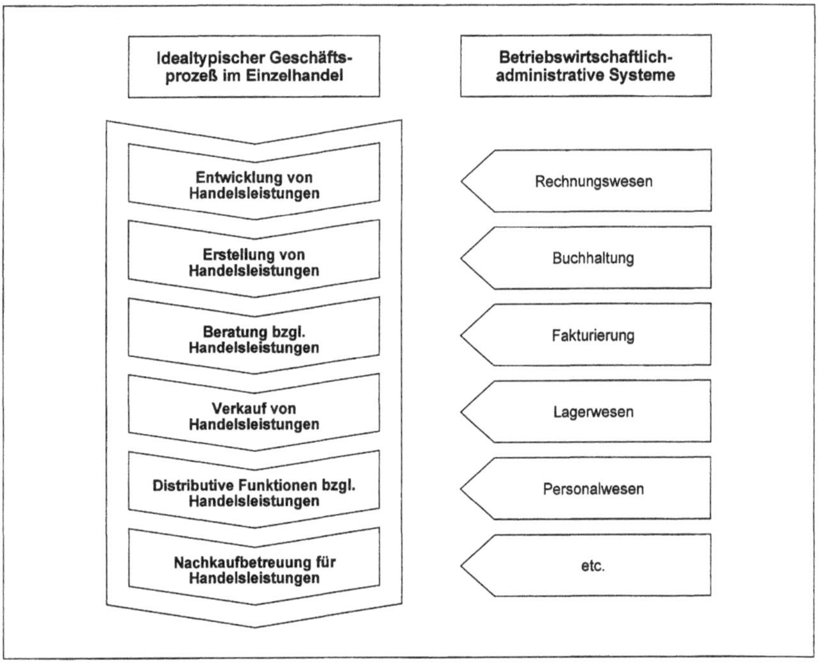

Quelle: Eigene Abbildung.

Gleiches gilt für die **Erstellung von Handelsleistungen**. Diese umfaßt vom Einkauf über Fragen der Präsentation bis hin zu Angeboten zur Erhöhung der Einkaufsbequemlichkeit bzw. des Einkaufserlebnisses eine Vielzahl von Tätigkeiten. Hieran schließt sich in der Regel die konkrete **Beratung in bezug auf Handelsleistungen**

[407] Diese Unterscheidung korrespondiert mit der Differenzierung verschiedener Faktorspezifitäten im Rahmen der Erstellung einer Einzelhandelsleistung (vgl. Kapitel 3.3.1.4., S. 72ff.).

[408] Anders verhält sich dies z.B. im Großhandel, für den häufig eine auftragsabhängige Leistungsentwicklung und -erstellung charakteristisch ist. Der persönliche Kontakt mit dem Nachfrager bildet hier wesentlich öfter den Beginn eines Geschäftsprozesses als im Einzelhandel.

an, sofern diese nicht der Entwicklung und Erstellung vorgelagert war. Mit diesem Schritt sind alle Tätigkeiten des Einzelhandels beschrieben, die die kaufvorbereitende Interaktionen mit dem Nachfrager betreffen. Ihren Abschluß findet die Beratung mit dem **Verkauf von Handelsleistungen**.

Die **Gestaltung der distributiven Funktionen** hängt ebenso wie die Nachkaufbetreuung von der Art der verkauften Leistungen ab und kann eine unterschiedliche Kundenkontaktintensität beinhalten. Unterstützt wird der Geschäftsprozeß im Einzelhandel durch **derivative Prozesse** ohne Kundenkontakt, wie das Rechnungswesen, die Buchhaltung oder die Fakturierung.

Fraglich ist nun, inwieweit dieser Geschäftsprozeß sowie die derivativen Aktivitäten in den ISO-Normen Berücksichtigung finden. Im folgenden wird der Inhalt der einzelnen Elemente von ISO 9001 mit den beschriebenen Prozeßstufen verglichen.

3.4.2.2. Berücksichtigung der Prozeßstruktur von Einzelhandelsunternehmungen durch ISO 9001

Die Norm ISO 9001 umfaßt 20 Elemente, die inhaltlich und hinsichtlich ihrer Fokussierung nicht auf einer Ebene stehen, sondern auf unterschiedliche Bereiche der Geschäftstätigkeit einer Einzelhandelsunternehmung Bezug nehmen. Zum Zwecke einer besseren Übersicht werden in Abb. 22 die in Tab. 3 bereits aufgeführten Elemente nach ihrem Bezug auf den in Abb. 21 beschriebenen Geschäftsprozeß im Einzelhandel strukturiert.

Es wird deutlich, daß die ISO 9001 den einzelnen Stufen des Geschäftsprozesses in unterschiedlichem Umfang Rechnung trägt. So findet beispielsweise die Prozeßstufe der Leistungserstellung umfangreiche Berücksichtigung in der Norm, während die Stufe der **Beratung völlig vernachlässigt** wird.[409] Weiterhin differenzieren die Normelemente nicht zwischen Tätigkeiten mit und ohne Kundenkontakt.

Wie anhand von Tab. 4 und Abb. 19 bereits ausführlich diskutiert worden ist, stellt die Güte von Beratungs- und anderen, überwiegend immateriellen Leistungen eine wesentliche Grundlage der Qualitätswahrnehmung von Nachfragern im Einzelhandel dar. Das Fehlen dieser Leistungen bedeutet ein fundamentales Manko für eine effiziente Anwendung der ISO-Zertifizierung von Unternehmungen auf dieser Wertschöpfungsstufe.

[409] Diese Aussage korrespondiert mit den Ergebnissen von Kapitel 3.3.2.3., S. 94ff.

Abb. 22: Strukturierung der Elemente der ISO 9001 für den Einzelhandel

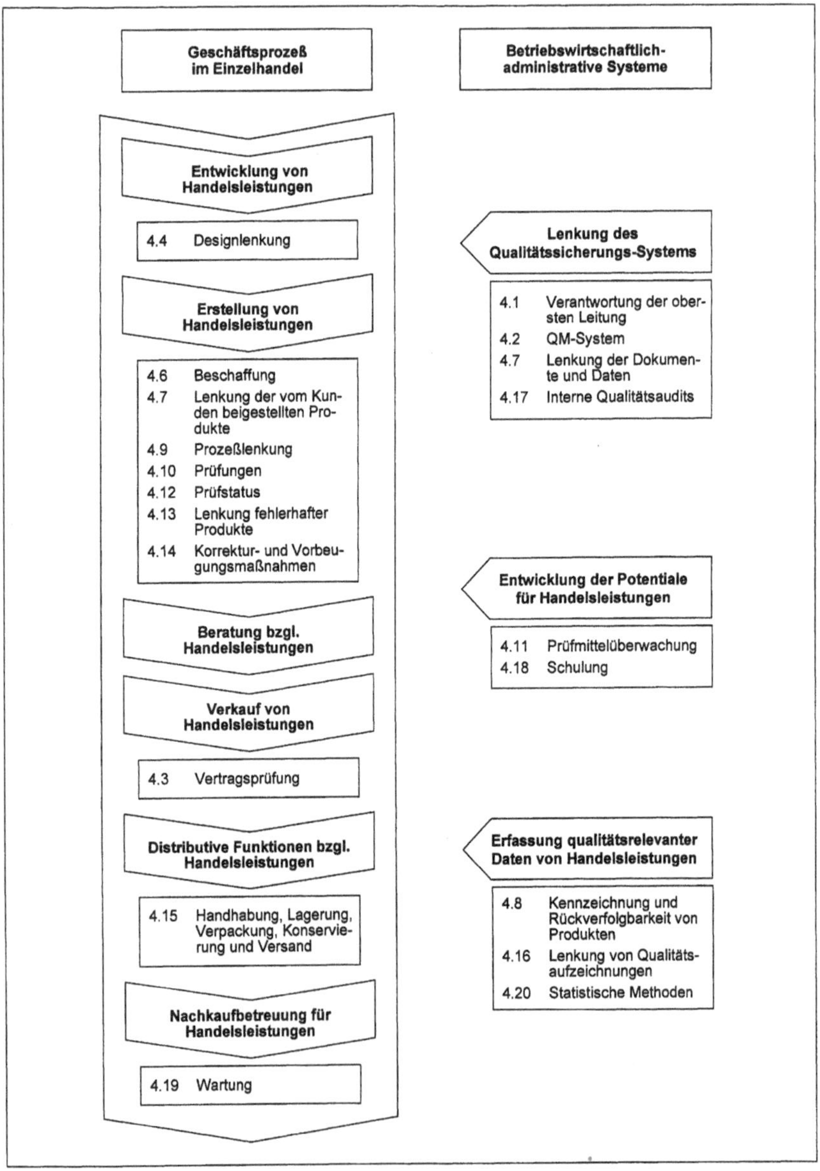

Quelle: Eigene Abbildung in Anlehnung an JACKSON, P./ASHTON, D. (1995), S. 43.

In der folgenden normorientierten Betrachtung des Geschäftsprozesses im Einzelhandel finden daher alle Elemente Berücksichtigung, die zumindest partiell Aufgaben mit Kundenkontakt beinhalten. Die weitere Differenzierung nach derivativen Prozessen findet ebenfalls in der ISO 9001 keine explizite Berücksichtigung und wird daher im folgenden auch nicht weiter beachtet.

Die Elemente lassen sich im Hinblick auf den Einzelhandel in drei Gruppen einteilen. Im Mittelpunkt stehen die Elemente, die konkret auf die einzelnen Stufen der Geschäftsprozesse Bezug nehmen.[410] Begleitet werden diese Elemente durch jene der Lenkung des Qualitätssicherungs-Systems, die sich im wesentlichen auf die Erstellung von Handelsleistungen, aber auch auf die anderen Stufen des Geschäftsprozesses beziehen. Durch die Darlegung von qualitätsbezogenen Präventivmaßnahmen sowie statistischen Zwecken dienenden Aktivitäten, werden die oben genannten Elemente unterstützt.

Die ISO 9001 trägt dem Umstand, daß der einzelne Nachfrager und seine Bedürfnisse im vornherein nicht bekannt sind, durch das Element **Designlenkung**[411] nur bedingt Rechnung, da dieses explizit auf die Vorgabe von konkreten Anforderungen abstellt. Wird hinsichtlich dieser Vorgaben jedoch von unternehmungsexternen Anforderungen der Nachfrager abstrahiert und eine Beschränkung auf die unternehmungsintern formulierten Forderungen an die Entwicklung von Handelsleistungen vorgenommen, behält dieses Element auch für den Einzelhandel seine Bedeutung.[412] Es sieht u.a. vor, daß Verfahrensanweisungen existieren, die genaue Vorgehensweisen im Rahmen der Verifizierung und Validierung der Entwicklung neuer Leistungen beschreiben und damit sicherstellen, daß diese in Übereinstimmung mit den relevanten Anforderungen bzw. Richtlinien stehen.

Zur Erstellung von Leistungen formuliert ISO 9001 sieben Elemente. Dies unterstreicht den originär fertigungsbezogenen Charakter der Norm.[413] Dennoch stellen die Forderungen hinsichtlich der **Beschaffung** eine der wesentlichsten Aufgaben der Qualitätssicherung auch in Einzelhandelsunternehmungen dar.[414] Im Sinne der

---

[410] Unter einem Geschäftsprozeß wird in dieser Arbeit eine Abfolge von Tätigkeiten zur Bedienung eines vollständigen Kaufaktes verstanden (vgl. hierzu Fußnote 404).

[411] Vgl. DIN - DEUTSCHES INSTITUT FÜR NORMUNG E.V. (Hrsg., 1994b), S. 11f. Hinsichtlich der Diskussion der einzelnen Elemente wird im folgenden lediglich eine einmalige Zitation der Fundstelle vorgenommen.

[412] DIN - DEUTSCHES INSTITUT FÜR NORMUNG E.V. (Hrsg., 1992a), S. 20 ermöglicht diese Einschränkung.

[413] Vgl. WOLF, S. (1997), S. 143.

[414] Vgl. DIN - DEUTSCHES INSTITUT FÜR NORMUNG E.V. (Hrsg., 1994b), S. 14f.

Nachfragerorientierung muß sichergestellt sein, daß jener die Leistungen in der gewünschten Güte und Menge zum gewünschten Zeitpunkt erhält. Eine Handelsunternehmung muß sich von der Zuverlässigkeit seiner Unterauftragnehmer überzeugen, diese Kriterien zu erfüllen.[415] Bei der Auswahl und Beurteilung der Unterauftragnehmer stehen neben den Lieferanten von Sachleistungen v.a. auch die weiteren Kooperationspartner im Mittelpunkt der Betrachtung. Als Beispiel sei an dieser Stelle auf Handwerker verwiesen, die den Aufbau und die Installation von Einrichtungen im Auftrag der Einzelhandelsunternehmung vornehmen. Mangelhafte Leistungen auf deren Seite fallen mittelbar auf die Beurteilung der Handelsunternehmung zurück. Insofern ist gemäß der Norm darzulegen, wie der Nachweis erbracht wird, daß die erstellten Leistungen einwandfrei sind bzw. den Anforderungen entsprechen.[416]

Die **Prozeßlenkung** verfolgt das Ziel, die Unternehmungsprozesse - insbesondere jene der Leistungserstellung - zu identifizieren, zu planen und zu standardisieren.[417] Die Hauptintention besteht dabei darin, die Prozesse unter "beherrschten Bedingungen"[418] ablaufen zu lassen, um qualitätsdeterminierende Schwankungen, z.B. durch Wechsel der im Prozeß tätigen Mitarbeiter, zu minimieren. Auch an diesem Element wird die industrielle Fokussierung der ISO 9001 deutlich. Gerade im Einzelhandel, wo die Abläufe von Prozessen meist im Beisein der Kunden gestaltet werden und sich an deren Bedürfnissen und Wünschen orientieren müssen,[419] erscheint diese Form eines "Dienstes nach Vorschrift" ungeeignet.[420] Allenfalls in potentiell regelungsintensiven Bereichen, wie etwa dem Beschwerde- und Reklamationsmanagement[421], können Darlegungen zur Prozeßlenkung dem einzelnen Mitarbeiter Hilfestellung bieten. Darüber hinaus erbringt dieses Element seinen Hauptnutzen in erster Linie für Prozesse ohne direkten Kundenkontakt, für die eine Optimierung des Ablaufs möglich ist (wie etwa die zum Geschäftsprozeß gehörige Regalpflege oder das derivative Rechnungswesen).

---

415 DIN - DEUTSCHES INSTITUT FÜR NORMUNG E.V. (Hrsg., 1992a), S. 36 beschreibt drei Wege der Auswahl von Unterlieferanten.

416 Vgl. hierzu auch BRAKHAHN, W./VOGT, U. (1997), S. 77.

417 Vgl. DIN - DEUTSCHES INSTITUT FÜR NORMUNG E.V. (Hrsg., 1994b), S. 16f.

418 DIN - DEUTSCHES INSTITUT FÜR NORMUNG E.V. (Hrsg., 1994b), S. 16.

419 Vgl. DÖTTINGER, K./SPÄGELE, S. (1992), S. 142.

420 Mit ähnlichen Begründungen verneinen andere Quellen die Relevanz dieses Elements für Teile des Handels gänzlich (vgl. beispielsweise SCHRÖDER, R. (1995), S. 40).

421 Vgl. hierzu STAUSS, B./SEIDEL, W. (1996), S. 13ff.

Das Element **Prüfungen** beschreibt, wie in ausreichendem und geeignetem Maße Eingangs-, Zwischen- und Endprüfungen durchführt und die Ergebnisse aufgezeichnet werden.[422] Im Einzelhandel ist dieses Element in erster Linie als Unterstützung weiterer Elemente, wie etwa Beschaffung, Prozeßlenkung und Handhabung, Lagerung, Verpackung, Konservierung und Versand zu verstehen. Die Zielsetzung besteht im wesentlichen darin, möglichst wenige Mängel an den Nachfrager dringen zu lassen.[423] Aufgrund der bereits beschriebenen zahlreichen Kundenkontakte ist die Bedeutung dieses Elements im Einzelhandel groß.

Ergänzt wird das Element Prüfungen durch den **Prüfstatus**.[424] Dieser konkretisiert den Nutzen der Aufzeichnung von Prüfungsergebnissen dahingehend, daß nur Leistungen, die eine Prüfung bestanden haben, weiterverarbeitet bzw. an den Kunden weitergegeben werden.[425] Für Einzelhandelsunternehmungen ist dies ein durchaus relevantes Element. Im Lebensmittelhandel fordert es beispielsweise, daß Produkte vor dem Verkauf auf ihre Mindesthaltbarkeit geprüft werden müssen.

An dieser Stelle knüpft wiederum das Element **Lenkung fehlerhafter Produkte** an.[426] Durch die Darlegung soll vermieden werden, daß fehlerhafte Leistungen weitere Verwendung finden. Sofern diese dennoch im Einzelhandel veräußert werden, ist sicherzustellen, daß der oben angeführte Prüfstatus auch für den Nachfrager sichtbar wird. Dieser Anforderung kann beispielsweise durch die Kennzeichnung als "Zweite-Wahl-Ware" genüge getan werden.[427]

Letztes Element des durch die Prüfung initiierten Wirkungszusammenhangs sind die **Korrektur- und Vorbeugemaßnahmen**.[428] Diese fordern, daß sich an die Feststellung von Mängeln Maßnahmen anschließen, die diese beheben bzw. vorbeugend dafür Sorge tragen, daß sie nicht erneut auftreten. Neben der Änderung von Verfahren und Prozessen, die zu diesen Fehlern geführt haben, ist im Einzelhandel insbesondere eine ständige Schulung und Fortbildung der Mitarbeiter notwendig, um deren Fähigkeiten und Fertigkeiten zu festigen bzw. zu aktualisieren.

---

422 Vgl. DIN - DEUTSCHES INSTITUT FÜR NORMUNG E.V. (Hrsg., 1994b), S. 17f.

423 Vgl. BLATZHEIM, U./DEPPISCH, C.G. (1994), S. 49, die als Beispiele für Eingangsprüfungen im Einzelhandel die Verpackungskontrolle, für Zwischenprüfungen die Haltbarkeitskontrolle und für Endprüfungen die Funktionskontrolle anführen.

424 Vgl. DIN - DEUTSCHES INSTITUT FÜR NORMUNG E.V. (Hrsg., 1994b), S. 20f.

425 Vgl. HERING, E./STEPARSCH, W./LINDER, M . (1996), S. 58.

426 Vgl. DIN - DEUTSCHES INSTITUT FÜR NORMUNG E.V. (Hrsg., 1994b), S. 21.

427 Vgl. SCHLAUTMANN, C. (1994), S. 10.

428 Vgl. DIN - DEUTSCHES INSTITUT FÜR NORMUNG E.V. (Hrsg., 1994b), S. 21f.

Die **Lenkung der vom Kunden beigestellten Produkte**[429] beschreibt, wie mit Podukten des Nachfragers, die in die Leistungserstellung eingehen, zu verfahren ist. Zwar ist die Integration des externen Faktors für Dienstleistungsunternehmungen kennzeichnend[430], im Einzelhandel beschränkt sie sich jedoch weitgehend auf die persönliche Anwesenheit des Nachfragers. Dieses Element wird für den Einzelhandel daher in der Regel nur dann relevant, wenn Mitarbeiter handwerklich für den Nachfrager tätig werden.[431]

Für die Prozeßstufe des Verkaufs von Handelsleistungen sieht ISO 9001 lediglich ein Element vor: die **Vertragsprüfung**.[432] Gemäß der Norm sollen Vorkehrungen beschrieben werden, die sicherstellen, daß Vertragsabschlüsse dokumentiert und an die betroffenen Funktionsbereiche weitergeleitet werden, mit den vorhergehenden Angeboten bzw. Angebotsersuchen übereinstimmen sowie dem Potential der Handelsunternehmung entsprechen. Das gilt insbesondere auch für die im Einzelhandel dominante Form der mündlichen Kaufverträge. Diese sind allerdings zeitlich kaum abzugrenzen, da in Beratungs- und Verkaufsgesprächen häufig eine Vielzahl von impliziten Aussagen und persönlichen Meinungen formuliert wird, die der Nachfrager als verbindliche Zusage interpretiert, ohne daß dies explizit beabsichtigt ist.[433] Da es in Unternehmungen des Einzelhandels jedoch kaum praktikabel ist, diese Zusagen schriftlich zu dokumentieren, hat das Element Vertragsprüfung in erster Linie den Charakter eines Appells an die Mitarbeiter, ihre Aussagen gegenüber den Nachfragern stets sorgfältig zu reflektieren.

Bezüglich der distributiven Aufgaben formuliert die Norm das Element **Handhabung, Lagerung, Verpackung, Konservierung und Versand**.[434] Dieses Element ist von umfassender Bedeutung für den Einzelhandel und korrespondiert mit weiteren Elementen, insbesondere aus dem Bereich der Erstellung von Handelsleistungen. Inhaltlich fordert das Element den ordnungsgemäßen Umgang mit allen Leistungen. Besondere Bedeutung für den Einzelhandel ist hier zu konstatieren, da die Mehrzahl

---

429 Vgl. DIN - DEUTSCHES INSTITUT FÜR NORMUNG E.V. (Hrsg., 1994b), S. 15f.

430 Vgl. zu den definitorischen Merkmalen von Dienstleistungen MEFFERT, H./BRUHN, M. (1997), S. 25. MEYER/WESTERBARKEY erläutern, welche Bedeutung die Kundenbeteiligung an der Leistungerstellung für die Qualitätspolitik von Dienstleistungsunternehmungen hat (vgl. MEYER, A./WESTERBARKEY, P. (1995), S. 83ff.).

431 Vgl. BLATZHEIM, U./DEPPISCH, C.-G. (1994), S. 49 und SCHLAUTMANN, C. (1994), S. 10.

432 Vgl. DIN - DEUTSCHES INSTITUT FÜR NORMUNG E.V. (Hrsg., 1994b), S. 10f.

433 Vgl. zur Bedeutung von Beratungsleistungen im Handel SCHOENHEIT, I. (1985), S. 18ff.

434 Vgl. DIN - DEUTSCHES INSTITUT FÜR NORMUNG E.V. (Hrsg., 1994b), S. 22f.

der angesprochenen Aktivitäten zwar ohne direkten Kundenkontakt abgewickelt wird, der Nachfrager jedoch ein umso größeres Vertrauen in deren Einwandfreiheit haben muß. Insbesondere Verpackung und Versand beeinflussen die Zufriedenheit der Verbraucher, da diesbezügliche Mängel häufig erst außerhalb des Zugriffsbereichs der Handelsunternehmung auffallen, die Reaktion hierauf sich jedoch meist nicht in einer Reklamation, sondern in zukünftiger Kaufzurückhaltung äußert.[435]

Das letzte, den Geschäftsprozeß im Einzelhandel direkt betreffende Element ist die **Wartung**, die sich auf die Nachkaufbetreuung für Handelsleistungen bezieht.[436] In der Norm beschränkt sich dieses Element lediglich auf die Einhaltung (schriftlich) festgelegter Wartungsverträge. Im Einzelhandel kann es jedoch sinnvoll sein, den Wartungsbegriff auf die Belange des Kundendienstes auszudehnen.[437] Die Entscheidung, wo genau dessen Grenze zu (freiwillig erbrachten) Zusatzleistungen zu ziehen ist, obliegt der einzelnen Unternehmung und wird in erster Linie von deren Positionierung und Selbstverständnis geprägt.

Von den geschäftsprozeßorientierten sind die Elemente zur Lenkung des Qualitätssicherungs-Systems abzugrenzen. Während bei den obigen Elementen die Qualitätsorientierung im weitesten Sinne als Nebenbedingung der "gewöhnlichen Geschäftstätigkeit" anzusehen ist, steht sie nun im Mittelpunkt der Zielsetzungen. Aus diesem Grunde können die folgenden Elemente als elementare Funktionen des Qualitätswesens bezeichnet werden, das, insbesondere in größeren Unternehmungen, häufig institutionalisiert ist. Entsprechend fordert ISO 9001 die Benennung eines Qualitätsmanagement-Beauftragten[438], der das Qualitätssicherungs-Systems lenkt. Die geschäftsprozeßbezogenen Elemente sollen dagegen von den betroffenen Mitarbeitern selbst dargelegt und entsprechend geregelt werden.[439]

Das Element **Verantwortung der obersten Leitung** weist ausdrücklich darauf hin, daß die Qualitätssicherung betreffende Aktivitäten in der Unternehmung der Unternehmungsleitung bzw. dem benannten Mitarbeiter obliegen.[440] Neben der Definition der qualitätspolitischen Ziele sind vor allem die Organisation sowie die Bewertung

---

435 Vgl. BIALLO, H. (1993), S. 40f. und HOTHUM, C. (1993), S. 39f. der darauf hinweist, daß sich lediglich 5% der Nachfrager bei Mängeln beschweren, der Rest jedoch stillschweigend abwandert.

436 Vgl. DIN - Deutsches Institut für Normung e.V. (Hrsg., 1994b), S. 19.

437 Vgl. BLATZHEIM, U./DEPPISCH, C.-G. (1994), S. 49 und SCHLAUTMANN, C. (1994), S. 10.

438 Vgl. DIN - DEUTSCHES INSTITUT FÜR NORMUNG E.V. (Hrsg., 1994b), S. 8.

439 Vgl. Vgl. DGQ - DEUTSCHE GESELLSCHAFT FÜR QUALITÄT E.V. (Hrsg., 1995a), S. 21.

440 Vgl. DIN - DEUTSCHES INSTITUT FÜR NORMUNG E.V. (Hrsg., 1994b), S. 7f.

des Qualitätswesens zu definieren. Da, wie bereits festgestellt worden ist, qualitätsrelevante Verhaltensweisen im Handel nur selten festschreibbar sind, gewinnt die Vorbildfunktion der Führungskräfte an dieser Stelle eine große Bedeutung.[441] Das Schaffen einer qualitäts- und kundenorientierten Unternehmungskultur und Begeisterungsfähigkeit kann bereits hier zahlreiche potentielle Problemfälle vermeiden helfen.

Das Element **QS-System** beinhaltet v.a. Inhalte zur Art und Weise der Darlegung der Qualitätssicherung.[442] Die hierbei zur Anwendung kommenden Instrumente des Qualitätsmanagement-Handbuchs sowie der Einsatz von Verfahrens- und Arbeitsanweisungen wurden bereits in Kap 2.2.1.2. diskutiert.[443]

Das Element **Lenkung der Dokumente und Daten** erfordert eine geordnete Handhabung und Aufbewahrung aller qualitätsrelevanten Aufzeichnungen.[444] Diese Forderung steht insbesondere in Zusammenhang mit den oben geschilderten Maßnahmen der Korrektur und Vorbeugung. Kann belegt werden, daß eine Einzelhandelsunternehmung hier geeignete und ausreichende Maßnahmen getroffen hat, bietet ihr dies eine Argumentationshilfe gegen eventuell geäußerte Produkthaftungsansprüche.[445]

Das Element **Interne Qualitätsaudits**[446] schließlich fordert, daß die Handelsunternehmung selbständig interne Überprüfungen ihres Qualitätssicherungs-Systems durchführt und diese aufzeichnet. Dies wird als Garant für den Bestand und die Pflege bestehender Systeme gewertet.

Die letzte Gruppe der Elemente, die den Geschäftsprozeß im Einzelhandel begleiten, sind die unterstützenden Aktivitäten. Die Relevanz der **Prüfmittelüberwachung**[447] für den Einzelhandel ist strittig. Während einige Quellen dieses Element ausschließlich auf technische Meßmittel beschränken, fordern andere dessen Ausdehnung auf Kundenbefragungen und ähnliche Instrumente.[448]

441 Vgl. SCHMIDIGER, M.P. (1996), S. 57. Zu den Wirkungen unterschiedlicher Führungsstile vgl. weiterführend VOSSBEIN, R. (1979), S. 62ff.

442 Vgl. DIN - DEUTSCHES INSTITUT FÜR NORMUNG E.V. (Hrsg., 1994b), S. 8ff.

443 Vgl. hierzu auch DIN - DEUTSCHES INSTITUT FÜR NORMUNG E.V. (Hrsg., 1992a), S. 16.

444 Vgl. DIN - DEUTSCHES INSTITUT FÜR NORMUNG E.V. (Hrsg., 1994b), S. 23f.

445 Vgl. allgemein zur Produkthaftung AHLERT, D./SCHRÖDER, H. (1996), S. 181ff. sowie die dort angegebene Literatur. Die Eignung der ISO-Normen zur Beilegung von Produkthaftungsstreitigkeiten diskutieren ausführlich BAYER, T. (1998), S. 49ff.; GRIEPENTROG, H. (1992), S. 81 und KASSEBOHM, K./MALORNY, C. (1994), S. 701f.

446 Vgl. DIN - DEUTSCHES INSTITUT FÜR NORMUNG E.V. (Hrsg., 1994b), S. 24.

447 Vgl. DIN - DEUTSCHES INSTITUT FÜR NORMUNG E.V. (Hrsg., 1994b), S. 19f.

448 Vgl. die Diskussion in SCHLAUTMANN, C. (1994), S. 10.

Unstrittig ist dagegen die Bedeutung des Elements **Schulung** für die Qualitätssicherung in Unternehmungen des Einzelhandels.[449] Bereits mehrfach wurde auf die große Bedeutung der Fähigkeiten und Fertigkeiten der Mitarbeiter mit Kundenkontakt hingewiesen. Andererseits werden jedoch immer wieder Defekte in der Handelspraxis konstatiert, die etwa eine fehlende Dienstleistungsmentalität und Sozialkompetenz bemängeln.[450] Die Schulungen sollten sich daher nicht nur auf die Norminhalte beschränken, sondern ihren Fokus v.a. auf weitergehende Fortbildungen richten.[451]

Abschließend soll auf die letzte Gruppe der geschäftsprozeßunterstützenden Aktivitäten eingegangen werden. Die Erfassung qualitätsrelevanter Daten erweist sich aufgrund der Mittlerfunktion des Einzelhandels bezüglich der verkauften Sachleistungen als besonders wichtig. Ist die Herkunft der veräußerten Sachleistungen bei Mängeln nicht nachvollziehbar, liegt die Produkthaftung bei der betreffenden Handelsunternehmung.[452] Das Element **Kennzeichnung und Rückverfolgbarkeit von Produkten** soll dies durch Markierung von Sachleistungen verhindern.[453] Ist die Anbringung von Kennzeichen zum Beispiel an Zuschnittware oder auch an Dienstleistungen nicht möglich, ist dies durch geeignete Aufzeichnungen zu kompensieren.

Das Element **Lenkung von Qualitätsaufzeichnungen** schließt sich unmittelbar an die Kennzeichnung an.[454] Es fordert die sichere Aufbewahrung und ständige Verfügbarkeit sämtlicher relevanten Qualitätsaufzeichnungen. Deren Erhebung muß, falls erforderlich, durch gesicherte statistische Methoden erfolgen und laufend aktualisiert werden.[455] Da die konkreten zur Anwendung kommenden Methoden jedoch in der Regel vom Nachfrager vorgegeben werden,[456] ist diesbezüglich im Einzelhandel meist nur ein geringes Aktivitätsniveau interner statistischer Erhebungen notwendig. Es bietet sich allerdings die Chance, unter diesem Element die Durchführung von regelmäßigen Kundenbefragungen zu institutionalisieren und so mittel- und langfristig das Potential für eine Verbesserung der Kundenorientierung zu schaffen.[457]

---

[449] Vgl. DIN - DEUTSCHES INSTITUT FÜR NORMUNG E.V. (Hrsg., 1994b), S. 24.

[450] Vgl. MÜNCHRATH, R. (1995), S. 13ff.

[451] Vgl. DIN - DEUTSCHES INSTITUT FÜR NORMUNG E.V. (Hrsg., 1992a), S. 66.

[452] Vgl. SCHLAUTMANN, C. (1994), S. 10.

[453] Vgl. DIN - DEUTSCHES INSTITUT FÜR NORMUNG E.V. (Hrsg., 1994b), S. 16.

[454] Vgl. DIN - DEUTSCHES INSTITUT FÜR NORMUNG E.V. (Hrsg., 1994b), S. 23f.

[455] Vgl. DIN - DEUTSCHES INSTITUT FÜR NORMUNG E.V. (Hrsg., 1994b), S. 25.

[456] Vgl. LAMPRECHT, J.L. (1996), S. 40.

[457] Vgl. zu diesem Vorschlag BLATZHEIM, U./DEPPISCH, C.-G. (1994), S. 49.

Zusammenfassend kann an dieser Stelle festgehalten werden, daß die intern ausgerichtete materielle Analyse der ISO-Normen am Beispiel des Einzelhandels die Ergebnisse der extern ausgerichteten Analyse bestätigt:

Die Zertifizierung berücksicht die Besonderheiten der qualitätsbezogenen Prozeßstruktur von Einzelhandelsunternehmungen nur zum Teil. Insbesondere jene Teilprozesse, die für die Qualitätswahrnehmung der Nachfrager von Einzelhandelsleistungen als besonders bedeutend beschrieben wurden, wie beispielsweise Beratungsprozesse, finden in den Normen keine Berücksichtigung.

Bevor im folgenden Empfehlungen zur Verminderung dieser Problematik diskutiert werden, sollen die Ergebnisse der zurückliegenden intern ausgerichteten Analysen noch einmal zusammengefaßt werden.

3.4.3. Zwischenfazit zur Analyse interner Wirkungen der ISO-Normen in Einzelhandelsunternehmungen

In der zurückliegenden Untersuchung wurde diskutiert, daß die ISO-Normen in ihrem Vorwort zwar explizit eine verstärkte Nachfragerorientierung durch den Aufbau von Vertrauen proklamieren. In den konkreten Norminhalten findet sich dieser Gedanke jedoch nur selten wieder. Stattdessen fokussieren die Inhalte auf unternehmungsinterne Tätigkeiten und Abläufe, von denen angenommen wird, daß sie Auswirkungen auf die Qualität der unternehmerischen Leistung haben.

Für diese unternehmungsinternen Aktivitäten werden durch Darlegung Organisationsregeln festgeschrieben, die von den betroffenen Mitarbeitern fortan zu befolgen sind. Hinsichtlich der Bewertung von Organisationsregeln formuliert die Konstitutionelle Ökonomik **formale Kriterien**, die ein Effizienzurteil erlauben.

Erstes Bewertungskriterium ist die **Präzision**, mit der in Regeln verbindliche Vorgaben formuliert werden. Je präziser und damit unflexibler die Inhalte von Regeln gestaltet sind, umso weniger lassen sie dem jeweiligen Akteur selbstbestimmbare Gestaltungsspielräume. In dem Maße jedoch, in dem Eigeninitiative und Kreativität durch Regeln unterdrückt wird, werden die Voraussetzungen für qualitäts- und nachfragerorientiertes Verhalten eliminiert:

Die Darlegung von Qualitätsmanagement-Systemen gemäß der ISO-Normen ist als ineffizient zu bezeichnen, weil hierdurch präzise Gebotsregeln formuliert werden, während in einer regelgestützten Organisation nur Verbotsregeln eine effiziente und qualitätsorientierte Gestaltung von Handlungen durch die Mitarbeiter in Einzelhandelsunternehmungen bewirken.

Mit der Forderung nach der Formulierung von Verbotsregeln geht zugleich die Forderung nach deren motivationaler Ausstattung einher. Nur wenn Regeln Anreiz- oder Sanktionsmechanismen beinhalten, können sie eine Motivationsfunktion ausüben, die im Resultat zu pareto-superioren Ergebnissen für alle Beteiligten führt:

Die Darlegung von Qualitätsmanagement-Systemen gemäß der ISO-Normen ist als ineffizient zu bezeichnen, weil hierbei Motivationsaspekte vernachlässigt werden, während in einer regelgestützten Organisation nur eine integrierte Berücksichtigung von Koordinations- und Motivationsaspekten eine anreizeffiziente und qualitätsorientierte Gestaltung von Handlungen durch die Mitarbeiter in Einzelhandelsunternehmungen bewirkt.

Die Motivationsaspekte organisatorischer Überlegungen konkretisieren sich mit Bezug auf Regeln in der Frage nach der Berücksichtigung der Interessen aller Akteure bei ihrer Formulierung. Da einstimmige Entscheidungen insbesondere bei größeren Gruppen unwahrscheinlich sind, schlägt die Konstitutionelle Ökonomik ersatzweise den hypothetischen Konsenstest als Indikator für die Effizienz von Regeln vor:

Die Darlegung von Qualitätsmanagement-Systemen gemäß der ISO-Normen ist als ineffizient zu bezeichnen, weil sie einem hypothetischen Konsenstest nicht standhält, obwohl dies als notwendige Voraussetzung für eine effiziente regelgestützte Organisation beschrieben wird.

Basierend auf der Erkenntnis, daß die ISO-Norm vorwiegend auf eine Betrachtung von Prozessen fokussiert, wurde in einem weiteren Untersuchungsschritt gefragt, ob die ISO-Normen in materieller Hinsicht geeignet erscheinen, die Prozeßstruktur von Unternehmungen des Einzelhandels abzudecken. Ein Abgleich der Prozeßstruktur von Einzelhandelsunternehmungen mit den Inhalten der ISO 9001 brachte das folgende Ergebnis:

Die ISO-Normen vernachlässigen Teilaspekte des qualitätsrelevanten Geschäftsprozesses von Einzelhandelsunternehmungen, weil sie überwiegend auf die Vertragsgestaltung und die Erstellung materieller Leistungen fokussie-

ren, während ein Geschäftsprozeß im Einzelhandel neben Stufen der Erstellung materieller Leistungen auch die Erstellung immaterieller Leistungen, wie beispielsweise Beratungsleistungen beinhaltet.

Diese Erkenntnisse stützen die negativen Ergebnisse der Analyse externer Wirkungen der ISO-Normen im Einzelhandel.[458] **Es kann somit festgehalten werden, daß die ISO-Zertifizierung weder in externer noch in interner Sicht geeignet erscheint, die selbstgesteckten Zielsetzungen zu erreichen. Die in der übergeordneten Fragestellung unterstellte These, daß die Zertifizierung keine effiziente Qualitätssicherung gewährleistet, kann somit aus institutionenökonomischer Betrachtung als bestätigt betrachtet werden.**

Im Sinne **praktisch-normativer Erkenntnisse** sollen im folgenden aus den obigen Ergebnissen Implikationen abgeleitet werden, wie die Inhalte der ISO-Normen bzw. der Umgang mit ihnen verändert werden sollte, um zu effizienten Wirkungen zu gelangen.

458 Vgl. zusammenfassend Kapitel 3.3.3., S. 98f.

4. IMPLIKATIONEN

In der vorangegangenen Analyse sind zahlreiche Mängel der 9000er-Normenfamilie hinsichtlich einer Installation effizienter Qualitätssicherungs-Systeme identifiziert und erklärt worden. Die gewonnenen Erkenntnisse beinhalten über ihre bloße Explikation hinaus wertvolle Informationen für die **normschaffenden Institutionen**.

Gegenwärtig befinden sich die ISO-Normen in einer Überarbeitungsphase.[459] Zum Beginn des kommenden Jahrtausends sollen die Entwürfe für eine **Langzeitrevision** vorliegen und zur Diskussion gestellt werden. Neben der Zielsetzung einer Eindämmung der festzustellenden 'Inflation' ergänzender, meist jedoch unverbindlicher und häufig wenig nutzenstiftender Normen, wird mit der Revision vor allem die Absicht einer stärkeren Fokussierung auf ein ganzheitliches Qualitätsmanagement verfolgt.[460]

Wie bereits in Abb. 5 veranschaulicht worden ist, stellen **Systeme des ganzheitlichen Qualitätsmanagements** den State-of-the-art der Handhabung von Qualität dar. Entstanden sind sie weitgehend isoliert von den ISO-Normen. Daraus folgt, daß ganzheitliche Qualitätsmanagement-Systeme nicht zwangsläufig auf der Zertifizierung aufbauen oder diese gar ablösen. Vielmehr werden die Normen häufig parallel angewandt oder als Voraussetzung eines ganzheitlichen Qualitätsmanagements beschrieben.[461]

Als maßgebliche Orientierungsgrößen des ganzheitlichen Qualitätsmanagements werden in der Literatur vielmehr die Nebenbedingungen **Nachfrager-, Mitarbeiter- und Prozeßorientierung** diskutiert.[462] Diese fanden auch schon in der vorangegangenen Analyse implizit Berücksichtigung. Analog zum Aufbau der Analyse sollen auch die folgenden Ausführungen in externe, vertragsökonomisch gestützte Implikationen und interne, regelökonomisch gestützte Implikationen differenziert werden:

---

459 Vgl. hierzu auch Kapitel 1.1., S. 1ff.

460 Vgl. CAMPBELL, I. (1996), S. 1126 und PETRICK, K. (1996), o.S.

461 Verschiedene Autoren beschreiben, wie Qualitätssicherungs-Systeme zu ganzheitlichen Qualitätsmanagement-Systemen weiterentwickelt werden können (vgl. z.B. BRUNNER, F.J. (1997), S. 1123ff.; DÖTTINGER, K./KLAIBER, E. (1995), S. 260ff.; HANSEN, W. (1997), S. 98ff.; RESCHENDER, K. (1996), S. 12ff.; SCHÖNBACH, G. (1998), S. 16f. und SEGHEZZI, H.D./DAHLEM, S. (1997), S. 553).

462 Vgl. ausführlich MEFFERT, H. (1995), S. 21 und SCHILDKNECHT, R. (1992), S. 81f. Nebenbedingungen unterscheiden sich von den eigentlichen Zielsetzungen und Methoden darin, daß sie weder unmittelbar quantifizierbar bzw. qualifizierbar sind, noch einen eigenen Mittelcharakter aufweisen. Sie stellen vielmehr einen Filter zur Überprüfung der Orientierung von Zielsystem und Mitteleinsatz an bestimmten Vorgaben dar. Vgl. SCHENK, H.-O. (1997a), S. 26f., der dies am Beispiel der Nebenbedingung ‚Kundenorientierung im Handel' diskutiert.

- Wenn im folgenden Empfehlungen zur **Berücksichtigung vertragsökonomischer Erkenntnisse** in den ISO-Normen formuliert werden (Kapitel 4.1.), so liegen diesen auch nachfragerorientierte Überlegungen zugrunde.
- Im Hinblick auf Empfehlungen zur **Berücksichtigung regelökonomischer Erkenntnisse** (Kapitel 4.2.) werden dagegen organisatorische (mitarbeiter- und prozeßorientierte) Gesichtpunkte Berücksichtigung finden.

4.1. Berücksichtigung vertragsökonomischer Erkenntnisse in einer Revision der ISO-Normen

Die Generierung von Empfehlungen für eine Revision der ISO-Normen aus vertragsökonomischer Sicht setzt unmittelbar an den in identifizierten Mängeln an. Das dort identifizierte Hauptproblem liegt darin begründet, daß Einzelhandelsunternehmungen die Zertifizierung anstreben, für die dies aus vertragstheoretischer Betrachtungsperspektive nicht effizient erscheint. Folglich kann von jenen Unternehmungen auch keine positive Marktreaktion auf das Zertifikat, beispielsweise in Form einer höheren Kaufbereitschaft seitens der Nachfrager, erwartet werden. Es sind daher Vorschläge zu erarbeiten, die sicherstellen, daß die betroffenen Unternehmungen **Informationen über den Effizienzraum der ISO-Zertifizierung** erhalten.

Diese Erkenntnis allein läßt jedoch noch keine Aussage zu dem generellen Wert der ISO-Zertifizierung für eine Unternehmung zu. In der Literatur gilt es vielmehr als weitgehend gesicherte Erkenntnis, daß Zertifkate einen positiven Beitrag zur Einschätzung der Qualität einer Leistung bieten können. Unter Berücksichtigung dieser Annahme kann somit auch eine **Ausdehnung des Effizienzraums der Zertifizierung** auf weitere Transaktionen als sinnvoll betrachtet werden. Es sollten daher Vorschläge generiert werden, wie die Zertifizierung für solche Anwendungsfälle, die vormals außerhalb des Effizienzraums lagen[463], effizient werden könnte.

---

463 In Kapitel 3.3.1.4., S. 72ff. wurde die Zertifizierung insbesondere für solche Einzelhandelsunternehmungen als ineffizient bezeichnet, die Güter des häufigen Bedarfs, wie etwa Lebensmittel anbieten.

4.1.1. Beschränkung der ISO-Zertifizierung auf ihren vertragsökonomischen Effizienzraum

Die Empfehlungen zur Vermeidung einer Zertifizierung von Einzelhandelsunternehmungen, für die dies aus vertragsökonomischer Sicht ineffizient erscheint, lassen sich wie in Abb. 23 dargestellt gliedern.

Abb. 23: Ansätze einer Beschränkung der ISO-Zertifizierung auf ihren vertragsökonomischen Effizienzraum

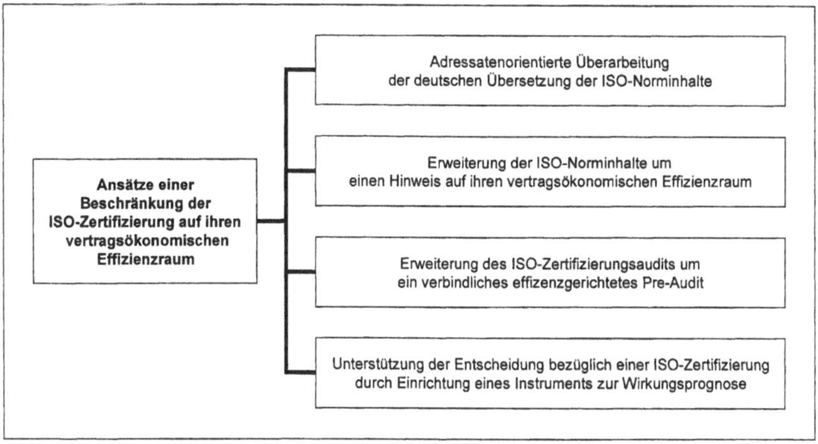

Quelle: Eigene Abbildung.

Im folgenden werden die mit den einzelnen Ansätzen verbundenen Gestaltungsvorschläge präsentiert und Hinweise für ihre Implementierung in die ISO-Normen formuliert.

4.1.1.1. Adressatenorientierte Überarbeitung der deutschen Übersetzung der ISO-Norminhalte

Eine notwendige Voraussetzung einer effizienten Anwendung der ISO-Normen im Einzelhandel besteht in einer **verständlichen Formulierung der Norminhalte**. Sowohl die grundsätzliche Entscheidung bezüglich einer Zertifizierung als auch deren Umsetzung wird hierdurch determiniert.

Dieser Forderung laufen zwei Erkenntnisse der vorangegangenen Analyse entgegen:

- Zum einen wurde konstatiert, daß die **Norminhalte unverbindlich formuliert** sind und deshalb fehlinterpretiert werden könnten.[464] Als Reaktion hierauf verzichten zahlreiche Anwender auf eine Kenntnisnahme der Originaltexte und greifen auf Sekundärquellen zurück, deren Inhalte jedoch oft durch die subjektive Sicht ihres Verfassers beeinflußt werden.

- Zum anderen wird den ISO-Normen häufig vorgeworfen, daß die enthaltenen Formulierungen **Schwächen sowohl sprachlicher Natur als auch bezüglich ihrer Wortwahl** aufweisen. Zurückgeführt wird dies auf die größtenteils wörtliche Übersetzung der englischsprachigen und originär industrie- und technikorientierten Inhalte.[465] Den Anforderungen einer leserorientierten Gestaltung wird damit nicht Rechnung getragen.

Bevor im folgenden konkrete Vorschläge zur formalen und materiellen Revision der ISO-Normen unterbreitet werden, ist zunächst die dringliche Empfehlung auszusprechen, die bestehenden deutschen Übersetzungen der Normen sowohl hinsichtlich ihrer Formulierungen als auch im Hinblick auf ihre redaktionelle Darstellung zu überarbeiten. Die Zielsetzung sollte in einer **leser- und lesefreundlicheren Gestaltung der Normentexte** bestehen, um den Anwendern die Kenntnisnahme und das Verständnis der Originaltexte zu erleichtern, und so die Gefahr einer Fehlinterpretation durch deren Nichtbeachtung zu mindern.

Ein Ansatzpunkt zur operativen Umsetzung dieser Empfehlung würde darin bestehen, den Inhalt der ISO-Normen auf ein praktikables Minimum zu reduzieren und ihnen **offizielle Erläuterungen anbeizustellen**. Diese Erläuterungen könnten derart gestaltet sein, daß sie allein einen allgemeinen Einstieg in die Thematik der Qualitätssicherung bieten. Jene Unternehmungen, die sich auf dieser Basis dazu entschließen, das Zertifikat anzustreben, sollten dann die konkreten Norminhalte zur Kenntnis nehmen.

---

464 WOLF weist darauf hin, daß die Unverbindlichkeit der ISO-Normen nicht nur die betroffenen Unternehmungen zu Fehlinterpretationen verleitet, sondern zunehmend auch die Auditoren zu einer eigenen Auslegung der Norminhalte veranlaßt (vgl. WOLF, G. (1996), S. 11).

465 Vgl. WAGNER, H. (1996), o.S. und WOLF, S. (1997), S. 142.

4.1.1.2. Erweiterung der ISO-Norminhalte um einen Hinweis auf ihren vertragsökonomischen Effizienzraum

Gegenwärtig kann die ISO-Zertifizierung aus vertragsökonomischer Sicht lediglich dann als effizient bezeichnet werden, wenn sie als Form der Selbstbindung im Rahmen neoklassischer Verträge zur Anwendung kommt. Aufgrund der augenscheinlichen Intransparenz über diese Einschränkung seitens der Anwender streben allerdings auch zahlreiche weitere Einzelhandelsunternehmungen das Zertifikat an, obwohl es für sie ineffizient ist. Dies überrascht zunächst, wenn in Betracht gezogen wird, daß in den Normtexten Hinweise auf den Effizienzbereich der Zertifizierung zu finden sind.[466]

Solange die ISO-Normen in ihrer gegenwärtigen Form Bestand haben und die Voraussetzungen für eine Kennzeichnung weiterer effizienter Anwendungsfelder einer Zertifizierung nicht erfüllt sind, ist an die normschaffenden Institutionen die Empfehlung zu richten, die Formulierungen der Norminhalte um einen **deutlichen Hinweis auf den vertragsökonomischen Effizienzraum** zu ergänzen. Der Hinweis sollte derart gestaltet sein, daß es jeder Unternehmung möglich ist, die von ihr ausgeübten Transaktionen jenen gegenüber zu stellen, für die eine Zertifizierung effizient ist. Das in dieser Arbeit entwickelte Klassifizierungsmodell stellt eine Möglichkeit für ein solches Vorgehen dar. Mit entsprechenden Erläuterungen kann es für alle Branchen und Wertschöpfungsstufen angewendet werden und korrespondiert so mit den Anspruch der ISO-Normen auf Allgemeingültigkeit.

4.1.1.3. Erweiterung des ISO-Zertifizierungsaudits um ein verbindliches effizienzgerichtetes Pre-Audit

Eine noch wirkungsvollere Vorgehensweise und ein verbesserter Schutz vor Fehlinterpretationen und hiermit einhergehenden Fehlinvestitionen würde darin bestehen, anstelle der Unternehmungen den Zertifizierungsgesellschaften die grundsätzliche Pflicht einer Effizienzprüfung der ISO-Zertifizierung aufzuerlegen. In diesem Sinne ist eine Regelung zu empfehlen, welche die akkreditierten Gesellschaften verpflichtet, <u>vor</u> Vertragsabschluß[467] mit einer Unternehmung deren effizienzgerichtete **Eignung für die Zertifizierung einem Pre-Audit zu unterziehen** und dessen Ergebnis

---

466 Vgl. DIN - DEUTSCHES INSTITUT FÜR NORMUNG E.V. (Hrsg., 1994b), S. 5f.

467 Vgl. zur Einordnung des Vertragsabschlusses in die Phasen zur Erlangung des ISO-Zertifikats auch Abb. 8.

schriftlich zu bestätigen. Instrumentelle Grundlage des Audits könnte auch hier das in dieser Arbeit entwickelte Klassifizierungsmodell sein. Dessen Einbindung in den Zertifizierungsprozeß würde zugleich die Chance für eine grundlegende Neustrukturierung des Auditierungs- und Zertifizierungswesens eröffnen, dem verschiedentlich eine unstrukturierte und zum Teil eigenwillige Gestaltung durch die Zertifizierungsgesellschaften vorgeworfen wird.[468]

Ob die erfolgreiche Effizienzprüfung eine **notwendige Voraussetzung für eine anschließende Zertifizierung** sein sollte oder ob interessierte Unternehmungen sich trotz fehlender Effizienz anschließend dennoch freiwillig einem Zertifizierungsaudit unterziehen können, ist von den weitergehenden Zielsetzungen einer solchen Beschränkung abhängig zu machen.

Der zwingende Vorweis einer Effizienz würde aus **Sicht der Nachfrager** den Vorteil bieten, daß für sie zukünftig ein Teil der Kosten für Informationsbeschaffung entfallen würde. Sie könnten sicher sein, daß nur noch jene Unternehmungen das Zertifikat erhalten, die Transaktionen ausüben, hinsichtlich derer für den Nachfrager potentielle Transaktionskostenersparnisse resultieren.

Aus **Sicht der anbietenden Unternehmung** muß jedoch die Beschränkung der Zertifizierungsmöglichkeit zum gegenwärtigen Zeitpunkt kritisch beurteilt werden. Angesichts der großen Anzahl an Mitanbietern, die in der Vergangenheit das Zertifikat ohne verpflichtendes Pre-Audit erworben haben, würde für die aktuell zertifizierungsinteressierten Unternehmungen ein Wettbewerbsnachteil entstehen. Beim Nachfrager könnte der Eindruck auftreten, daß der betreffenden Unternehmung das Zertifikat aufgrund qualitätsbezogener Mängel nicht erteilt worden ist. Darüberhinaus stellt die Forderung von gewerblichen Nachfragern nach dem ISO-Zertifikat in einigen Branchen und insbesondere bei öffentlichen Ausschreibungen, ungeachtet der Effizienz, immer noch den wesentlichen Anreiz zur Zertifizierung für zahlreiche Unternehmungen dar. Die Zertifizierung auf jene Anwendungsfälle zu beschränken, für die dies effizient ist, könnte zugleich das Ausscheiden der betroffenen Unternehmungen aus dem Wettbewerb zur Folge haben. Nicht zuletzt aus diesem Grund muß die Empfehlung gegeben werden, die eigentliche **Zertifizierung von der vorhergehenden Effizienzprüfung zu entkoppeln** und deren Ergebnis lediglich als Information für die betreffende Unternehmung zu werten. Welche Schlüsse diese hieraus zieht, liegt dann in ihrer Eigenverantwortung.

---

[468] Vgl. z.B. WOLF, G. (1996), S. 11.

4.1.1.4. Unterstützung der Entscheidung bezüglich einer ISO-Zertifizierung durch Einrichtung eines Instruments zur Wirkungsprognose

Aus einer Beschränkung der Zertifizierung auf solche Unternehmungen, für die diese nach Prüfung effizient erscheint, resultiert nicht zwangsläufig eine anbieterseitige Verringerung der anfallenden Transaktionskosten. Im Gegenteil muß eine Unternehmung damit rechnen, daß ihre **Transaktionskosten nach der ISO-Zertifizierung ansteigen** werden und lediglich der nachfragende Transaktionspartner durch Senkung seiner Anbahnungs- und Kontrollkosten unmittelbar profitiert.[469]

Unberücksichtigt bleiben in dieser Rechnung zunächst sowohl **Erlösanstiege** durch potentielle zertifikatbedingte Absatzsteigerungen als auch die direkten und indirekten **Kosten des Zertifikaterwerbs**. Für eine Unternehmung, die sich mit einer möglichen ISO-Zertifizierung beschäftigt, sind jedoch gerade diese Informationen von großer Bedeutung für eine auf ökonomischen Kalkülen im Sinne einer Investitionsrechung basierende Entscheidung. Eine ex ante-Quantifizierung der zu erwartenden wirtschaftlichen Konsequenzen erscheint jedoch für eine individuelle Unternehmung äußerst aufwendig bzw. aufgrund kaum abschätzbarer Irradiationseffekte anderer, insbesondere qualitätsgerichteter Maßnahmen sogar unmöglich.

Die Anzahl zertifizierter Unternehmungen ist jedoch inzwischen so groß, daß ein umfangreicher Erfahrungsschatz vorliegt. Eine Lösung des geschilderten Dilemmas könnte die Entwicklung eines Instrumentariums darstellen, das aus den **Erfahrungswerten bereits zertifizierter Unternehmungen** gespeist und durch die jeweiligen Zertifizierungsgesellschaften oder auch eine Zentralinstanz, wie etwa das Deutsche Institut für Normung bzw. die Deutsche Gesellschaft für Qualität, gepflegt wird. Ein Vorbild für die Entwicklung könnten beispielsweise die Betriebsvergleiche sein, die vom Institut für Handelsforschung der Universität Köln für verschiedene Bereiche des Handels durchgeführt werden.[470]

Ein nicht zu vernachlässigender Problembereich bei der Einrichtung eines solchen Instrumentariums ist allerdings in der Beschaffung der benötigten Informationen zu sehen. Um einen angenommenen Wettbewerbsvorteil zu bewahren oder auch um eventuelle Fehlinvestitionen nicht einzugestehen, werden zahlreiche Unternehmungen nicht bereit sein, Informationen über die wirtschaftlichen Konsequenzen ihrer Zertifizierung weiterzugeben. Hier muß gefragt werden, ob mit der Vergabe des Zer-

---

469 Vgl. hierzu Kapitel 3.3.1.5., S. 77ff.

470 Vgl. MÜLLER-HAGEDORN, L. (1998), S. 626ff.

tifikats zugleich eine **Verpflichtung zur Offenlegung** der relevanten Informationen verbunden werden kann. Dies würde zudem in Einklang mit einer generellen Zielsetzung der ISO-Norm stehen. Diese beinhaltet weniger die Entwicklung eines Profilierungsinstruments für einzelne Unternehmungen als vielmehr die Förderung und Erleichterung der gesamtwirtschaftlichen Beziehungen. Ein protektionistisches Verhalten einzelner Unternehmungen würde diesem Ziel abträglich sein.

4.1.2. Erweiterung des vertragsökonomischen Effizienzraums der ISO-Zertifizierung

Wird angestrebt, die ISO-Zertifizierung auch für Transaktionen außerhalb des Effizienzraums effizient zu gestalten, so erfordert dies weitergehende **inhaltliche Veränderungen der ISO-Normen**. Hierbei bieten sich verschiedene Vorgehensweisen an, die sich in die in Abb. 24 dargestellten Gruppen einordnen lassen.

Abb. 24: Ansätze einer Ausdehnung des Effizienzraums der ISO-Zertifizierung

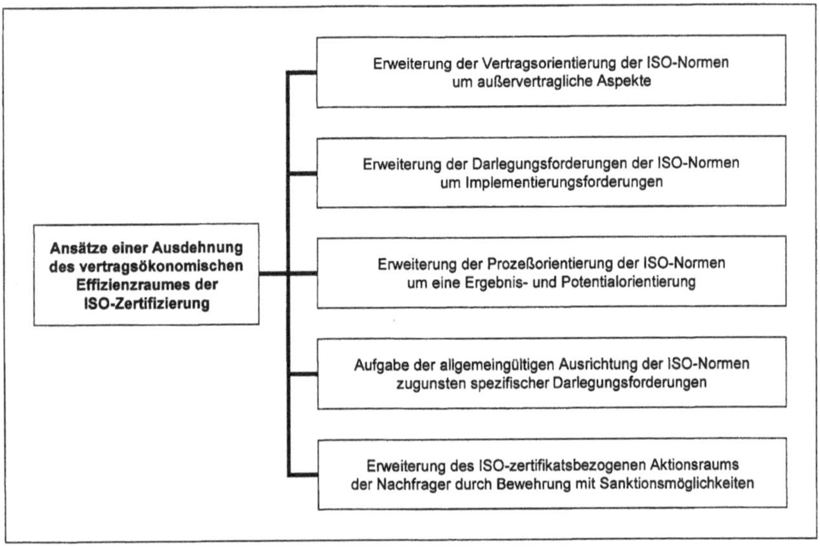

Quelle: Eigene Abbildung.

Im folgenden werden die hinter den einzelnen Ansätzen stehenden Ideen vorgestellt und Vorschläge für ihre mögliche Implementierung in die ISO-Normen diskutiert.

4.1.2.1. Erweiterung der Vertragsorientierung der ISO-Normen um außervertragliche Aspekte

Im Rahmen der materiellen Analyse ihrer externen Ausrichtung wurde der Mangel konstatiert, daß die ISO-Normen jene für die Qualitätswahrnehmung und -beurteilung durch die Nachfrager insbesondere im Einzelhandel relevanten **außervertraglichen Teilleistungen** nahezu vollständig vernachlässigen. Zurückgeführt wurde dies auf die norm-inhärente Beschränkung auf solche Leistungen, deren Ausgestaltung in Form von detaillierten Leistungsangaben des Nachfragers vertraglich fixiert ist.

Im Sinne der Zielsetzung einer Ausdehnung des Effizienzraums ist die Empfehlung auszusprechen, die ISO-Normen um Darlegungsforderungen zu nicht vertraglich fixierten Merkmalen der Leistungserstellung zu erweitern. Die auf Interaktions-, Performance-, Werbe- und tangible Merkmale gerichteten Bedürfnisse und Wünsche werden von den Nachfragern jedoch meist nicht explizit artikuliert und häufig auch nicht transaktionsbezogen ausgerichtet sein. Vielmehr werden sie implizit vorausgesetzt. Lediglich Mängel oder gänzliches Fehlen solcher Merkmale werden mit Abschlägen in der Qualitätsbeurteilung belegt.[471]

Im Gegensatz zu den vertraglich fixierten Leistungsforderungen ist an dieser Stelle eine eigenständige **Informationsbeschaffung** durch die Einzelhandelsunternehmung erforderlich, die über das klassische Beratungs- und Verkaufsgespräch hinausgeht. Dabei sind neben Informationen zur Notwendigkeit vor allem solche zur Wirkung außervertraglicher Leistungen wünschenswert, da vom Nachfrager bezüglich außervertraglicher Leistungen noch weniger ein Feedback zu erwarten ist als bei entgeltlichen Sach- und Dienstleistungen.

Mit Blick auf die ISO-Normen ist die Empfehlung auszusprechen, die Darlegungsforderungen um Elemente zu ergänzen, die das **nachfragergerichtete Informationsbeschaffungs-, Informationsverarbeitungs- und Informationsumsetzungsverhalten** insbesondere mit Fokus auf außervertragliche Leistungen dokumentieren. Anhand dessen könnte auch der private Nachfrager sich ein Bild darüber verschaffen, welche Anstrengungen eine Einzelhandelsunternehmung unternimmt, um ihren Marktauftritt möglichst nachfragerorientiert auszurichten und beispielsweise das Einkaufserlebnis angenehm zu gestalten.

---

[471] An dieser Stelle ist ergänzend darauf hinzuweisen, daß der Umfang der vom Nachfrager erwarteten außervertraglichen Leistungen in Abhängigkeit vom jeweiligen Betriebstyp und Betreibungskonzept variieren wird. Vgl. hierzu auch Kapitel 3.3.2.2., S. 86ff.

4.1.2.2. Erweiterung der Darlegungsforderungen der ISO-Normen um Implementierungsforderungen

Eng mit der vorangegangenen Empfehlung verknüpft ist jene einer Erweiterung der Darlegungsforderungen der ISO-Normen um **Implementierungsforderungen**. Im Sinne eines Gestaltungsleitfadens erscheint die Formulierung von Vorschlägen zur Implementierung von Instrumenten des Qualitätsmanagements sinnvoll. Wie diese Arbeit gezeigt hat, weisen gerade Handelsunternehmungen in diesem Bereich erhebliche Defizite auf. Zwar sind dort zahlreiche Instrumente bekannt, eine entsprechende Umsetzung findet jedoch nicht statt. Zurückzuführen ist dies unter anderem auf den geringen Handelsbezug einiger Instrumente, der ihre Anwendung erschwert oder gar verhindert.

In diesem Zusammenhang könnten die ISO-Normen die Rolle eines **innovativen Ratgebers** übernehmen, der den interessierten Unternehmungen ein Set an Instrumenten vorstellt und eine Auswahl hieraus unterstützt. Für die Zertifizierung wäre dann ein quantitativ und/oder qualitativ ausgerichtetes Bewertungsraster zu entwikkeln, welches eine Evaluation der Erreichung eines **vorgegebenen Aktivitätsniveaus** in verschiedenen, vorab definierten Anwendungsfeldern des Qualitätsmanagements vornimmt.

Einen Schritt in diese Richtung stellt **ISO 9004 Teil 2** dar. Diese beinhaltet ausgewählte Vorschläge zur Berücksichtigung der Nebenbedingungen eines ganzheitlichen Qualitätsmanagements in Dienstleistungsunternehmungen. Mit den erwähnten Einschränkungen wäre sie auch für Einzelhandelsunternehmungen anwendbar.[472] Ein Effizienzproblem der ISO 9004 Teil 2 besteht jedoch gegenwärtig darin, daß sie lediglich **unverbindlichen Charakter** hat. Eine Einzelhandelsunternehmung <u>kann</u> Inhalte dieser Norm umsetzen, <u>ob</u> dies jedoch geschieht und <u>ob</u> dieses Vorhaben erfolgreich ist, wird für den externen Interessenten nicht deutlich, weil keine entsprechenden Darlegungsforderungen existieren.

In einer ersten Stufe ist daher die Empfehlung auszusprechen, ISO 9004 Teil 2 in den **Status eines Darlegungsmodells** zu überführen, indem entweder eine entsprechende Zertifizierung oder zumindest eine darlegungsfähige Ergänzung der drei

---

472 In Kapitel 3.3.2.2., S. 86ff. wird begründet, warum Einzelhandelsunternehmungen - entgegen einiger anderslautender Literaturmeinungen - nicht als reine Dienstleistungsunternehmungen interpretiert werden sollten. Vielmehr sind sie als eine Kombination aus Sachleistungs- und Dienstleistungsunternehmungen mit einer stark nachfragerorientierten Ausrichtung anzusehen. Vgl. hierzu auch WOLF, S. (1997), S. 173.

bisherigen Modelle um ihre Inhalte ermöglicht wird. In einer zweiten Stufe sollten dann Überlegungen angestellt werden, wie die **Inhalte der ISO 9001-9003 im Sinne der weiterführenden Gestaltungsempfehlungen mit denen ergänzender Normen kombiniert** werden können, um die Zertifizierung schließlich als ein ganzheitliches Qualitätsmanagement-System zu positionieren, ohne dabei die existente Notwendigkeit der Qualitätssicherung bzw. der Qualitätsmanagement-Darlegung zu vernachlässigen.

4.1.2.3. Erweiterung der Prozeßorientierung der ISO-Normen um eine Ergebnis- und Potentialorientierung

Einen wichtigen Schritt zu einem ganzheitlichen Qualitätsmanagement würde auch die Orientierung der ISO-Normen an einem **ganzheitlichen Qualitätsbegriff** darstellen. Wie konstatiert wurde, reduziert ISO 9001 weitestgehend auf eine Betrachtung von Prozessen, genügt aber auch in diesem Zusammenhang nicht dem Anspruch der Vollständigkeit. Die dieser Fokussierung zugrunde liegende Annahme suggeriert, daß für den Nachfrager ein mängelfreier Ablauf unternehmerischer Prozesse gleichbedeutend mit der Erstellung anforderungsgerechter Leistungen ist. Insbesondere im Einzelhandel, in dem individuelle Leistungsanforderungen vor der Leistungserstellung häufig nicht bekannt sind, erscheint die Realitätsnähe dieser Annahme fraglich. Es ist daher die Empfehlung auszusprechen, neben der Konzentration auf die Qualität der Leistungserstellungsprozesse die Behandlung der **Dimensionen Potential- und Ergebnisqualität als Element in die Darlegungsforderungen** zu integrieren.

Unter **Potentialqualität** wird in der Literatur die "Leistungsfähigkeit von Menschen und Maschinen" verstanden.[473] Insbesondere hinsichtlich des für den Einzelhandel immens wichtigen Faktors Personal sollten in den ISO-Normen über die in Element 4.20 dokumentierte Feststellung von Schulungsbedarf hinaus Darlegungsforderungen bezüglich der **Personalbeschaffung und -führung** beinhaltet sein. Geringere Bedeutung wird dagegen die Potentialqualität von klassischen Produktionsgütern haben, da - mit Ausnahme von Handelsmarken - von Einzelhandelsunternehmungen kaum eine Produktion von Leistungen im industriellen Sinne vorgenommen wird.

---

473 Vgl. am Beispiel von Dienstleistungsunternehmungen zusammenfassend HENTSCHEL, B. (1992), S. 19f.

Hinsichtlich einer Handhabung der **Ergebnisqualität** beinhalten die ISO-Normen zwar bereits einige Darlegungsforderungen. Diese beziehen sich jedoch insbesondere auf die Anforderungsgerechtigkeit von Leistungen.[474] Da diese jedoch - wie bereits festgestellt - der Einzelhandelsunternehmung vor Leistungserstellung häufig nicht bekannt ist, schließt sich an dieser Stelle die schon oben formulierte Empfehlung einer Darlegung von Aktivitäten der **Informationsbeschaffung** über den zunächst noch anonymen Nachfrager an.

4.1.2.4. Aufgabe der allgemeingültigen Ausrichtung der ISO-Normen zugunsten spezifischer Darlegungsforderungen

Wie in den obigen Ansätzen offensichtlich geworden ist, kumulieren die einzelnen Empfehlungen in einer gemeinsamen Botschaft: Die gleichzeitige Berücksichtigung nachfrager- und unternehmungsseitiger Belange im Rahmen der Zertifizierung bedarf in vertragsökonomischer Betrachtung einer Konkretisierung der allgemeingültigen Ausrichtung der ISO-Normen um **branchen- und/oder wertschöpfungsstufenspezifische Inhalte**.

Am Beispiel des Einzelhandels könnte diese Empfehlung darin resultieren, daß die Besonderheiten der nachfragerorientierten Prozeßstruktur ebenso Berücksichtigung finden, wie die relevanten Leistungsbeurteilungsgrößen der Akteure. Damit die Darlegung dieser unterschiedlichen Faktoren möglichst konkret und fallbezogen erfolgen kann, ist eine Kombination von **element-, bereichs- und prozeßspezifischem Vorgehen** zu empfehlen.[475] Dieser Vorschlag beinhaltet den Vorteil, daß bei einer bereichs- oder prozeßorientierten Vorgehensweise die Integration der betroffenen Mitarbeiter in die Aufnahme erleichtert wird, und deren Fachwissen so optimal genutzt werden kann. Allerdings birgt dies auch die Gefahr, daß ineffiziente Unternehmungsstrukturen verfestigt werden.[476] Die Vermeidung dieser Problematik stellt zugleich auch den größten Vorteil des elementspezifischen Vorgehens dar. Effizienzmindernde Schnittstellen werden identifiziert und können vor ihrer Darlegung einer Restrukturierung unterzogen werden.[477]

---

474 Vgl. z.B. DIN - DEUTSCHES INSTITUT FÜR NORMUNG E.V. (Hrsg., 1994), S. 17f. und S. 21.

475 Vgl. zu dieser Empfehlung ausführlich BIRKHOFER, B. (1996), S. 146ff.

476 Vgl. BIRKHOFER, B. (1996), S. 144f.

477 Vgl. BIRKHOFER, B. (1996), S. 145.

Durch die **Kombination der Vorgehensweisen** kann es gelingen, insbesondere jene Tätigkeiten, die Bestandteil des Geschäftsprozesses sind und damit vom Nachfrager direkt wahrgenommen werden, aufeinander abzustimmen, Schnittstellendefekte zu beseitigen und das optimierte Ergebnis anschließend prozeßspezifisch darzulegen. Hinsichtlich der derivativen betriebswirtschaftlichen Systeme, die außerhalb des Wahrnehmungsfelds der Nachfrager liegen, scheint eine funktionale Struktur weiterhin sinnvoll, die dann eine elementspezifische Darlegung geeignet erscheinen läßt.

4.1.2.5. Erweiterung des ISO-zertifikatsbezogenen Aktionsraums der Nachfrager durch Bewehrung mit Sanktionsmöglichkeiten

Die durch eine Berücksichtigung der obigen Empfehlungen im Rahmen einer Revision der ISO-Normen deutlich werdenden Verbesserungspotentiale scheinen erheblich zu sein. Offen geblieben ist in diesem Zusammenhang jedoch bisher, welchen **Anreiz** eine Unternehmung haben sollte, die hieraus resultierenden Anstrengungen und vor allem Kosten mit aller Konsequenz auf sich zu nehmen. Wie beschrieben wurde, besteht die einzige Motivation für eine zertifizierte Unternehmung, sich tatsächlich entsprechend ihrer Qualitätsmanagement-Darlegung zu verhalten, in regelmäßigen Wiederholungsaudits. Ob den niedergelegten Arbeits- und Verfahrensanweisungen auch in den Zeiträumen zwischen den Audits Folge geleistet wird, unterliegt keiner Kontrolle.

Eine Möglichkeit, diesen potentiellen Mangel zu beheben, könnte darin bestehen, die Nachfrager zertifizierter Unternehmungen mit negativen Anreizen in Form eines **Sanktionspotentials** zu bewehren.[478] Bisher beschränkt sich der Aktionsraum der Nachfrager bezüglich der ISO-Zertifizierung auf die Gewährung einer Einsicht in das Qualitätsmanagement-Handbuch.[479] Diese Möglichkeit sowie das Sanktionsinstrument einer zukünftigen Kaufverweigerung könnten beispielsweise durch eine mit der Erteilung des Zertifikats verbundene explizite Aufforderung ergänzt werden, Mängel hinsichtlich einer der oben genannten Qualitätsdimensionen an die Zertifizierungsgesellschaft oder eine andere Zentralinstanz zu melden. Ebenso wäre eine regelmäßige Befragung ausgewählter Nachfrager zu qualitätsrelevanten Aspekten denkbar,

---

[478] Die Selbstbindung der Unternehmungen durch Zertifizierungsaudits wird so, entsprechend der Forderung der Vertragsökonomik, durch einen negativen Anreiz ergänzt (vgl. hierzu auch WOLFF, B. (1994), S. 49).

[479] Vgl. Kapitel 2.2.1.2., S. 31ff.

um Aussagen zum normenkonformen Verhalten der zertifizierten Unternehmungen zu erhalten. Sofern die Anschriften der zu befragenden Nachfrager bekannt sind, könnte eine solche Aktion schriftlich ablaufen, während in solchen Betriebsformen, in denen der individuelle Nachfrager gewöhnlich nicht bekannt ist, eine mündliche Befragung in der Einkaufsstätte notwendig wäre.

Das Erreichen einer festgelegten Anzahl an Mängeln könnte in einem vorgezogenen, eventuell unangekündigten Wiederholungsaudit und in besonders schwerwiegenden Fällen den Entzug des ISO-Zertifkats zur Folge haben. Die offiziellen Audits würden in diesem Sinne durch quasi **permanente inoffzielle Audits** ergänzt, die zudem den Vorteil haben, daß sie von jenen Nachfragern vorgenommen werden, welche die originäre Zielgruppe der Zertifizierung darstellen.

Anhand dieses Vorschlags wird weiterhin deutlich, daß die **Einrichtung einer Zentralinstanz** im Rahmen einer Revision des gesamten Zertifizierungswesens in vielerlei Hinsicht nutzenstiftend wirken könnte. Neben einer koordinierten Vermarktung des ISO-Gedankenguts käme einer solchen Instanz insbesondere die Sammlung und Aufbereitung von Informationen über die Zertifizierung und zertifizierte Unternehmungen zu. Auf diese Informationen könnten wiederum alle Interessengruppen, wie etwa Nachfrager und Unternehmungen, zugreifen und ihren Informationsstand verbessern sowie die Grundlage für eine optimierte Beurteilung des Zertifikats und zertifizierter Unternehmungen legen.

4.2. Berücksichtigung regelökonomischer Erkenntnisse in einer Revision der ISO-Normen

Das Verständnis, wie Individuen eine soziale Ordnung bilden und wie Regeln deren Interaktion bestimmen, ist eine notwendige Voraussetzung für eine effiziente Änderung von Regelsystemen.[480] Aus diesem Grunde setzt auch die Generierung von Gestaltungsempfehlungen für eine Revision der ISO-Normen aus regelökonomischer Sicht an den im Rahmen der Analyse gewonnenen Erkenntnissen an.

Das dort identifizierte Hauptproblem läßt sich in einer **mangelnden Berücksichtigung von für Einzelhandelsunternehmungen erfolgsentscheidenden Determinanten**, vor allem des Faktors Personal, zusammenfassen. Es sind somit in erster Linie Vorschläge zu erarbeiten, die eine intensivere Integration insbesondere der

480 Vgl. BRENNAN, G./BUCHANAN, J.M. (1993), S. 2.

Mitarbeiterbedürfnisse und -belange in jene durch die ISO-Normen geforderte Implementierung von Organisationsregeln ermöglichen.

Abb. 25: Ansätze einer Berücksichtigung regelökonomischer Überlegungen in den ISO-Normen

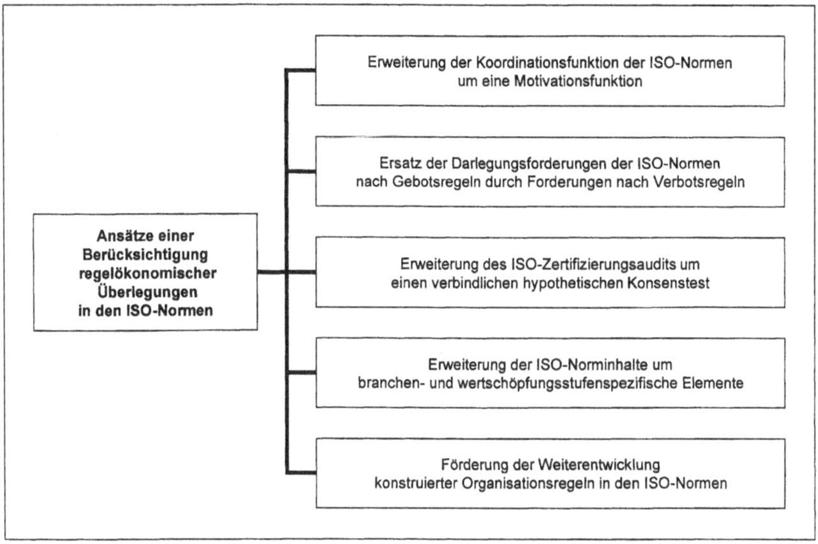

Quelle: Eigene Abbildung.

Abb. 25 gibt einen Überblick über die im folgenden zu diskutierenden Ansätze der Berücksichtigung regelökonomischer Überlegungen in den ISO-Normen. Wie deutlich werden wird, bestehen sowohl inhaltliche und wirkungsbezogene Zusammenhänge zu den vertragsökonomisch ausgerichteten Gestaltungsempfehlungen als auch zwischen den einzelnen regelökonomischen Vorschlägen.

4.2.1. Erweiterung der Koordinationsfunktion der ISO-Normen um eine Motivationsfunktion

In der Untersuchung wurde bemängelt, daß die Darlegung von Qualitätsmanagement-Systemen gemäß der ISO-Normen in der Formulierung nicht-anreizeffizienter Regeln resultiert. Zurückgeführt wurde dies auf den Umstand, daß die ISO-Normen lediglich auf die Koordinationsfunktion von Organisationsregeln abzielen, motivationale Aspekte jedoch nahezu vollständig vernachlässigen.

Im Hinblick auf Revisionsüberlegungen ist die Empfehlung auszusprechen, die ISO-Normen um Darlegungsforderungen zur **Ausstattung individueller Handlungen mit Anreizen zu ergänzen.**[481] So wäre es möglich, die durch effizienzhemmende Divergenzen zwischen individuellen und kollektiven Interessen gekennzeichneten Organisationsregeln der ISO-Normen in zumindest partiell anreizeffiziente Regeln zu überführen. Die zur Anwendung kommenden Anreizmechanismen könnten sowohl positiver als auch negativer Art sein, zum Beispiel in Form von Sanktionen bei nicht darlegungskonformem Verhalten.

Ein erster Schritt in diese Richtung wurde mit der Integration der Mitarbeiter in die Darlegung gemäß der ISO-Normen bereits getan. Hierbei wird jedoch lediglich die Dokumentation des **Ist-Zustands der qualitätsbezogenen Aktivitäten** in einer Unternehmung gefordert. Darüberhinaus bieten die Normen für den einzelnen Mitarbeiter keinen Anreiz, nach erfolgter Zertifizierung den dargelegten Verfahrensweisen nachzukommen. Vielmehr kann die ISO-Zertifizierung bei korrekter Befolgung sogar ein Hemmnis für unternehmungsinterne Verbesserungsvorschläge darstellen, da ein normkonformes Verhalten theoretisch keinerlei experimentelle Abweichungen erlaubt.

Insbesondere mit Blick auf den Einzelhandel stellt die Einführung und Darlegung qualitätsorientierter monetärer und nicht-monetärer Anreizsysteme einen Ansatz dar, mit dessen Hilfe motivationale Aspekte in einer Unternehmung implementiert werden können.[482] Durch die **Kopplung von Anreizen an die Güte der erbrachten Leistungen** wären derartige Systeme geeignet, die in der Analyse festgestellte Lücke zwischen Individual- und Kollektivzielen zu schließen und regelorientiertes Verhalten zugleich anreizeffizient zu gestalten.[483]

---

481 Zur Bedeutung von Anreizen für die qualitätsgerichtete Verhaltensbeeinflussung vgl. ORTLIEB, P. (1993), S. 57ff.

482 Zur besonderen Bedeutung der Personalleistung für die Gesamt-Qualitätswahrnehmung der Nachfrager im Einzelhandel vgl. Kapitel 3.3.2.2., S. 86ff.

483 Zur Kombination materieller und immaterieller Aspekte in Anreizsystemen vgl. BECKER, F.G. (1985), S. 284ff. Die besondere Bedeutung solcher Systeme für Mitarbeiter von Einzelhandelsunternehmungen beschreibt DRESSLER, M. (1998). LAUCHT/LÜCKE beschreiben, wie qualitätsorientierte Anreizsysteme durch den Einsatz von Gruppenarbeit die Intention der ISO-Zertifizierung unterstützen können (vgl. LAUCHT, O./LÜCKE, O. (1994), S. ZE 64ff.).

Eine zentrale Herausforderung stellt in diesem Zusammenhang die Ermittlung konsensfähiger Bemessungsgrundlagen sowie die eigentliche Messung der Mitarbeiterleistungen dar.[484] Analog zu dem Vorschlag in Kapitel 4.1.2.2 könnten jedoch auch hier die ISO-Normen eine Hilfestellung bei der Auswahl und Anwendung praktikabler Methoden und Kriterien anbieten.[485]

4.2.2. Ersatz der Darlegungsforderungen der ISO-Normen nach Gebotsregeln durch Forderungen nach Verbotsregeln

Die ISO-Normen verlangen im Rahmen ihrer Darlegungsforderungen eine detaillierte Beschreibung von qualitätsrelevanten Abläufen und Tätigkeiten. Diese Beschreibungen gewähren dem einzelnen Mitarbeiter nach erfolgter Zertifizierung nur geringe Spielräume, innerhalb derer er über die Gestaltung von Tätigkeiten selbst entscheiden kann. Oben wurden die durch eine ISO-Zertifizierung festgeschriebenen Organisationsregeln daher als Gebotsregeln beschrieben, die in regelökonomischer Betrachtung als ineffizient und darüberhinaus in qualitätsorientierter Betrachtung als demotivierend zu kennzeichnen sind.

Für eine Revision der ISO-Normen ist die Empfehlung auszusprechen, die Forderung nach der Darlegung **expliziter Gebotsregeln durch die Forderung nach Verbotsregeln zu ersetzen**. Der Vorteil von Verbotsregeln wurde wie folgt beschrieben: "Sie bestimmen lediglich die Zielsetzungen und Grenzen individuellen Verhaltens, überlassen aber die Entscheidung über die Zielerreichung weitgehend den jeweiligen Akteuren. Die Zielsetzung von Verbotsregeln reduziert sich damit auf die Eindämmung unerwünschten Verhaltens"[486].

Es ergibt sich hieraus die Notwendigkeit, den Fokus der ISO-Normen von einer detaillierten Festschreibung der Abläufe auf die **Formulierung von Zielvereinbarungen und Verhaltensgrenzen** zu verlagern. Dieses Vorgehen allein birgt jedoch für die Adressaten des Zertifikats nur wenig Informationen. Für jene wird in der Regel von größerer Bedeutung sein, ob eine Unternehmung die relevanten Zielvorgaben

---

484 Einen Vorschlag zur Lösung dieses Problems in Handelsunternehmungen erarbeitet BATTENFELD. Die Bildung von Profitcentern und deren wechselseitige Verflechtung durch Verrechnungspreis-Systeme soll neben einer Koordinationsfunktion auch motivationale Wirkungen entfalten (vgl. BATTENFELD, D. (1997), S. 77ff.).

485 Vgl. S. 146ff.

486 Vgl. zu diesem Zitat Kapitel 3.4.1.3., S. 106ff.

tatsächlich verfolgt und diese auch erfüllt. Es bedarf somit eines **Meßinstrumentariums**, das den Zielerreichungsgrad qualitätsrelevanter Aktivitäten in einer Unternehmung erfaßt und für den Nachfrager transparent macht.

Hier bietet sich im Rückgriff auf Kapitel 4.2.1. eine Integration mit dem dort vorgeschlagenen Meßinstrument für eine qualitätsorientierte Entlohnung an. Werden diese Instrumentarien verknüpft, kann einerseits im Rahmen einer Messung der Zielerreichungsgrade auf die Leistungsdaten der Mitarbeiter zurückgegriffen werden. Zugleich könnte aber auch die Leistungsentlohnung der Mitarbeiter an dem Grad der Erreichung vorgegebener Zielgrößen ausgerichtet werden.

Langfristig bietet sich so die Chance, eine **Qualitätskultur** in einer Unternehmung aufzubauen, die durch Zielvereinbarungen und Anreizmechanismen derart gesteuert wird, daß Qualitätssicherungs-Maßnahmen und schließlich auch Verbotsregeln gänzlich überflüssig werden.

4.2.3. Erweiterung des ISO-Zertifizierungsaudits um einen verbindlichen hypothetischen Konsenstest

Eine wesentliche Voraussetzung für die Schaffung einer Qualitätskultur besteht darin, daß die anvisierten Unternehmungsziele zugleich den individuellen Mitarbeiterzielen entsprechen.[487] Hierfür ist es notwendig, daß **Zielgrößen und Vorgehensweisen sowie deren Bemessung das Ergebnis einer konsensuellen Entscheidungsfindung** der betroffenen Akteure sind und nicht top-down vorgegeben werden.

Wie in der Analyse beschrieben wurde, liegt eine derartige Form der Entscheidungsfindung der Darlegung von Organisationsregeln gemäß der ISO-Normen nicht zugrunde. Zum Beleg wurde die Regelformulierung im Rahmen der Zertifizierung an den konsensorientierten Effizienzkriterien eines idealtypischen konstitutionellen Einigungsprozesses gemessen. Die Beurteilung kam zu dem Ergebnis, daß lediglich **zwei von sechs Effizienzkriterien bei der ISO-Zertifizierung Berücksichtigung** finden.

Sollen die Normen zu effizienten, im Sinne von konsensfähigen Ergebnissen führen, so müßten die durch die Qualitätsmanagement-Darlegung entstehenden Organisationsregeln zumindest einem hypothetischen Konsenstest standhalten. Dieser umfaßt

---

[487] Vgl. hierzu Kapitel 3.4.1.4., S. 108ff.

neben der dort formulierten Forderung nach Anreizeffizienz und damit verbundener Pareto-Superiorität im Vergleich zum unzertifizierten Zustand vor allem auch die **Trennung konstitutioneller und postkonstitutioneller Einigungen** in den Darlegungsforderungen der Normen. Hieraus leitet sich die Empfehlung einer ausführlichen Berücksichtigung vertraglicher und außervertraglicher Aspekte von Transaktionen ab. Gerade für den Anwendungsfall des Einzelhandels erscheint es daher notwendig, die starren Darlegungsforderungen für vertragliche Aspekte aufzuweichen und - zumindest in Teilbereichen - der spontanen Entscheidung des einzelnen Mitarbeiters zu überlassen.

In Anlehnung an den Vorschlag aus Kapitel 4.1.1.3. soll auch an dieser Stelle die Gestaltungsempfehlung ausgesprochen werden, das **ISO-Zertifizierungsaudit um einen entsprechenden Konsenstest zu erweitern**. Den akkreditierten Zertifizierungsgesellschaften könnte es zur Auflage gemacht werden, das erfolgreiche Durchlaufen eines solchen Tests zur notwendigen Voraussetzung der Erteilung des ISO-Zertifikats zu machen.

Weiterhin ist in diesem Zusammenhang zu klären, ob der Test von den jeweiligen Unternehmungen selbst oder von den Zertifizierungsgesellschaften durchzuführen ist. Für die erstgenannte Vorgehensweise spricht, daß die eigenständige Durchführung der Mitwirkung aller Mitarbeiter bedarf und hierdurch eine sowohl innovations- als auch motivationsfördernde Wirkung entsteht. Dagegen spricht allerdings auch, daß bei einem unternehmungsinternen Konsenstest wiederum Machtstrukturen beeinflussend wirken können, so daß Ergebnisse entstehen, welche die tatsächlichen Interessen aller Akteure nur zum Teil berücksichtigen.

4.2.4. Erweiterung der ISO-Norminhalte um branchen- und wertschöpfungsstufenspezifische Elemente

Die obigen Empfehlungen stehen wiederum in engem Zusammenhang mit der schon zuvor aus vertragsökonomischer Sicht diskutierten Forderung nach einer **Aufgabe des Allgemeingültigkeitsanspruchs** der ISO-Normen. Auch die intern ausgerichtete Analyse kam zu dem Ergebnis, daß die Besonderheiten der qualitätsbezogenen Prozeßstruktur von Einzelhandelsunternehmungen keine ausreichende Berücksichtigung in den Normelementen finden.[488]

---

[488] Vgl. Kapitel 3.4.2.2., S. 121ff.

Für die ISO-Normen leitet sich hieraus die Gestaltungsempfehlung ab, den Spezifika verschiedener Branchen und Wertschöpfungsstufen im Rahmen einer Revision Rechnung zu tragen. Im Hinblick auf Einzelhandelsunternehmungen ist in diesem Zusammenhang eine Abkehr von der industrielastigen Betrachtung von Prozessen der Erstellung materieller Leistungen zu fordern. Stattdessen sollte eine spezifisch formulierte ISO-Norm die Berücksichtigung einzelhandelsbezogener Besonderheiten bei der Qualitätsmanagement-Darlegung ermöglichen.

Bezogen auf Einzelhandelsunternehmungen folgt hieraus die konkrete Empfehlung einer Aufnahme von solchen Elementen in die Normen, die insbesondere die **Darlegung der Erstellung immaterieller Leistungen**, wie beispielsweise Beratungsleistungen, fordern. Gerade jene, meist außervertraglichen Tätigkeiten, repräsentieren einen bedeutenden Teil der Einzelhandelsaktivitäten.

Umfangreichere Darlegungsforderungen im Hinblick auf außervertragliche Leistungsprozesse - eventuell in Verbindung mit den in Kapitel 4.1.2.2. vorgeschlagenen Implementierungsforderungen - würden einen Ansatzpunkt für eine ISO-Zertifizierung bieten, die sowohl den Besonderheiten von Einzelhandelsunternehmungen als auch dem qualitätsbezogenen Screeningbedürfnis der Nachfrager von Einzelhandelsleistungen entgegenkommen würde.

4.2.5. Förderung der Weiterentwicklung konstruierter Organisationsregeln in den ISO-Normen

Ein im Verlauf der vorliegenden Arbeit verschiedentlich angeführter Kritikpunkt an den ISO-Normen ist die erschwerte Veränderbarkeit zertifizierter Qualitätssicherungs-Systeme.[489] Normkonformes Verhalten vorausgesetzt, müssen die Mitarbeiter nach erfolgreicher Zertifizierung der Darlegung Folge leisten. Veränderungen von Prozessen oder Tätigkeiten bedürfen einer **Korrektur des Qualitätsmanagement-Handbuchs** sowie der betroffenen Anweisungen. Da das Qualitätssicherungs-System dann jedoch nicht mehr dem vormals zertifizierten Stand entspricht, hat vor Weiterverwendung des ISO-Zertifikats streng genommen ein Wiederholungsaudit stattzufinden.

---

[489] Vgl. beispielsweise Kapitel 3.4.1.2., S. 102ff.

Diese Vorgehensweise ist in zweierlei Hinsicht zu kritisieren: Zum einen erzeugen Wiederholungsaudits erneut Kosten, zum anderen werden vorzeitige Veränderungen, wie beispielsweise Prozeßinnovationen, in einer Unternehmung unterdrückt. Im Mittelpunkt der Qualitätssicherung sollten jedoch die Nachfrager stehen. Damit Verbesserungen innerhalb einer Unternehmung jenen beispielsweise über eine höhere Prozeßqualität zugute kommen, ist die Empfehlung auszusprechen, die **ISO-Normen gegenüber Veränderungen offener zu gestalten**. Fraglich ist in diesem Zusammenhang, wie die Veränderung von Qualitätsmanagement-Darlegungen in praxi gestaltet werden kann.

Eine mögliche Vorgehensweise stellt die **Flexibilisierung von Qualitätsmanagement-Darlegungen** im Sinne einer evolutionären Fortentwicklung dar. Einem solchen Vorgehen läge die Annahme zugrunde, daß der einmal zertifizierte Ist-Zustand von allen Mitarbeitern akzeptiert wird und seine Freigabe nicht zu einem schlechteren Zustand, sondern allenfalls zu Verbesserungen führt. Insbesondere aus Sicht der Nachfrager wird diese Vorgehensweise aufgrund der oben erläuterten Machtungleichgewichte ohne konkreten Beleg der Veränderungen vermutlich wenig realistisch erscheinen. Zudem hätten sowohl das ISO-Zertifikat als auch vor allem das Qualitätsmanagement-Handbuch kaum eine praktische Aussagekraft, da es nur wenig praktikabel erscheint, daß diese laufend dem aktuellen Stand angepaßt werden können.

Eine alternative Vorgehensweise der Anpassung des dargelegten Qualitätsmanagement-Systems an qualitätsrelevante Verändungen in einer Unternehmung könnte in der Formulierung von **Regeln für die Veränderung** der durch die Zertifizierung festgeschriebenen Organisationsregeln bestehen. Diesem Vorschlag liegt die Annahme zugrunde, daß auch Regeländerungen Nebenbedingungen, wie Anreizeffizienz oder Konsensfähigkeit, gehorchen sollten. BURR formuliert den folgenden Katalog zu berücksichtigender Determinaten:[490]

- Widerstände bzw. regelkonservierendes Verhalten sind zu erwarten, wenn für den einzelnen Akteur die Kosten der Regeländerungen größer sind als deren Nutzen.
- Investitionen in Humankapital können durch Regeländerungen zu sunk costs werden, da sie in bilanzieller Hinsicht nicht aktivierbar sind.
- Erfahrungswissen wird bei Regeländerungen unter Umständen entwertet.

490 Vgl. BURR, W. (1998), S. 324.

- Regeländerungen bewirken Änderungen in Handlungs- und Verfügungsrechten.
- Effizienzverbesserungen durch Regeländerungen sind nur schwer prognostizierbar.
- Regeländerungen werden nur wirksam, wenn sie von den Akteuren gestützt werden (Trittbrettfahrerproblem).
- Regeln sind umso schwerer zu ändern, je größer und hierarchischer die betroffenen Organisationen sind.

Diese Vielzahl möglicher Hemmnisse kommentieren BRENNAN/BUCHANAN, indem sie folgern, daß es sinnvoll sein kann, **Regeln von nicht optimaler Effizienz beizubehalten**, solange keine Klarheit über die Regelalternativen bzw. kein Konsens bezüglich des Prozesses der Regeländerung besteht.[491] Für die hier angestrebten Vorschläge ist dies jedoch keine zufriedenstellende Aussage, da die ISO-Zertifizierung in der vorangegangenen Analyse aus regelökonomischer Sicht nicht nur als wenig effizient, sondern als nahezu völlig ineffizient beschrieben wird.[492]

Um trotz der geschilderten potentiellen Hemmnisse effizienzverbessernde Regeländerungen zwischen den jeweiligen Wiederholungsaudits zu ermöglichen, ist eine **Begleitung der Veränderung qualitätsrelevanter Aktivitäten** durch eine zuständige Instanz zu empfehlen. Eine solche sehen die ISO-Normen in der Person des von der Unternehmungsführung zu benennenden Qualitätsmanagement-Beauftragten ohnehin vor.[493]

Dieser Qualitätsmanagement-Beauftragte könnte - nach entsprechender Ausbildung - offiziell bevollmächtigt werden, unabhängig von den regelmäßigen Audits durch akkreditierte Zertifizierungsgesellschaften, **Zwischen-Audits** durchzuführen. In diesen sollten sowohl die Effizienz als auch die Realitätsnähe veränderter qualitätsrelevanter Aktivitäten und ihrer Darlegung evaluiert werden. Dies würde die Möglichkeit eröffnen, die Unternehmungsführung, interessierte Mitarbeiter und vor allem die Nachfrager ohne wesentliche Verzögerungen über ISO-relevante Veränderungen zu informieren.

---

491 Vgl. BRENNAN, G./BUCHANAN, J.M. (1993), S. 15.

492 Vgl. Kapitel 3.3.1.4., S. 72ff.

493 Vgl. DIN - DEUTSCHES INSTITUT FÜR NORMUNG E.V. (Hrsg., 1994b), S. 7f.

Mit dieser Empfehlung schließt sich der Kreis zu den zuvor formulierten, primär nachfragerorientierten Gestaltungsempfehlungen. Eine Berücksichtigung der vielfältigen vertrags- und regelökonomischen Empfehlungen in der anstehenden Revision der ISO-Normen bietet die Chance, eine **grundlegende Verbesserung und Neuausrichtung des Beitrags des ISO-Zertifikats zu einer nachfragerorientierten Qualitätssicherung** zu erreichen. So umgesetzt, kann die ISO-Zertifizierung eine geeignete Basis für ein weitergehendes ganzheitliches Qualitätsmanagement darstellen, das - wie bereits angedeutet - wiederum den ersten Schritt zu einer evolutionär wachsenden Qualitätskultur in einer Einzelhandelsunternehmung darstellt.

5. FAZIT

5.1. Zusammenfassung der Untersuchungsergebnisse

Ausgangspunkt der vorliegenden Untersuchung war die Feststellung einer negativen Resonanz der Zertifizierung gemäß ISO 9000ff. in Wissenschaft und Unternehmungspraxis. Entgegen der gegenwärtig vorherrschenden Beschränkung der Kritiken auf deskriptive Wirkungsanalysen wurde in dieser Arbeit das Ziel einer **explikativen Ursachenanalyse vermeintlicher Ineffizienzen der ISO-Zertifizierung** im Rahmen der Implementierung von Qualitätssicherungs-Systemen verfolgt. Als Anwendungsbeispiel lag der Untersuchung der Einzelhandel zugrunde.

Basierend auf einer Diskussion der begrifflichen Grundlagen von Qualität wurden die Wirkungszusammenhänge von Qualität und Unternehmungserfolg dargelegt. Die Erörterung kam zu dem Ergebnis, daß Einzelhandelsunternehmungen wirtschaftlich in erheblichem Maße von qualitätsbezogenen Anstrengungen profitieren können. Die hieraus ableitbare **besondere Relevanz einer effizienten Qualitätssicherung** wird auch laut den Ergebnissen einer explorativen Erhebung im deutschen Handel erkannt.

Umso erstaunlicher wurde in diesem Zusammenhang das Ergebnis beurteilt, daß Ansätze der Qualitätssicherung trotz der Kenntnis ihres hohen Erfolgspotentials nur **in relativ geringem Umfang im Handel Anwendung** finden. Als Gründe für diesen Widerspruch wurden mangelnde finanzielle, personale und sachliche Ressourcen, aber auch die fehlende Berücksichtigung von handelsspezifischen Besonderheiten in den hinterfragten Methoden angenommen. Die Brisanz mutmaßlicher Mängel der ISO-Zertifizierung für die Implementierung von Qualitätssicherungs-Systemen wurde durch diese Annahme weiter verstärkt.

Aus diesem Grunde fokussierte die Untersuchung im Anschluß an eine grundlegende Kennzeichnung der ISO-Normen auf deren Eignung und Erreichungsbeitrag zu Zielsetzungen der Qualitätssicherung im Einzelhandel. Zunächst ist dieser Aspekt aus der Perspektive der Handelspraxis hinterfragt worden, indem wiederum die oben genannte explorative Erhebung herangezogen wurde. In dieser bestätigte sich die in der Einleitung formulierte These, daß Zertifikate zwar grundsätzlich effektiv für die Erreichung qualitätsrelevanter Zielsetzungen sind, eine **Effizienz der ISO-Zertifizierung für die Qualitätssicherung im Einzelhandel jedoch nur begrenzt** gegeben ist.

Dieses Ergebnis war zugleich Anlaß für die weitergehende explikative Frage nach den Gründen für diese Ineffizienz der ISO-Normen im Einzelhandel und offenbar auch darüber hinaus. Gestützt auf eine Interpretation der norm-inhärenten Zielsetzungen wurden mit der Transaktionskostenökonomie einerseits und der Konstitutionellen Ökonomik andererseits nomologische Aussagen identifiziert, die eine **theoriegeleitete Analyse der ISO-Zertifizierung** für den Aufbau effizienter Qualitätssicherungs-Systeme in Einzelhandelsunternehmungen zulassen.

Die transaktionskostenökonomische Analyse zielte insbesondere auf die Überprüfung der formalen Eignung des ISO-Zertifikats zur Absicherung von unternehmungsexternen Transaktionen zwischen Nachfragern und Einzelhandelsunternehmungen ab. Anhand eines eigenentwickelten Analysemodells kam die Untersuchung zu dem Ergebnis, daß die **Zertifizierung nur für eine begrenzte und zudem nur relativ selten bediente Auswahl an Transaktionen des Einzelhandels effizient** ist. Insbesondere für Güter des häufigen Bedarfs, wie etwa den Lebensmittel- oder den Bekleidungseinzelhandel, bergen die ISO-Normen dagegen nur in Ausnahmefällen ein Effizienzpotential.

Darüber hinaus war zu konstatieren, daß die Zertifizierung selbst hinsichtlich jener Transaktionen, für die sie als effizient zu beschreiben ist, nahezu **ausschließlich für den Nachfrager direkte positive Wirkungen** beinhaltet. Sofern die Zertifizierung auch für eine Einzelhandelsunternehmung positive Effekte bietet, ist dies allenfalls auf indirekte Wirkungen aus der Transaktionskostenersparnis der Nachfrager zurückzuführen. So kann beispielsweise angenommen werden, daß Nachfrager einen höheren Umsatz bei jenen Anbietern tätigen, die eine effizienzsteigernde Absicherung von Transaktionen in Form der Zertifizierung ermöglichen.

Offen geblieben war, ob über die transaktionskostenökonomische Begründung hinaus weitere Erklärungen existieren, warum ein ISO-Zertifkat für die überwiegende Zahl der Transaktionen im Einzelhandel als ineffizient gekennzeichnet werden muß. Aufbauend auf der Identifikation der qualitätsrelevanten Leistungsbeurteilungskriterien kam die Analyse in materieller Hinsicht zu dem Ergebnis, daß die **Zertifizierung wesentliche Aspekte der Qualitätswahrnehmung durch den Nachfrager vernachlässigt**. Während die ISO-Normen eine umfangreiche Darlegung der Festschreibung und Erstellung vertraglich fixierter Teilleistungen fordern, bleiben außervertragliche Teilleistungen weitestgehend unberücksichtigt. Einem potentiellen Nachfrager bietet sich somit kaum eine Möglichkeit, anhand des Qualitätsmanagement-Handbuchs Informationen über diesen Bereich der qualitätsrelevanten Aktivitäten zu erhalten.

Für die Erkenntnisgewinnung bezüglich der Effizienz einer ISO-Zertifizierung im Einzelhandel war jedoch nicht nur die Wirkung auf die Anbieter-Nachfrager-Beziehung relevant. Von ebenso großer Bedeutung für eine erfolgreiche Qualitätssicherung ist die Frage, ob die ISO-Normen der spezifischen internen Organisationsstruktur von Einzelhandelsunternehmungen in effizienter Weise Rechnung tragen. In diesem Zusammenhang wurde zwischen koordinativen und motivationalen Überlegungen unterschieden.

Insgesamt kam die konstitutionenökonomische Analyse zu dem Ergebnis, daß auch in interner Betrachtung die **ISO-Zertifizierung als weitgehend ineffizient für das Ziel einer Qualitätssicherung** in Einzelhandelsunternehmungenzu bezeichnen ist. Zurückgeführt wurde dies in formaler Hinsicht im wesentlichen darauf, daß Koordinationsaspekte in den Normen zwar ausführlich Berücksichtigung finden, dagegen **Motivationsaspekte weitgehend vernachlässigt** werden.

Dieses Ergebnis manifestierte sich unter anderem darin, daß die ISO-Normen von den Einzelhandelsunternehmungen die präzise Darlegung ausgewählter qualitätsrelevanter Abläufe und Tätigkeiten verlangen. Diese detaillierten Vorgaben lassen den betroffenen Mitarbeitern jedoch kaum noch eigene Entscheidungs- und Gestaltungsspielräume und sind deshalb als Gebotsregeln zu bezeichnen. In der Literatur jedoch werden **Gebotsregeln als demotivierend** beschrieben.

Darüber hinaus haben die Mitarbeiter nur bedingt Einflußmöglichkeiten auf die Formulierung dieser Regeln. Zwar sehen die ISO-Normen vor, daß die Mitarbeiter selbst die Aufzeichnung der für sie relevanten Abläufe und Tätigkeiten vornehmen. Da diese aber in den meisten Fällen lediglich ein Spielgelbild der - aus Mitarbeitersicht häufig unbefriedigenden - Ist-Situation darstellt, erwachsen kaum motivationale Effekte hieraus. Entsprechend konnte die Darlegung von Gebotsregeln im Sinne der **ISO-Normen einem in der Konstitutionellen Ökonomik als Voraussetzung für Anreizeffizienz geforderten hypothetischen Konsenstest nicht standhalten**.

Die Ergebnisse fanden danach auch in der abschließenden materiellen Analyse einer Berücksichtigung der Prozeßstruktur von Einzelhandelsunternehmungen durch die ISO-Zertifizierung ihre Bestätigung. Diese Analyse kam zu dem Schluß, daß die **Elemente der ISO-Normen nur einen Teil des qualitätsrelevanten Geschäftsprozesses einer Einzelhandelsunternehmung tangieren**. Wie schon in der extern ausgerichteten Analyse war auch hier zu konstatieren, daß insbesondere die immateriellen Stufen der Leistungserstellung, wie beispielsweise die Beratung der Nachfrager, keine Berücksichtigung finden, obwohl gerade sie für deren Qualitätswahrnehmung eine hohe Bedeutung haben. Stattdessen fokussieren die Normen lediglich auf die Gestaltung der Verträge und die Erstellung der darin festgelegten Leistungen.

Damit war das erste Vorhaben der vorliegenden Arbeit abgeschlossen. Die den in der Einleitung formulierten Erkenntniszielen implizit unterstellte Hypothese einer Ineffizienz der ISO-Normen fand sowohl ihre Bestätigung als auch ihre Begründung. Zur besseren Übersicht werden die Erkenntnisse in der folgenden Abb. 26 nochmals zusammengefaßt.

Ein zweites Anliegen dieses Forschungsvorhabens bestand in der **Ableitung praktisch-normativer Gestaltungsempfehlungen** aus den gewonnenen Erkenntnissen. Da der ISO-Zertifizierung die Effizienz für eine Entwicklung von Qualitätssicherungs-Systemen in Unternehmungen des Einzelhandels weitgehend abgesprochen wurde ist, rückte die Zielgruppe der normschaffenden Institutionen und damit Empfehlungen für eine Revision der ISO-Normen in den Mittelpunkt des Interesses.

In der vorliegenden Arbeit wurden unterschiedliche Ansätze entwickelt, die eine Berücksichtigung der in der zurückliegenden Analyse gewonnenen Erkenntnisse ermöglichen. Diese Vorschläge orientierten sich an den Betrachtungsperspektiven der zur Anwendung kommenden ökonomischen Forschungsansätze und lassen sich wie folgt zusammenfassen:

Berücksichtigung **vertragsökonomischer Erkenntnisse in einer Revision** der ISO-Normen:

- Adressatenorientierte Überarbeitung der deutschen Übersetzung der ISO-Norminhalte.
- Erweiterung der ISO-Norminhalte um einen Hinweis auf ihren vertragsökonomischen Effizienzraum.
- Erweiterung des ISO-Zertifizierungsaudits um ein verbindliches effizienzgerichtetes Pre-Audit.
- Unterstützung der Entscheidung bezüglich einer ISO-Zertifizierung durch Einrichtung eines Instruments zur Wirkungsprognose.
- Erweiterung der Vertragsorientierung der ISO-Normen um außervertragliche Aspekte.

Abb. 26: Erkenntnisse zur Effizienz der ISO-Zertifizierung für den Aufbau eines Qualitätssicherungs-Systems in Einzelhandelsunternehmungen

	Formale Analyse	Materielle Analyse
Externe Perspektive	Die ISO-Zertifizierung ist ineffizient, wenn sich die Aktivitäten einer Einzelhandelsunternehmung auf Transaktionen mit niedriger Faktorspezifität sowie häufige Transaktionen mit mittlerer Faktorspezifität bei mittlerer oder hoher Unsicherheit beziehen. Die positiven Effizienzwirkungen der ISO-Zertifizierung beschränken sich auf die Nachfrager, während die Einzelhandelsunternehmung mit einem Effizienzrückgang rechnen muß, wenn sich die Aktivitäten einer Einzelhandelsunternehmung auf seltene Transaktionen mit mittlerer Faktorspezifität bei mittlerer oder hoher Unsicherheit beziehen.	Die ISO-Normen vernachlässigen einen Teil der Beurteilungskriterien von Einzelhandelsleistungen, weil sie sich lediglich auf Vertragsleistungen beziehen, während für die Qualitätswahrnehmung der Nachfrager im Einzelhandel sowohl vertraglich fixierte als auch außervertragliche Teilleistungen relevant sind.
Interne Perspektive	Die Darlegung von Qualitätsmanagement-Systemen gemäß der ISO-Normen ist als ineffizient zu bezeichnen, weil hierdurch präzise Gebotsregeln formuliert werden, während in einer regelgestützten Organisation nur Verbotsregeln eine effiziente und qualitätsorientierte Gestaltung von Handlungen durch die Mitarbeiter in Einzelhandelsunternehmungen bewirken. Die Darlegung von Qualitätsmanagement-Systemen gemäß der ISO-Normen ist als ineffizient zu bezeichnen, weil hierbei Motivationsaspekte vernachlässigt werden, während in einer regelgestützten Organisation nur eine integrierte Berücksichtigung von Koordinations- und Motivationsaspekten eine anreizeffiziente und qualitätsorientierte Gestaltung von Handlungen durch die Mitarbeiter in Einzelhandelsunternehmungen bewirkt. Die Darlegung von Qualitätsmanagement-Systemen gemäß der ISO-Normen ist als ineffizient zu bezeichnen, weil sie einem hypothetischen Konsenstest nicht standhalten, obwohl dies als notwendige Voraussetzung für eine effiziente regelgestützte Organisation beschrieben wird.	Die ISO-Normen vernachlässigen Teilaspekte des qualitätsrelevanten Geschäftsprozesses von Einzelhandelsunternehmungen, weil sie überwiegend auf die Vertragsgestaltung und die Erstellung materieller Leistungen fokussieren, während ein Geschäftsprozeß im Einzelhandel neben Stufen der Erstellung materieller Leistungen auch die Erstellung immaterieller Leistungen, wie beispielsweise Beratungsleistungen beinhaltet.

Quelle: Eigene Abbildung.

- Erweiterung der Darlegungsforderungen der ISO-Normen um Implementierungsforderungen.
- Erweiterung der Prozeßorientierung der ISO-Normen um eine Ergebnis- und Potentialorientierung (zum Beispiel in Anlehnung an die Erteilung von Umweltzertifikaten).
- Aufgabe der allgemeingültigen Ausrichtung der ISO-Normen zugunsten einzelhandelsspezifischer Darlegungsforderungen.
- Erweiterung des ISO-zertifikatsbezogenen Aktionsraums der Nachfrager durch Bewehrung mit Sanktionsmöglichkeiten.

Berücksichtigung **regelökonomischer Erkenntnisse in einer Revision** der ISO-Normen:

- Erweiterung der Koordinationsfunktion der ISO-Normenfamilie um Aspekte der Motivation der Mitarbeiter zur Verfolgung der mit der Zertifizierung angestrebten Ziele.
- Ersatz der Darlegungsforderungen der ISO-Normen nach Gebotsregeln durch Forderungen nach Verbotsregeln.
- Erweiterung des ISO-Zertifizierungsaudits um einen verbindlichen hypothetischen Konsenstest.
- Erweiterung der ISO-Norminhalte um einzelhandelsspezifische Elemente.
- Förderung der Weiterentwicklung konstruierter Organisationsregeln in den ISO-Normen.

Mit diesen Gestaltungsempfehlungen kann auch das zweite Vorhaben der vorliegenden Arbeit als abgeschlossen betrachtet werden. Um dem Anspruch der Allgemeingültigkeit der Norminhalte gerecht zu werden, ist es erforderlich, die Normen von der überwiegend extern orientierten reinen Qualitätssicherung zu einem ganzheitlichen Ansatz des Qualitätsmanagements zu entwickeln. Nur so kann es gelingen, dem Dilemma des begrenzten Effizienzraums der ISO-Normen zu entkommen und sie für weitergehende Anwendungszwecke nutzenstiftend zu gestalten.

Aus den Erkenntnissen dieser Arbeit jedoch zu schließen, daß sämtliche offenen Fragestellungen zu den ISO-Normen und zur ISO-Zertifizierung ihre Antwort gefunden haben, wäre fahrlässig. Im folgenden Kapitel sollen deshalb abschließend unbearbeitete Forschungsfelder aufgezeigt und Ansätze für ihre Bearbeitung formuliert werden.

5.2. Implikationen der Untersuchungsergebnisse für zukünftige Forschungsarbeiten

Im Anschluß an die Revision der ISO-Normen rückt für zukünftige Forschungsarbeiten die Zielgruppe jener Unternehmungen in den Mittelpunkt des Interesses, die bereits nach den überarbeiteten Normen zertifiziert sind oder dies anstreben.[494] Für diese Unternehmungen sind Vorschläge zu erarbeiten, die eine möglichst nutzenstiftende Umsetzung der Norminhalte für alle betroffenen Akteure ermöglicht.

Unter der Maßgabe, daß die Zertifizierung zukünftig ein anforderungsgerechtes System des Managements von Qualität gewährleisten soll, werden für die Beurteilung ihrer Effizienz dann nicht mehr nur die norm-inhärenten Zielsetzungen, sondern auch die Erwartungshaltungen der Praxis zugrunde zu legen sein.

Aus der Sicht der vorliegenden Arbeit sollten in Verbindung mit der anstehenden Revision die folgenden exemplarischen Fragestellungen im Mittelpunkt wissenschaftlicher Untersuchungen stehen:

- Haben die in dieser Arbeit gewonnenen institutionenökonomischen Erkenntnisse in die überarbeiteten ISO-Normen Eingang gefunden?
- Hat sich die Effizienz der ISO-Zertifzierung in statischer und/oder dynamischer Betrachtung aus Sicht der betroffenen Anforderungsgruppen geändert?
- Hat sich die Akzeptanz der ISO-Normen in statischer und/oder dynamischer Betrachtung in der Unternehmungspraxis verändert?
- Welche Empfehlungen (beispielsweise im Hinblick auf unterstützende Informations- und Kommunikationstechniken) können ISO-zertifizierten Unternehmungen gegeben werden, um eine möglichst optimale Implementierung des Qualitätsmanagement-Gedankenguts in der Unternehmung zu gewährleisten?

---

494 Vgl. zur Berücksichtigung unterschiedlicher Zielgruppen für die Entwicklung von Gestaltungsempfehlungen im Hinblick auf die ISO-Normen auch Kapitel 1.1., S. 1ff.

- Welche alternativen vertrauensbildenden Signaling-Instrumente existieren für jene Anwendungsfälle, in denen die ISO-Zertifizierung auch nach ihrer Revision nicht effizient ist?

- Welche weitergehenden Empfehlungen sind den normschaffenden Institutionen zu geben, damit ISO-Normen in der vorliegenden Form langfristig den Charakter eines von allen Marktteilnehmern anerkannten Ratgebers annehmen bzw. durch eine evolutionäre Qualitätskultur ersetzt werden?

Die Fragen deuten an, daß ein Ende auf dem Weg zu einem ganzheitlichen Qualitätsmanagement nicht abzusehen ist und vielleicht auch niemals abzusehen sein sollte. Es wird jedoch zugleich auch deutlich, daß die einleitende Frage zu dieser Arbeit, ob die ISO 9000 noch zu retten ist, mit einem deutlichen "Ja!" zu beantworten ist. Die vormals euphorische Begeisterung über die ISO-Normen hat zwar deutlich sichtbaren und begründeten Schaden erlitten, die aufgezeigten Gestaltungsempfehlungen weisen jedoch einen Weg, wie die ISO 9000 gerettet werden kann.

Literaturverzeichnis

Ahlert, D. (1994): Auf der Suche nach den Spitzenleistungen im Handel - Evolution mit Benchmarking oder Revolution durch Reengineering als Erfolgsstrategie für Handelsbetriebe, Handelssysteme und Distributionssysteme?, Arbeitspapier Nr. 17 des Lehrstuhls für Betriebswirtschaftslehre, insbesondere Distribution und Handel der Universität Münster, Münster 1994/95.

Ahlert, D. (1996a): Distributionspolitik - Das Management des Absatzkanals, 3. Aufl., Stuttgart u.a. 1996.

Ahlert, D. (1996b): Gruppen-Positionierungsmanagement-Management bei komplexen Konsumgütern: dargestellt am Beispiel der strategischen Händlernetzentwicklung in der Automobilbranche, in: Tomczak, T. (Hrsg.): Positionierung - Kernentscheidungen des Marketing, St. Gallen 1996, S. 96-110.

Ahlert, D./Becker, B. et.al. (1996): Qualitätsmanagement - Ergebnisse einer Expertenbefragung im deutschen Handel, Projektbericht der KPMG Unternehmensberatung GmbH, Frankfurt/Main und des IfHM - Institut für Handelsmanagement an der Universität Münster, Frankfurt am Main u.a. 1996.

Ahlert, D./Kollenbach, S./Korte, C. (1996): Strategisches Handelsmanagement: Erfolgskonzepte und Profilierungsstrategien am Beispiel des Automobilhandels, Stuttgart 1996.

Ahlert, D./Olbrich, R. (1999): Institutionelle Handelsbetriebslehre, 2. Aufl., Band 6 der Münsteraner Schriften zur Distributions- und Handelsforschung, Münster 1999.

Ahlert, D./Schröder, H. (1996): Rechtliche Grundlagen des Marketing, 2. Aufl., Stuttgart u.a. 1996.

Ahlert, D./Siebenbrock, H. (1987): Der Großhandelsbegriff im Spannungsfeld marketing-wissenschaftlicher, wettbewerbspolitischer und wettbewerbsrechtlicher Betrachtungen, in: Betriebs-Berater, Beilage 15/1987 zu 23/1987, S. 1-20.

Aita, R. (1994): Schnell, aber wirkungslos: Über vermeidbare Fehler bei der Einführung von QM-Systemen nach ISO 9000ff, in: QZ - Qualität und Zuverlässigkeit, 6/1994, S. 598-599.

Akerlof, G.A. (1970): The Market for "Lemons": Quality Uncertainty and the Market Mechanism, in: Quarterly Journal of Economics, Bd. 84, 1970, S. 488-500.

Albach, H. (1991): Unternehmen im Wettbewerb: Investitions-, Wettbewerbs- und Wachstumstheorie als Einheit, Wiesbaden 1991.

Albrecht, U./Pfitzinger, E./Vogel, M. (1995): Projekt DIN ISO 9000: Vorgehensmodell zur Implementierung eines Qualitätsmanagementsystems, 2. Aufl., Berlin u.a. 1995.

Alchian, A.A./Demsetz, H. (1972): Production, Information Costs and Economic Organization, in: American Economic Review, Bd. 62, 1972, S. 777-765.

Alves, R. (1996): Integrierte Führung und Imitationsmanagement in Filialsystemen des Handels: Ein Beitrag zur Anwendung der Ergebnisse empirischer Erfolgsforschung, Frankfurt am Main u.a. 1996.

Andritzky, K. (1977): Die Operationalisierbarkeit von Theorien zum Konsumentenverhalten, Berlin 1977.

Arlt, G./Bachthaler, M. (1997): Qualitätsmanagement lohnt, in: QZ - Qualität und Zuverlässigkeit, 4/1997, S. 410-414.

Arrow, K.J. (1985): The Economics of Agency, in: Pratt, J.W./Zeckhauser, R.J. (Hrsg.): Principals and Agents: The Structure of Business, Boston 1985, S. 37-51.

Arzet, H./Bachmann, H./Jung, N. (1997): Qualitätsmanagement für Dienstleistungs- und Handelsunternehmen: Arbeitshandbuch zur Zertifizierungsvorbereitung nach DIN EN ISO 9000 ff, Bonn 1997.

Aufderheide, D. (1996): Konstitutionelle Ökonomik versus Theorie der Wirtschaftspolitk: Herausforderung des Herausforderers?, in: Pies, I./Leschke, M. (Hrsg.): James Buchanans konstitutionelle Ökonomik, Tübingen 1996, S. 184-192.

Ausschuß für Begriffsdefinitionen aus der Handels- und Absatzwirtschaft (Hrsg., 1995): Katalog E: Begriffsdefinitionen aus der Handels- und Absatzwirtschaft, 4. Aufl., Köln 1995.

Backhaus, K./Aufderheide, D. (1995): Institutionenökonomische Fundierung des Marketing: Der Geschäftstypenansatz, in: Kaas, K.P. (Hrsg.): Kontrakte, Geschäftsbeziehungen, Netzwerke - Marketing und Neue Institutionenökonomik, S. 43-60.

Barth, C./Schoof, A. (1996): Qualitätskosten - Qualitätsgewinne, in: QZ - Qualität und Zuverlässigkeit, 6/1996, S. 652-656.

Barth, K. (1982): Die erkenntnisfördernde Bedeutung der Handelsfunktionen - Plädoyer für einen verkannten Forschungsansatz, in: Mitteilungen des Instituts für Handelsforschung der Universität zu Köln, Nr. 10, Oktober 1982, S. 106-111.

Barth, K. (1996): Betriebswirtschaftslehre des Handels, 3. Aufl., Wiesbaden 1996.

Barth, K./Helpup, A. (1994): Die Relevanz des Lean-Management-Ansatzes für Handelsunternehmen, in: Forschungsstelle für den Handel Berlin (FfH) e.V. (Hrsg.): Handelsforschung 1994/1995: Kooperation im Handel und mit dem Handel, Wiesbaden 1994, S. 223-240.

Battenfeld, D. (1997): Kostenmanagement und prozeßorientierte Kostenrechnung im Handel: konzeptionelle Grundlagen einer internen Marktorientierung durch Verrechnungspreise, Frankfurt am Main 1997.

Bayer, T. (1998): Auswirkungen eines zertifizierten Qualitätsmanagementsystems nach DIN EN ISO 9000ff. auf die Haftungssituation im Unternehmen, Berlin 1998.

BBE-Unternehmensberatung GmbH (Hrsg., 1986): Marktforschungsmethoden zur Absicherung der Geschäftspolitik im Einzelhandel, Köln 1986.

Beck, P. (1997): Qualitätsmanagement und Transaktionskostenansatz: Instrumente zur Optimierung Vertraglicher Vertriebssysteme, Wiesbaden 1997.

Becker, F.G. (1985): Anreizsysteme für Führungskräfte im Strategischen Management, Bergisch Gladbach u.a. 1985.

Becker, J. (1995): Business Process Reengineering: Sturm im Wasserglas oder Konzeption mit Ver- (und Be-)stand?, in: m&c - Management & Computer, 1/1995, S. 65-66.

Becker, J. (1998): Die Architektur von Handelsinformationssystemen, in: Ahlert, D./Becker, J. et.al. (Hrsg.): Informationssysteme für das Handelsmanagement: Konzepte und Nutzung in der Unternehmenspraxis, Berlin u.a. 1998, S. 65-108.

Becker, J./Rosemann, M. (1993): Logistik und CIM: Die effiziente Material- und Informationsflußgestaltung in Industrieunternehmen, Berlin u.a. 1993.

Becker, J./Schütte, R. (1996): Handelsinformationssysteme, Landsberg/Lech 1996.

Becker, J./Vossen G. (1996): Geschäftsprozeßmodellierung und Workflow-Management: Eine Einführung, in: Vossen, G./Becker, J. (Hrsg.): Geschäftsprozeßmodellierung und Workflow-Management: Modelle, Methoden, Werkzeuge, Bonn u.a. 1996, S. 16-26.

Benkenstein, M. (1993): Dienstleistungsqualität: Ansätze zur Messung und Implikationen für die Steuerung, in: ZfB - Zeitschrift für Betriebswirtschaft, 11/1993, S. 1095-1116.

Benkenstein, M. (1996): Qualitätsverbundbeziehungen zwischen unabhängigen Dienstleistungsanbietern, in: DBW - Die Betriebswirtschaft, 6/1996, S. 777-789.

Berghaus, H. (1993): Die Zertifizierungs-/Akkreditierungspolitik der europäischen Gemeinschaft, in: Hansen, W. (Hrsg.): Zertifizierung und Akkreditierung von Produkten und Leistungen der Wirtschaft, München u.a. 1993, S. 3-16.

Berry, L.L. (1968): The Components of Department Store Image: A Study of Three Selected Department Stores in Phoenix, Arizona, Unpublished D.B.A. Dissertation, Arizona State University, Tempe 1968.

Biallo, H. (1993): Beschwerden: Fünfmal so teuer, in: WirtschaftsWoche, Nr. 16 vom 16.4.1993, S. 40-41.

Birkhofer, B. (1996): Zertifizierung mittelständischer Handelsunternehmen nach DIN ISO 9000ff - Grundlagen und Vorgehen bei der Einführung eines norm- und anforderungsgerechten Qualitätsmanagementsystems, Göttingen 1996.

Blatzheim, U./Deppisch, C.G. (1994): "Die Guten ins Töpfchen ...": Anwendung der DIN ISO 9000 ff., in: Der Einzelhandelsberater, 10/194, 1994, S. 46-49.

Boehler, J. (1993): Betriebsform, Wachstum und Wettbewerb, Wiesbaden 1993.

Bonus, H./Wessels, A.M. (1994): Der Franchise-Nehmer - Ein moderner Sklave?, in: Deutscher Franchise Verband e.V. (Hrsg.): Jahrbuch Franchising 1994, Frankfurt am Main 1994, S. 109-117.

Bovermann, A. (1997): Dienstleistungsqualität durch Total Quality Management, Wiesbaden 1997.

Brakhahn, W./Vogt, U. (1997): ISO 9000 für Dienstleister: Schnell und effektiv zum Zertifikat, 2. Aufl., Landsberg/Lech 1997.

Brennan, G./Buchanan, J.M. (1993): Die Begründung von Regeln: Konstitutionelle Politische Ökonomie, Tübingen 1993.

Bretzke, W.-R. (1980): Der Problembezug von Entscheidungsmodellen, Tübingen 1980.

Bretzke, W.-R. (1995): Zertifizierung von Qualitätsmanagementsystemen in Dienstleistungsunternehmen, in: Bruhn, M./Stauss, B. (Hrsg.): Dienstleistungsqualität: Konzepte, Methoden, Erfahrungen, 2. Aufl., Wiesbaden 1995, S. 401-427.

Bruhn, M. (1995): Qualitätssicherung im Dienstleistungsmarketing - eine Einführung in die theoretischen und praktischen Probleme, in: Bruhn, M./Stauss, B. (Hrsg.): Dienstleistungsqualität: Konzepte, Methoden, Erfahrungen, 2. Aufl., Wiesbaden 1995, S. 19-46.

Bruhn, M. (1996): Qualitätsmanagement für Dienstleistungen: Grundlagen, Konzepte, Methoden, Berlin u.a. 1996.

Bruhn, M. (1997): Kundenorientierung im Handel durch professionelles Qualitätsmanagement - das Fallbeispiel Migros, in: Forschungsstelle für den Handel Berlin (FfH) e.V. (Hrsg.): Handelsforschung 1997/1998: Kundenorientierung im Handel, Wiesbaden 1997, S. 47-70.

Brunner, F.J. (1997): Zehn Stufen zur Weltspitze: Strategien auf dem Weg zu Business Excellence, in: QZ - Qualität und Zuverlässigkeit, 10/1997, S. 1123-1128.

Buchanan, J.M. (1959): Positive Economics, Welfare Economics and Political Economy, in: Journal of Law and Economics, Bd. 2, 1959, S. 124-138.

Buchanan, J.M. (1979): What Should Economists do?, in: Buchanan, J.M. (Hrsg.): What Should Economists do?, Indianapolis 1979.

Buchanan, J.M. (1987): Constitutional Economics, in: The New Palgrave, Bd. 1, 1987, S. 585-588.

Büker, B. (1991): Qualitätsbeurteilung investiver Dienstleistungen: Operationalisierungsansätze an einem empirischen Beispiel zentraler EDV-Dienste, Frankfurt am Main u.a. 1991.

Burke, M.C./Berry, L.L. (1974): Do Social Actions of a Corporation Influence Store Image and Profits?, in: Journal of Retailing, 4/1974, S. 62-72.

Burr, W. (1998): Organisation durch Regeln: Prinzipien und Grenzen der Regelsteuerung in Organisationen, in: DBW - Die Betriebswirtschaft, 3/1998, S. 312-331.

Buzzell, R.D/Gale, B.T. (1989): Das PIMS-Programm: Strategien und Unternehmenserfolg, Wiesbaden 1989.

Camman, C./Nadler, D.A. (1982): Kontrollsystem und Managementstil müssen übereinstimmen, in: HARVARDmanager, III/1982, S. 38-45.

Campbell, I. (1996): Qualitätsnormen 2000: Neue Werkzeuge für den internationalen Wettbewerb, in: QZ - Qualität und Zuverlässigkeit, 10/1996, S. 1125-1126.

Cardozo, R.N. (1974): How Images Vary by Product Class, in: Journal of Retailing, 4/1974, S. 85-98.

Chmielewicz, K./Nücke, H. (1981): Lenkungsprobleme der Arbeitnehmerselbstverwaltung, in: Geist, M.N./Köhler, R. (Hrsg.): Die Führung des Betriebs, Stuttgart 1981, S. 179-210.

Clemens, B. (1998): Spritzige Vorreiter, in: Lebensmittelzeitung - Spezial, 4/ 1998, S. 40-43.

Coase, R.H. (1937 (1953)): The Nature of the Firm, in: Economica, Bd. 4, wiederabgedruckt in: Stigler, G.J./Bouldiung, K. (Hrsg.): Readings in Price Theory, London 1937 (1953), S. 386-405.

Commons, J.R. (1931): Institutional Economics, in: American Economic Review, Bd. 21, 1931, S. 648-657.

Cornaz, J.-L. (1994): Vergessen Sie Qualität, wenn Sie sich mit Total Quality Management auseinandersetzen, in: Der Organisator, 7-8/1994, S. 16-18.

Corsten, H. (1986): Zur Diskussion der Dienstleistungsbesonderheiten und ihre ökonomischen Auswirkungen, in: GfK - Gesellschaft für Konsumforschung (Hrsg.): Jahrbuch der Absatz- und Verbrauchsforschung, 1986, S. 16-41.

Curry, D.J./Riesz, P.C. (1988): Prices and Price/Quality Relationships: A Longitudinal Analysis, in: Journal of Marketing, 1/1988, S. 36-51.

Darby, M.R./Karni, E. (1973): Free Competition and the Optimal Amount of Fraud, in: Journal of Law and Economics, Bd. 2, 1973, S. 67-88.

Demsetz, H. (1988): The Theory of the Firm revisited, in: Demsetz, H. (Hrsg.): Ownership, Control and the Firm: The Organization of Economic Activity, Basil Blackwell 1988, S. 144-201.

Deppisch, C.G. (1997): Dienstleistungsqualität im Handel, Wiesbaden 1997.

DGQ - Deutsche Gesellschaft für Qualität e.V. (Hrsg., 1985): Qualitätskosten: Rahmenempfehlungen zu ihrer Definition, Erfassung, Beurteilung, 5. Aufl., Berlin 1985.

DGQ - Deutsche Gesellschaft für Qualität e.V. (Hrsg., 1990): Qualitätskennzahlen (QKZ) und Qualitätskennzahlen-Systeme, 2. Aufl., Berlin 1990.

DGQ - Deutsche Gesellschaft für Qualität e.V. (Hrsg., 1995a): Qualitätsmanagement bei Dienstleistungen, Berlin 1995.

DGQ - Deutsche Gesellschaft für Qualität e.V. (Hrsg., 1995b): Wirtschaftlichkeit durch Qualitätsmanagement, Berlin u.a. 1995.

DGQ - Deutsche Gesellschaft für Qualität e.V. (Hrsg., 1996): Anleitung zur prozeßorientierten Betrachtung von QM-Systemen nach DIN EN ISO 9001 bis 9003, Berlin u.a. 1996.

DGQ - Deutsche Gesellschaft für Qualität e.V. (Hrsg., 1997): QM-Dokumentation: Richtlinie zum prozeßorientierten Aufbau, Berlin u.a. 1997.

DIN - Deutsches Institut für Normung e.V. (Hrsg., 1989): DIN 55350, Teil 12: Begriffe der Qualitätssicherung und Statistik - Merkmalsbezogene Begriffe, Berlin u.a. 1989.

DIN - Deutsches Institut für Normung e.V. (Hrsg., 1992a): DIN ISO 9000, Teil 2 - Entwurf: Qualitätsmanagement und Qualitätssicherungsnormen - Allgemeiner Leitfaden zur Anwendung von ISO 9001, ISO 9002 und ISO 9003, Berlin u.a. 1992.

DIN - Deutsches Institut für Normung e.V. (Hrsg., 1992b): DIN ISO 9004, Teil 2: Qualitätsmanagement und Elemente eines Qualitätssicherungssystems - Leitfaden für Dienstleistungen, Berlin u.a. 1992.

DIN - Deutsches Institut für Normung e.V. (Hrsg., 1994a): DIN EN ISO 9000-1: Normen zum Qualitätsmanagement und zur Qualitätssicherung/QM-Darlegung - Teil 1: Leitfaden zur Auswahl und Anwendung, Berlin u.a. 1994.

DIN - Deutsches Institut für Normung e.V. (Hrsg., 1994b): DIN EN ISO 9001: Qualitätsmanagementsysteme - Modell zur Qualitätssicherung/QM-Darlegung in Design, Entwicklung, Produktion, Montage und Wartung, Berlin u.a. 1994.

DIN - Deutsches Institut für Normung e.V. (Hrsg., 1994c): DIN EN ISO 9002: Qualitätsmanagementsysteme - Modell zur Qualitätssicherung/QM-Darlegung in Produktion, Montage und Wartung, Berlin u.a. 1994.

DIN - Deutsches Institut für Normung e.V. (Hrsg., 1994d): DIN EN ISO 9003: Qualitätsmanagementsysteme - Modell zur Qualitätssicherung/ QM-Darlegung bei der Endprüfung, Berlin u.a. 1994.

DIN - Deutsches Institut für Normung e.V. (Hrsg., 1994e): DIN EN ISO 9004-1, Teil 1: Qualitätsmanagement und Elemente eines Qualitätssicherungssystems - Teil 1: Leitfaden, Berlin u.a. 1994.

DIN - Deutsches Institut für Normung e.V. (Hrsg., 1995a): DIN 55350-11: Begriffe zu Qualitätsmanagement und Statistik - Teil 11: Begriffe des Qualitätsmanagements, Berlin u.a. 1995.

DIN - Deutsches Institut für Normung e.V. (Hrsg., 1995b): DIN EN ISO 8402: Qualitätsmanagement - Begriffe, Berlin u.a. 1995.

DIN - Deutsches Institut für Normung e.V. (Hrsg., 1995c): Beiblatt 1 zu DIN EN ISO 8402: Qualitätsmanagement - Anmerkungen zu den Begriffen, Berlin u.a. 1995.

Disch, W.K.A. (1994): Stoppt die ISO-Normisten, in: Marketing Journal, 6/1994, S. 467-468.

Doepner, F. (1998): Volldampf-Convenience, in: Lebensmittelzeitung - Spezial, 4/1998, S. 48-51.

Donebedian, A. (1980): The Definition of Quality and Approaches to its Assessment, Expolations in Quality, Assessment and Monitoring, Volume I, Ann Arbor 1980.

Döttinger, K./Klaiber, E. (1995): Realisierung eines wirksamen Qualitätsmanagementsystems im Sinne eines Total Quality Managements, in: Stauss, B. (Hrsg.): Qualitätsmanagement und Zertifizierung: Von DIN ISO 9000 zum Total Quality Management, 2. Aufl., Wiesbaden 1995, S. 255-273.

Döttinger, K./Spägele, S. (1992): Produkt "Dienstleistung" - Der Leitfaden für Dienstleistungs-Unternehmen: DIN ISO 9004, Teil 2, in: QZ - Qualität und Zuverlässigkeit, 3/1992, S. 141-143.

Dressler, M. (1998): Erfolgreiche Vergütungssysteme im deutschen Einzelhandel, Frankfurt am Main 1998.

Ehrhart, K.J. (Hrsg., 1995): Qualitätsmanagement bei Dienstleistungen, Berlin 1995.

Eiff, W.v. (1991): Organisation - Unternehmerische Gestaltungsaufgabe im gesellschaftlichen und marktwirtschaftlichen Spannungsfeld, in: Eiff, W.v. (Hrsg.): Organisation - Erfolgsfaktor der Unternehmensführung, Landsberg/Lech 1991, S. 19-78.

Eiff, W.v. (1995): Gedanken zur Realisierungsnot von Managementkonzepten: Etiketten und Gurus, in: Office Management, 11/1995, S. 14-18.

Eiff, W.v. (1996): Turn to clear vision: Herausforderungen an das Krankenhaus-Management 1996, in: CKM im Dialog, 1996, S. 1.

Engelhardt, W.H./Kleinaltenkamp, M./Reckenfelderbäumer, M. (1993): Leistungsbündel als Absatzobjekte: Ein Ansatz zur Überwindung der Dichotomie von Sach- und Dienstleistungen, in: zfbf - Zeitschrift für betriebswirtschaftliche Forschung, 5/1993, S. 395-426.

Engelke, M./Pfohl, H.-C. (1994): QM-Systeme sind extern motiviert. Ergebnisse einer empirischen Studie zu den Gründen der Zertifizierung nach DIN ISO 9000ff, in: QZ - Qualität und Zuverlässigkeit, 8/1994, S. 860-863.

Facklam, T. (1995): Zertifizierung - was soll's?, in: QZ - Qualität und Zuverlässigkeit, 5/1995, S. 488-489.

Fama, E.F. (1980): Agency Problems and the Theory of the Firm, in: Journal of Political Economy, Bd. 88, 1980, S. 288-307.

Fank, M./Kwiecinski, C. (1996): Total Quality Management (TQM): Bekanntheit, Gründe und erste Erfahrungen, in: Der Betriebswirt, 3/1996, S. 8-11.

Feldmann, H. (1995): Eine institutionalistische Revolution? - Zur dogmenhistorischen Bedeutung der modernen Institutionenökonomik, in: Volkswirtschaftliche Schriften, Bd. 448, 1995.

Fend, L. (1998): Stand und Perspektiven im Handels-Marketing - unter besonderer Berücksichtigung der zunehmenden Bedeutung von Serviceleistungen, in: Meyer, A. (Hrsg.): Handbuch Dienstleistungs-Marketing, Bd. 2, Stuttgart 1998, S. 1439-1453.

Fischer, C.A. (1993): Kundenzufriedenheit durch Qualitätsmanagement im Dienstleistungssektor, 1993.

Fisk, G. (1961): A Conceptual Modell for Studying Customer Image, in: Journal of Retailing, 4/1961, S. 1-8 und 54.

Folkers, C. (1996): Konstitutionelle Ökonomik und Finanzwissenschaft, in: Pies, I./Leschke, M. (Hrsg.): James Buchanans konstitutionelle Ökonomik, Tübingen 1996, S. 111-149.

Forschungsgemeinschaft Qualitätssicherung e.V. (Hrsg., 1995): Qualitätssicherung in Dienstleistungsprozessen: theoretische Grundlagen für die strategische Planung von Qualitätszielen im Dienstleistungsbereich - Abschlußbericht, Berlin u.a. 1995.

Francke, J./Wilmes, J. (1996a): Im Ganzen positiv: Erfahrungen deutscher Unternehmen mit der Zertifizierung nach DIN EN ISO 9001 bis 9003 - Teil 1, in: QZ - Qualität und Zuverlässigkeit, 7/1996, S. 663-667.

Francke, J./Wilmes, J. (1996b): Welchen Nutzen hat die Zertifizierung? - Erfahrungen und Planungen von Unternehmen mit einem zertifizierten Managementsystem nach DIN EN ISO 9000 ff., in: QZ - Qualität und Zuverlässigkeit, 7/1996, S. 792-794.

Franke, H. (1996): Der erfolgreiche Unsinn mit der DIN ISO 9000, in: Reaprint Verlag AG (Hrsg.): Agenda 1996: Das Jahrbuch zur Qualität, Gossau 1996, o.S.

Frehr, H.-U. (1994): Total-Quality-Management, in: Masing, W. (Hrsg.): Handbuch Qualitätsmanagement, 3. Aufl., München u.a. 1994, S. 31-48.

Frese, E. (1993): Grundlagen der Organisation: Konzept - Prinzipien - Strukturen, 5. Aufl., Wiesbaden 1993.

Frese, E. (1994): Aktuelle Organisationskonzepte und Informationstechnologien, in: m&c - Management und Computer, 2/1994, S. 129-134.

Freyer, J. (1994): Ein Wegbegleiter bis zur Zertifizierung - Worin liegt der Nutzen?, in: QZ - Qualität und Zuverlässigkeit, 9/1994, S. 995-998.

Fritsch, M./Wein, T./Ewers, H.-J. (1996): Marktversagen und Wirtschaftspolitik: Mikroökonomische Grundlagen staatlichen Handelns, 2. Aufl., München 1996.

Furubotn, E.G./Pejovich, S. (1972): Property Rights and Economic Theory: A Survey of Recent Literature, in: Journal of Economic Literature, 1972, S. 1137-1162.

Garvin, D.A. (1988): Managing Quality, New York u.a. 1988.

Gaster, D. (1994): Qualitätsaudit, in: Masing, W. (Hrsg.): Handbuch Qualitätsmanagement, 3. Aufl., München u.a. 1994, S. 927-948.

Geiger, W. (1994a): Qualitätslehre: Einführung, Systematik, Terminologie, 2. Aufl., Braunschweig u.a. 1994.

Geiger, W. (1994b): Qualitätsmanagement bei immateriellen Produkten, in: Masing, W. (Hrsg.): Handbuch Qualitätsmanagement, 3. Aufl., München u.a. 1994, S. 767-786.

Geiger, W. (1995): Die Entstehung, Erstellung und Weiterentwicklung der DIN ISO 9000-Familie, in: Stauss, B. (Hrsg.): Qualitätsmanagement und Zertifizierung: Von DIN ISO 9000 zum Total Quality Management, 2. Aufl., Wiesbaden 1995, S. 27-62.

Geiger, W. (1997): Was bringt die neue ISO 9000-Familie?: Fakten und Erwartungen zur Langzeitrevision der ISO 9000-Familie, in: QZ - Qualität und Zuverlässigkeit, 8/1997, S. 884-887.

Gerstung, F. (1978): Die Servicepolitik als Instrument des Handelsmarketing, Göttingen 1978.

Glaap, W. (1996): ISO 9000 leichtgemacht: praktische Hinweise und Hilfen zur Entwicklung und Einführung von QM-Systemen, 2. Aufl., München u.a. 1996.

Goldberg, V. (1976): Regulation and Administered Contracts, in: Bell Journal of Economics, Bd. 7, 1976, S. 426-448.

Grabert, S./Kamiske, C. et.al. (1994): Qualitätsmanagementsysteme nach DIN ISO 9000: Wo liegen die Schwierigkeiten? - Eine empirische Schwachstellenuntersuchung in 37 Unternehmen, in: QZ - Qualität und Zuverlässigkeit, 5/1994, S. 269-274.

Graebig, K. (1997): DIN EN ISO 9000 ff/ÖNORM EN ISO 9000 ff/SN EN ISO 9000 ff für kleine und mittelständische Unternehmen (KMU), Berlin u.a. 1997.

Graubohm, H. (1995): TQM und Normierung - ein Widerspruch?, in: zfo - Zeitschrift Führung + Organisation, 1/1995, S. 2-3.

Griepentrog, H. (1992): Zertifizierung - Durchbruch oder Feigenblatt, in: Arthur D. Little (Hrsg.): Management von Spitzenqualität, Wiesbaden 1992, S. 77-82.

Grönroos, C. (1995): Die Herausforderungen im Dienstleistungswettbewerb - Wirtschaftlichkeitsvorteile durch guten Service, in: Bruhn, M./Stauss, B. (Hrsg.): Dienstleistungsqualität: Konzepte, Methoden, Erfahrungen, 2. Aufl., Wiesbaden 1995, S. 65-79.

Grossman, S.J./Stiglitz, J.E. (1976): Information and Competitive Price Systems, in: American Economic Review, Papers and Proceedings 1976, S. 246-255.

Gutenberg, E. (1983): Grundlagen der Betriebswirtschaftslehre, Bd. 1: Die Produktion, 24. Aufl., Berlin u.a. 1983.

Gutenberg, E. (1984): Grundlagen der Betriebswirtschaftslehre, Bd. 2: Der Absatz, 17. Aufl., Berlin u.a. 1984.

Hammer, M./Champy, J. (1995): Business Reengineering - Die Radikalkur für das Unternehmen, 5. Aufl., Frankfurt 1995.

Hampe, K.-D./Hummel, R. (1996): Dialog zum Nutzen des Kunden Qualitätssicherungsvereinbarungen (QSV) zwischen Handelsunternehmen und ihren Lieferanten, in: QZ - Qualität und Zuverlässigkeit, 9/1996, S. 1059-1061.

Hans, R. (1992): Verantwortung der obersten Leitung, in: Qualität und Zuverlässigkeit, 5/1992, S. 249-251.

Hansen, U. (1990): Absatz- und Beschaffungsmarketing des Einzelhandels, 2. Aufl., Göttingen 1990.

Hansen, W. (1997): Qualität sichern oder managen - ist der Weg das Ziel?, in: Petrick, K./DIN - Deutsches Institut für Normung e.V. (Hrsg.): Qualitätsmanagement, Umweltmanagement und Zertifizierung in der Europäischen Union, 2. Aufl., Berlin u.a. 1997, S. 97-106.

Hayek, F.A.v. (1969): Freiburger Studien, Tübingen 1969.

Hayek, F.A.v. (1971): Die Verfassung der Freiheit, Tübingen 1971.

Heinemann, G. (1994): Handel im Umbruch - Strategische Neuorientierung, in: Bruhn, M./Meffert, H./Wehrle, F. (Hrsg.): Marktorientierte Unternehmensführung im Umbruch, Stuttgart 1994, S. 311-317.

Helpup, A. (1998): Business Reengineering im Einzelhandel, Aachen 1998.

Henseler, R. (1977): Image und Imagepolitik im Facheinzelhandel, Zürich u.a. 1977.

Hentschel, B. (1990): Die Messung wahrgenommener Dienstleistungsqualität mit SERVQUAL, in: Marketing ZFP, 4/1990, S. 230-240.

Hentschel, B. (1992): Dienstleistungsqualität aus Kundensicht: vom merkmals- zum ereignisorientierten Ansatz, Wiesbaden 1992.

Henzler, R. (1962): Die Ware als handelsbetrieblicher Leistungsfaktor, in: Ruberg, C./Albach, H. (Hrsg.): Handelsbetrieb und Marktordnung, Wiesbaden 1962.

Hering, E./Steparsch, W./Linder, M. (1996): Zertifizierung nach DIN EN ISO 9000, Düsseldorf 1996.

Herrmann, A. (1995): Produktqualität, Kundenzufriedenheit und Unternehmensrentabilität. Eine branchenübergreifende Analyse, in: Bauer, H.H./Diller, H. (Hrsg.): Wege des Marketing: Festschrift zum 60. Geburtstag von Erwin Dichtl, Berlin 1995, S. 237-247.

Holler, M.J./Illing, G. (1996): Einführung in die Spieltheorie, 3. Aufl., Berlin u.a. 1996.

Homburg, C./Becker, J. (1996): Zertifizierung von Qualitätssicherungssystemen nach den Qualitätssicherungsnormen DIN ISO 9000 ff.: Eine kritische Beurteilung, in: WiST - Wirtschaftswissenschaftliches Studium, 9/1996, S. 444-450.

Homburg, C./Werner, H. (1998): Kundenorientierung mit System: Mit Customer Orientation Management zu profitablem Wachstum, Frankfurt (Main) u.a. 1998.

Horowitz, J. (1989): Service entscheidet: Im Wettbewerb um den Kunden, Frankfurt, Main u.a. 1989.

Hothum, C. (1993): Kundenzufriedenheitsprogramme - Mehr als nur Marktforschung?, in: planung und analyse, 6/1993, S. 39-42.

Jackson, P./Ashton, D. (1995): Der Weg zur Zertifizierung, 3. Aufl., Landsberg/Lech 1995.

James, D.L./Durand, R.M./Dreves, R.A. (1976): The Use of a Multi-Attribute Model in a Store Image Study, in: Journal of Retailing, 5/1976, S. 23-32.

Jansen, M.C.W./Menard, C. (1995): The Emergency and Stability of Institutions, Introduction and Overview, in: Journal of Economic Behaviour and Organization, Bd. 28, 1995, S. 157-159.

Jolson, M.A./Spath, W.F. (1973): Understanding and Fulfilling Shoppers' Requirements: An Anomaly in Retailing, in: Journal of Retailing, 2/1973, S. 38-50.

Juran, J.M. (1990): Handbuch der Qualitätsplanung, 2. Aufl., Landsberg/Lech 1990.

Kaas, K.P. (1990): Marketing als Bewältigung von Informations- und Unsicherheitsproblemen im Markt, in: DBW - Die Betriebswirtschaft, 4/1990, S. 539-548.

Kaas, K.P. (1995a): Marketing und Neue Institutionenökonomik, in: Kaas, K.P. (Hrsg.): Kontrakte, Geschäftsbeziehungen, Netzwerke - Marketing und Neue Institutionenökonomik, Wiesbaden 1995, S. 1-17.

Kaas, K.P. (1995b): Marketing zwischen Markt und Hierarchie, in: Kaas, K.P. (Hrsg.): Kontrakte, Geschäftsbeziehungen, Netzwerke - Marketing und Neue Institutionenökonomik, Wiesbaden 1995, S. 19-42.

Kamiske, G.F./Brauer J.-P. (1995): Qualitätsmanagement von A-Z: Erläuterungen moderner Begriffe des Qualitätsmanagements, 2. Aufl., München u.a. 1995.

Kamiske, G.F./Malorny, C. (1992): Total Quality Management: Ein bestechendes Führungsmodell mit hohen Anforderungen und großen Chancen, in: zfo - Zeitschrift Führung + Organisation, 5/1992, S. 274-278.

Kamiske, G.F./Malorny, C. (1994): Nutzeffekte können nur vermutet werden, in: FAZ - Frankfurter Allgemeine Zeitung, Nr. 225 vom 27. September 1994, S. B 8.

Kamiske, G.F./Malorny, C./Michael, H. (1994): Zertifiziert - die Meinung danach - Resultate und Konsequenzen einer empirischen Studie bei zertifizierten Unternehmen, in: QZ - Qualität und Zuverlässigkeit, 11/1994, S. 1215-1224.

Kassebohm, K./Malorny, C. (1994): Auditierung und Zertifzierung im Brennpunkt wirtschaftlicher und rechtlicher Interessen, in: ZfB - Zeitschrift für Betriebswirtschaft 6/1994, S. 693-716.

Kelly, R.F./Stephenson, R. (1967): The Semantic Differential: An Information Source for Designing Retail Patronage Appeals, in: Journal of Marketing, 4/1967, S. 43-47.

Kielhorn, O. (1996): Das Richtige daraus machen, in: QZ - Qualität und Zuverlässigkeit, 7/1996, S. 744-745.

Kieser, A. (1995): Anleitung zum kritischen Umgang mit Organisationstheorien, in: Kieser, A. (Hrsg.): Organisationstheorien, 2. Aufl., Stuttgart u.a. 1995, S. 1-30.

Kieser, A. (1996): Moden & Mythen des Organisierens, in: Die Betriebswirtschaft, 1/1996, S. 21-38.

Kihlstrom, R.E./Riordan, M. (1984): Advertising as a Signal, in: Journal of Political Economy, Bd. 92, 1984, S. 427-450.

Klein, B./Leffler, K.B. (1981): The Role of Market Forces in Assuring Contractual Performance, in: Journal of Political Economy, Bd. 89, 1981, S. 615-641.

Kleinaltenkamp, M. (1992): Investitionsgüter-Marketing in informationsökonomischer Sicht, in: zfbf - Zeitschrift für betriebswirtschaftliche Forschung, 9/1992, S. 809-829.

Klinkenberg, U. (1995): Organisatorische Implikationen des Total Quality Management, in: DBW - Die Betriebswirtschaft, 5/1995, S. 599-614.

Klotz, U. (1996): ISO 9000 - Weg und Wirkung: Management und Qualität (2), in: Office Management, 7-8/1996, S. 36-40.

Kolleck, K.D. (1995): Auswirkungen der ISO-9000-Revision, in: QZ - Qualität und Zuverlässigkeit, 8/1995, S. 936-939.

Koppelmann, U./Mertens, J. (1987): Der Handel als Gestalter der Qualität, in: Lisson, A. (Hrsg.): Qualität - Die Herausforderung: Erfahrungen - Perspektiven, Berlin u.a. 1987, S. 321-338.

Kornobis, K.-J. (1997): Die Entwicklung von Handelsmarken - Untersuchungen und Zukunftsperspektiven im Verbrauchsgüterbereich, in: Bruhn, M. (Hrsg.): Handelsmarken: Entwicklungstendenzen und Zukunftsperspektiven der Handelsmarkenpolitik, 2. Aufl., Stuttgart 1997, S. 237-264.

Korte, C. (1995): Customer satisfaction measurement: Kundenzufriedenheitsmessung als Informationsgrundlage des Hersteller- und Handelsmarketing am Beispiel der Automobilwirtschaft, Frankfurt am Main 1995.

Kosiol, E. (1961): Modellanalyse als Grundlage unternehmerischer Entscheidungen, in: ZfhF - Zeitschrift für handelswissenschaftliche Forschung, 1961, S. 318-334.

Kreimel, F./Kolleth, S. (1995): Total Quality Management im Einzelhandel, in: Journal für Betriebswirtschaft, 3/1995, S. 201-213.

Krystek, U./Zumbrock, S. (1993): Planung und Vertrauen: Die Bedeutung von Vertrauen und Mißtrauen für die Qualität von Planungs- und Kontrollsystemen, Stuttgart 1993.

Kunkel, M. (1994): Franchising und asymmetrische Information: Eine institutionenökonomische Untersuchung, Wiesbaden 1994.

Kunstmann, R. (1996): Ist die ISO 9000 noch zu retten?: Die Norm im Kampf zwischen Bürokraten und Besserwissern, in: QZ - Qualität und Zuverlässigkeit, 10/1996, S. 1088-1089.

Kuss, A. (1991): Käuferverhalten, Stuttgart 1991.

Lamprecht, J.L. (1996): ISO 9000 - Vorbereitungen zur Zertifizierung, 2. Aufl., Hamburg 1996.

Lang, F. (1996): ISO 9000: Schritt für Schritt zum Vertrauen zwischen Marktpartnern, Düsseldorf u.a. 1996.

Laucht, O./Lücke, O. (1994): Einordnung der DIN ISO 9000 ff. und ihre Umsetzung durch qualitätsorientierte Entgeltsysteme bei Arbeitsgruppen, in: QZ - Qualität und Zuverlässigkeit, Sonderteil April 1994, S. ZE 55-ZE 68.

Leavitt, J. (1954): A Note on some experimental Findings about the Meaning of Price, in: Journal of Business, 1954, S. 205-210.

Lehmann, A. (1995): Dienstleistungsmanagement: Strategien und Ansatzpunkte zur Schaffung von Servicequalität, 2. Aufl., Stuttgart 1995.

Lehr, C. (1996): Qualitätsmanagement im Hartwarenhandel: DIN EN ISO 9000 ff., Düsseldorf 1996.

Leland, H.E. (1979): Quacks, Lemons and Licensing: A Theory of Minimum Quality Standards, in: Journal of Political Economy, 1979, S. 1328-1346.

Lerner, F. (1994): Geschichte der Qualitätssicherung, in: Masing, W. (Hrsg.): Handbuch Qualitätsmanagement, 3. Aufl., München u.a. 1994, S. 17-29.

Leschke, M. (1996): Die Funktion der Moral in der liberalen Gesellschaft - Die Perspektive der konstitutionellen Ökonomik, in: Pies, I./Leschke, M. (Hrsg.): James Buchanans konstitutionelle Ökonomik, Tübingen 1996, S. 75-99.

Levy, M./Weitz, B.A. (1995): Retailing Management, 2. Aufl., Chicago u.a. 1995.

Lindquist, J.D. (1974): Meaning of Image: A Survey of Empirical and Hypothetical Evidence, in: Journal of Retailing, 4/1974, S. 29-38.

Lisson, A. (1994): Qualitätsmanagement des Handelsunternehmens, in: Masing, W. (Hrsg.): Handbuch Qualitätsmanagement, 3. Aufl., München u.a. 1994, S. 787-805.

Lübbe, U. (1996): Qualitätsmanagementsysteme, in: Bullinger, H.-J./Warnecke, J. (Hrsg.): Neue Organisationsformen im Unternehmen: ein Handbuch für das moderne Management, Berlin u.a. 1996, S. 769-785.

Luhmann, N. (1989): Vertrauen - Ein Mechanismus der Reduktion sozialer Komplexität, 3. Aufl., Stuttgart 1989.

MacNeil, I.R. (1978): Contracts: Adjustment of Long-Term Economic Relations under Classical, Neoclassical an Relational Contract Law, in: Northwestern University Law Review, Bd. 72, 1978, S. 854-905.

Mandewirth, S.O. (1997): Transaktionskosten von Handelskooperationen: Ein Effizienzkriterium für Verbundgruppen und Franchise-Systeme, Heidelberg 1997.

Martineau, P. (1958): The Personality of the Retail Store, in: Harvard Business Review, 1/1958, S. 47-55.

Masing, W. (1994): Einführung in die Qualitätslehre, 8. Aufl., Berlin u.a. 1994.

Mathieu, G. (1980): Betriebstypenpolitik - Strategie, Entwicklung, Einführung, in: Absatzwirtschaft, 10/1980, S. 116-127.

Maximov, J. (1991): Total Quality Management im Handel, in: GDI - Gottlieb Duttweiler Institut für wirtschaftliche und soziale Studien (Hrsg.): The New Age of Quality in Retailing, Rüschlikon/Zürich 1991, S. 17-35.

McDougall, G.H.G./Fry, J.N. (1974): Combining Two Methods of Image Measurement: Semantic Differential and Open-End Technique, in: Journal of Retailing, 4/1974, S. 53-61.

Meffert, H. (1994): Einführung in die Problemstellung, in: Beziehungsmarketing - neue Wege zur Kundenbindung, Dokumentationspapier Nr. 95 der Wissenschaftlichen Gesellschaft für Marketing und Unternehmensführung e.V., Münster 1994, S. 1-5.

Meffert, H.(1995): Qualität als Wettbewerbsfaktor, in: Preßmar, D.B. (Hrsg.): Total Quality Management I, Wiesbaden 1995, S. 19-35.

Meffert, H./Bruhn, M. (1997): Dienstleistungsmarketing, Grundlagen - Konzepte - Methoden, 2. Aufl., Wiesbaden 1997.

Meister, H. (1994): Qualität ist das, was Kunden (!) dafür halten: mit PVP die Kunden-Zufriedenheit nachhaltig messen, in: Marketing-Journal, 6/1994, S. 492-495.

Mewis, D. (1998): Bequem, teuer, exklusiv, in: Lebensmittelzeitung - Spezial, 4/1998, S. 52.

Meyer, A. (1986): Dienstleistungsmarketing: Erkenntnisse und praktische Beispiele, Augsburg 1986.

Meyer, A./Dornach, F. (1995): Das Deutsche Kundenbarometer 1995 - Qualität und Zufriedenheit - Jahrbuch der Kundenzufriedenheit in Deutschland 1995, München 1995.

Meyer, A./Fend, L. (1996): Servicequalität im Handel, in: Forschungsstelle für den Handel Berlin (FfH) e.V. (Hrsg.): Handelsforschung 1996/1997: Positionierung des Handels, Wiesbaden 1996, S. 67-85.

Meyer, A./Westerbarkey, P. (1995): Bedeutung der Kundenbeteiligung für die Qualitätspolitik von Dienstleistungsunternehmen, in: Bruhn, M./Stauss, B. (Hrsg.): Dienstleistungsqualität: Konzepte, Methoden, Erfahrungen, 2. Aufl., Wiesbaden 1995, S. 81-103.

Milgrom, P./Roberts, J. (1986): Price and Advertising Signals of Product Quality, in: Journal of Political Economy, Bd. 94, 1986, S. 796-821.

Modrow, K. (1995): Qualitätsmanagement in Verbundgruppen: was ist aus der Euphorie um die DIN EN ISO 9000 ff. geworden?, in: Der Verbund, 4/1995, S. 12-17.

Möhlenbruch, D. (1994): Sortimentspolitik im Einzelhandel: Planung und Steuerung, Wiesbaden 1994.

Möhlenbruch, D./Nickel, S. (1995): Innovationen und Informationsmanagement - Ansatzpunkte zur Entwicklung innovativer Strategien im Einzelhandel, in: Forschungsstelle für den Handel Berlin (FfH) e.V. (Hrsg.): Handelsforschung 1995/1996: Informationsmanagement im Handel, Wiesbaden 1995, S. 107-122.

Molitor, B. (1989): Wirtschaftsethik, München 1989.

Morgan, G. (1986): Images of Organization, Beverly Hills 1986.

Müller, S./Beeskow, W. (1982): Einkaufsstättenimage und Einkaufsstättenwahl, in: GfK - Gesellschaft für Konsum-, Markt- und Absatzforschung e.V. (Hrsg.): Jahrbuch der Absatz- und Verbrauchsforschung, 3/1982, S. 400-426.

Müller-Hagedorn, L. (1990): Zur Erklärung der Vielfalt und Dynamik der Vertriebsformen, in: zfbf - Zeitschrift für betriebswirtschaftliche Forschung, 6/1990, S. 451-466.

Müller-Hagedorn, L. (1997): Der Produktionsverbindungshandel: Ökonomische Bestimmungsfaktoren seiner Position, in: Backhaus, K. u.a. (Hrsg.): Marktleistung und Wettbewerb: Strategische und operative Perspektiven der marktorientierten Leistungsgestaltung, Wiesbaden u.a. 1997, S. 425-448.

Müller-Hagedorn, L. (1998): Der Handel, Stuttgart u.a. 1998.

Münchrath, R. (1995): Qualitätssicherung in Verkauf und Service: Kundenorientierte Dienstleistungen nach DIN EN ISO 9000, Frankfurt/Main 1995.

Murphy, J.A. (1994): Dienstleistungsqualität in der Praxis: mit Fallstudien, Checklisten, Fragebogen, München u.a. 1994.

Musgrave, A.E. (1998): Explanation, Description and Scientific Realism, in Keuth, H. (Hrsg.): Karl Popper: Logik der Forschung, Berlin 1998, S. 83-102.

Nagele, T.T./Holden, R.K./Larsen, G.M. (1998): Pricing: Praxis der optimalen Preisfindung, Berlin u.a. 1998.

Nelson, P. (1970): Information and Consumer Behaviour, in: Journal of Political Economy, Bd. 78, 1970, S. 311-329.

Neumann, C. (1995): Hamwanich und Jibtetnich: Neun gute Gründe für Kunden, Reißaus zu nehmen, in: Einzelhandelsberater, 6/1995, S. 74-75.

Niemand, S./Renner, A./Ruthsatz, O. (1990): Einleitung, in: Horváth, P./Urban, G. (Hrsg.): Qualitätscontrolling, Stuttgart 1990, S. 1-16.

Niemand, S./Ruthsatz, O. (1990): Gestaltungsaspekte des Qualitätscontrolling, in: Horváth, P./Urban, G. (Hrsg.): Qualitätscontrolling, Stuttgart 1990, S. 17-61.

Niemann, H./Illgen, R./Hansen, M. (1997): Qualitätsmanagement in Handelsunternehmen, Heidelberg 1997.

o.V. (1986): James Buchanan - Regeln statt Moral, in: Wirtschaftswoche vom 31.10.1986, S. 42-45.

o.V. (1993): Die verlorenen Ehre des König K., in: Managermagazin, 9/1993, S. 180-192.

o.V. (1994a): Maul halten, Zahlen, in: Der Spiegel, 26/1994, S. 68-77.

o.V. (1994b): Presseinformationen der Mercuri International Deutschland, München 1994.

o.V. (1995): Verkaufsstars mit Allüren?, in: Einzelhandelsberater, 8/1995, S. 58-60.

Olbrich, R. (1998): Unternehmungswachstum, Verdrängung und Konzentration im Konsumgüterhandel, Stuttgart 1998.

Ortlieb, P. (1993): Qualitätsmanagement und betriebliches Anreizsystem, Pfaffenweiler 1993.

Otto, A. (1993): Das Management der Qualität von Transportdienstleistungen, Nürnberg 1993.

Parasuraman, A./Zeithaml, V.A./Berry, L.L. (1985): A Conceptual Model of Service Quality and its Implications for Future Research, in: Journal of Marketing, 4/1985, S. 41-50.

Pärsch, J.G. (1994): Zertifizierung von Qualitätsmanagementsystemen, in: Masing, W. (Hrsg.): Handbuch Qualitätsmanagement, 3. Aufl., München u.a. 1994, S. 949-958.

Pathak, D.S./Crissy, W.J.E./Sweitzer, R.E. (1974): Customer Image versus the Retailer's Anticipated Image, in: Journal of Retailing, 4/1974, S. 21-27.

Patterson, J.G. (1995): ISO 9000: globaler Qualitätsstandard - Kosten-Nutzen-Relation - die zwanzig Elemente - Qualitäts-Checklist, Wien 1995.

Perry, M./Norton, N.J. (1970): Dimensions of Store Image, in: The Southern Journal of Business, Bd. 5, 1970, S. 1-7.

Petermann, F. (1992): Psychologie des Vertrauens, 2. Aufl., München 1992.

Peters, M. (1995): Besonderheiten des Dienstleistungsmarketing - Planung und Durchsetzung der Qualitätspolitik am Markt, in: Bruhn, M./Stauss, B. (Hrsg.): Dienstleistungsqualität: Konzepte, Methoden, Erfahrungen, 2. Aufl., Wiesbaden 1995, S. 47-63.

Petrick, K. (1995): Auditierung und Zertifizierung von Qualitätsmanagementsystemen gemäß den Normen DIN ISO 9000 bis 9004 mit Blick auf Europa, in: Stauss, B. (Hrsg.): Qualitätsmanagement und Zertifizierung: Von DIN ISO 9000 zum Total Quality Management, 2. Aufl., Wiesbaden 1995, S. 93-126.

Petrick, K. (1996): Die Weiterentwicklung der ISO-9000-Normenfamilie, in: Reaprint Verlag AG (Hrsg.): Agenda 1996: Das Jahrbuch zur Qualität, Gossau 1996, o.S.

Pfitzinger E. (1995): DIN EN ISO 9000 für Dienstleistungsunternehmen, Berlin u.a. 1995.

Picot, A. (1986): Transaktionskosten im Handel, in: BB - Betriebs-Berater, Beilage 13/1986 zu 27/1986, S. 1-16.

Picot, A. (1990): Vorwort zur deutschen Ausgabe, in: Williamson, O.E.: Die Ökonomischen Institutionen des Kapitalismus: Unternehmen, Märkte, Kooperationen, Tübingen 1990, S. XIII-XIV.

Picot, A. (1991): Ökonomische Theorien der Organisation: Ein Überblick über neuere Ansätze und deren betriebswirtschaftliches Anwendungspotential, in: Ordelheide, D./Rudolph, B./Büsselmann, E. (Hrsg.): Betriebswirtschaftslehre und ökonomische Theorie, Stuttgart 1991, S. 143-170.

Picot, A. (1992): Ronald Coase - Nobelpreisträger 1991, Transaktionskosten: Ein zentraler Beitrag zur wirtschaftswissenschaftlichen Analyse, in: WiSt - Wirtschaftswissenschaftliches Studium, 2/1992, S. 79-83.

Picot, A./ Böhme, M. (1995): Zum Stand der prozeßorientierten Unternehmensgestaltung in Deutschland, in Nippa, M./Picot, A. (Hrsg.), Prozeßmanagement und Reengineering - Die Praxis im deutschsprachigen Raum, Frankfurt u.a. 1995, S. 227-247.

Picot, A./Dietl, H. (1990): Transaktionskostentheorie, in: WiSt - Wirtschaftswissenschaftliches Studium, 4/1990, S. 178-184.

Pies, I. (1996): Theoretische Grundlagen demokratischer Wirtschafts-Gesellschaftspolitik - Der Beitrag James Buchanan, in: Pies, I./Leschke, M. (Hrsg.): James Buchanans konstitutionelle Ökonomik, Tübingen 1996, S. 1-18.

Pine, B.J./Gilmore, J.H. (1999): Willkommen in der Erlebnisökonomie, in Harvard Business Manager, 1/1999, S. 56-64.

Plötner, O. (1995): Das Vertrauen des Kunden: Relevanz, Aufbau und Steuerung auf industriellen Märkten, Wiesbaden 1995.

Pratt, J.W./Zeckhauser, R.J. (1985): Principals and Agents: An Overview, in: Pratt, J.W./Zeckhauser, R.J. (Hrsg.): Principals and Agents: The Structure of Business, Boston 1985, S. 1-35.

Price Waterhouse Unternehmensberatung GmbH (Hrsg., 1993): Zertifizierung des Qualitätssicherungssystems - Pflicht oder Kür? - Ergebnisse einer Befragung zertifizierter Unternehmen, Frankfurt a.M. 1993.

Qualitec Ebasco GmbH - TÜV Rheinland Gruppe (Hrsg., 1996): "Was hat die Zertifizierung für Ihr Unternehmen gebracht?", unveröffentlichte Dokumentation der Befragungsergebnisse aus Herbst 1995/Frühjahr 1996, Köln 1996.

Rasmusen, E. (1989): Games and Information, Oxford u.a. 1989.

Rescheneder, K. (1996): Von ISO 9000 zu TQM: Systeme und Werkzeuge des Qualitätsmanagements im Überblick, in: QZ - Qualität und Zuverlässigkeit, 5/1996, S. 512-516.

Richter, R. (1994): Institutionen ökonomisch analysiert, Saarbrücken 1994.

Rieker, J. (1995): Norm ohne Nutzen?, in: Managermagazin, Dezember 1995, S. 200-207.

Rieper, B. (1992): Betriebswirtschaftliche Entscheidungsmodelle: Grundlagen, Herne u.a. 1992.

Rode, J. (1998): Shoppen ohne Grenzen, in: Lebensmittelzeitung - Spezial, 4/1998, S. 60-63.

Rosbach, B. (1998): Die Goldgräber kommen, in: Lebensmittelzeitung - Spezial, 4/1998, S. 56-58.

Rosenberger, G. (1982): Unterlagen zu Revisionen am Verkaufspunkt bei Einführung der Interaktionsstrategie im Absatzmarketing, Fischer, G. (Hrsg.): Interaktionsstrategie im Absatzmarketing, Gernsbach 1982, S. 155-178.

Ross, S.A. (1973): The Economic Theory of Agency: The Principal's Problem, in: American Economic Review, Bd. 63, 1973, S. 134-139.

Rothery, B. (1994): Der Leitfaden zur ISO 9000: Mit QM-Musterhandbuch und Erläuterungen, München u.a. 1994.

Saatweber, J. (1995): Inhalt und Zielsetzung von Qualitätsmanagementsystemen gemäß den Normen DIN ISO 9000 bis 9004, in: Stauss, B. (Hrsg.): Qualitätsmanagement und Zertifizierung: Von DIN ISO 9000 zum Total Quality Management, 2. Aufl., Wiesbaden 1995, S. 63-91.

Schenk, H.-O. (1997a): Ansatzstellen der Kundenorientierung im Einzelhandel und ihre Implikationen, in: Forschungsstelle für den Handel Berlin (FfH) e.V. (Hrsg.): Handelsforschung 1997/ 1998: Kundenorientierung im Handel, Wiesbaden 1997, S. 21-43.

Schenk, H.-O. (1997b): Funktionen, Erfolgsbedingungen und Psychostrategie von Handels- und Gattungsmarken, in: Bruhn, M. (Hrsg.): Handelsmarken: Entwicklungstendenzen und Zukunftsperspektiven der Handelsmarkenpolitik, 2. Aufl., Stuttgart 1997, S. 71-96.

Schildknecht, R. (1992): Total Quality Management: Konzeption und state of the Art, Frankfurt/Main u.a. 1992.

Schlautmann, C. (1994): ISO 9000 ff: Fehler gegen Null, in: Handelsjournal, 10/ 1994, S. 8-11.

Schlautmann, C. (1995): König Kunde: Weiterhin ungeküßt, in: Handelsjournal, 7/ 1995, S. 8-11.

Schmidiger, M.P. (1996): Die Qualität von Beratungsleistungen im Einzelhandel, St. Gallen 1996.

Schmidt, J. (1996): Regeln, Interessen und Moral: Bemerkungen zum normativen Ansatz der konstitutionellen Ökonomik, in: Pies, I./Leschke, M. (Hrsg.): James Buchanans konstitutionelle Ökonomik, Tübingen 1996, S. 100-105.

Schmitz, C.A. (1992): Müssen Kunden um Beratung betteln?, in: Absatzwirtschaft, 3/1992, S. 87-93.

Schoenheit, I. (1985): Die Qualität von Beratungsleistungen für Verbraucher, in: Lübke, V./Schoenheit, I. (Hrsg.): Die Qualität von Beratungen für Verbraucher, Frankfurt/Main u.a. 1985.

Schönbach, G. (1998): Auch ISO 9000 führt zu TQM, in: QZ - Qualität und Zuverlässigkeit, 1/1998, S. 16-17.

Schröder, R. (1995): Qualitätssicherung im Baustoff-Fachhandel: DIN ISO 9000 ff. in der Praxis, Duisburg 1995.

Schumann, J. (1992): Grundzüge der mikroökonomischen Theorie, 6. Aufl., Berlin u.a. 1992.

Schütte, R. (1998): Grundsätze ordnungsmäßiger Referenzmodellierung: Konstruktion konfigurations- und anpassungsorientierter Modelle, Wiesbaden 1998.

Schütz, P. (1994): Die Lebenszyklen des Marketing, in: absatzwirtschaft, Sondernummer 10/1994, S. 32-36.

Schwickert, A.C./Beemelmann, T./Kargl, H. (1995): ISO 9000: Normung für Qualitätssicherungssysteme, WISU - Das Wirtschaftsstudium, 3/1995, S. 127-132.

Seghezzi, H.D. (1996): Integriertes Qualitätsmanagement: Das St. Galler Konzept, München u.a. 1996.

Seghezzi, H.D./Dahlem, S. (1997): Schritt für Schritt TQM: Ein Stufenmodell für die Entwicklung des Unternehmens von ISO 9001 in Richtung TQM, in: QZ - Qualität und Zuverlässigkeit, 5/1997, S. 553-557.

Shapiro, C. (1983): Premiums for High Quality Products as Returns to Reputations, in: Quarterly Journal of Economics, Bd. 98, 1983, S. 659-679.

Shavell, S. (1979): Risk Sharing and Incentives in the Principal and Agent Relationship, in: Bell Journal of Economics, Bd. 10, 1979, S. 55-73.

Simon, H. (1982): Preismanagement, Wiesbaden 1982.

Simon, H. (1995): Große Verwirrung, in: Managermagazin, Mai 1995, S. 134-136.

Simon, H./Homburg, C. (1995): Kundenzufriedenheit als strategischer Erfolgsfaktor - Einführende Überlegungen, in: Simon, H./Homburg, C. (Hrsg.): Kundenzufriedenheit: Konzepte - Methoden - Erfahrungen, Wiesbaden 1995, S. 15-27.

Simon, W. (1995): ISO 9000, Gefahr der Bürokratisierung der Qualitätssicherung: Fortschritt mit Rückwärtsgang?, in: Gablers Magazin, 9/1995, S. 6-8.

Sjurts, I. (1998): Kontrolle ist gut, ist Vertrauen besser?, in: DBW - Die Betriebswirtschaft, 3/1998, S. 283-298.

Sommerlatte, T. (1992): Qualität die neue Dimension im Management, in: Arthur D. Little (Hrsg.): Management von Spitzenqualität, Wiesbaden 1992, S. 9-26.

Specht, G./Schenk, M. (1995): Auswirkungen der Zertifizierung nach DIN (EN) ISO 9001-9003, Arbeitspapier Nr. 7 des Instituts für Betriebswirtschaftslehre, Fachgebiet Marketing der Technischen Hochschule Darmstadt, Darmstadt 1995.

Specht, G./Schenk, M. (1996): Auswirkungen der Zertifizierung, in: Werkstatt und Betrieb, 11/1996, S. 932-934.

Spence, M. (1974): Market Signaling: Informational Transfer in Hiring and Related Screening Processes, Cambridge 1974.

Spence, M.A. (1973): Job Market Signaling, in: Quarterly Journal of Economics, Bd. 87, 1973, S. 355-374.

Stauss, B. (1995): Kundenprozeßorientiertes Qualitätsmanagement im Dienstleistungsbereich, in: Preßmar, D.B. (Hrsg.): Total Quality Management II, Wiesbaden 1995, S. 25-50.

Stauss, B./Hentschel, B. (1990): Verfahren der Problementdeckung und -analyse im Qualitätsmanagement von Dienstleistungsunternehmen, in: GfK - Gesellschaft für Konsumforschung (Hrsg.): Jahrbuch der Absatz- und Verbrauchsforschung, 4/1990, S. 232-259.

Stauss, B./Seidel, W. (1996): Beschwerdemanagement: Fehler vermeiden - Leistung verbessern - Kunden binden, München u.a. 1996.

Steinmann, H./Löhr, A. (1991): Grundlagen der Unternehmensethik, Stuttgart 1991.

Stoffl, M. (1997): Total Quality Management im Handel, in: WISU - Das Wirtschaftsstudium, 4/1997, S. 340-352.

Stöhr, A. (1998): Air-Design als Erfolgsfaktor im Handel: Modellgestützte Erfolgsbeurteilung und strategische Empfehlungen, Wiesbaden 1998.

Suchanek, A. (1996): Konstitutionelle Ökonomik und Moral, in: Pies, I./Leschke, M. (Hrsg.): James Buchanans konstitutionelle Ökonomik, Tübingen 1996, S. 106-110.

Sundhoff, E. (1965): Handel, in: Handwörterbuch der Sozialwissenschaften, Bd. 4, Göttingen 1965, S. 762-769.

Teas, R.K. (1994): Retail services image measurement: an examination of the stability of a numerical comparative scale, in: International Review of Retail, Distribution and Consumer Research, 4/1994, S. 427-442.

Terberger, E. (1994): Neo-institutionalistische Ansätze: Entstehung und Wandel, Anspruch und Wirklichkeit, Wiesbaden 1994.

Thomys, A.-K. (1995): Kostenorientiertes Qualitätsmanagement: Qualitätscontrolling zur ständigen Verbesserung der Unternehmeensprozesse, München u.a. 1995.

Töpfer, A. (1994): Zeit-, Kosten und Qualitätswettbewerb: Ein Paradigmenwechsel in der marktorientierten Unternehmensführung, in: Blum, U. et.al. (Hrsg.): Wettbewerb und Unternehmensführung, Stuttgart 1994, S. 223-261.

Tschernig, A. (1998): Hohe Bedeutung für die Wirtschaft, in: BÄKO-magazin, 11/1998, S. 32-35.

Türk, K. (1995): "Die Organisation der Welt": Herrschaft durch Organisation in der modernen Gesellschaft, Opladen 1995.

Ury, W.L./Brett, J.M./Goldberg, S.B. (1991): Konfliktmanagement: Wirksame Strategien für den sachgerechten Interessenausgleich, Frankfurt/Main u.a. 1991.

Vanberg, V. (1981): Liberaler Evolutionismus oder vertragstheoretischer Konstitutionalismus: Zum Problem institutioneller Reformen bei F.A. von Hayek und J.M. Buchanan, Tübingen 1981.

Vanberg, V. (1982): Markt und Organisation, Tübingen 1982.

Varian, H.R. (1991): Grundzüge der Mikroökonomik, 2. Aufl., München u.a. 1991.

Voigt, S. (1996): Die konstitutionelle Ökonomik als Herausforderung für die Theorie der Wirtschaftspolitik - zugleich eine Skizze zur Weiterentwicklung einer ökonomischen Theorie der Verfassung, in: Pies, I./Leschke, M. (Hrsg.): James Buchanans konstitutionelle Ökonomik, Tübingen 1996, S. 157-183.

Voßbein, R. (1979): Führungssystem und Unternehmensorganisation, Essen 1979.

Wagner, H. (1996): Was die Väter der ISO und ihre Übersetzer nicht beachten..., in: Reaprint Verlag AG (Hrsg.): Agenda 1996: Das Jahrbuch zur Qualität, Gossau 1996, o.S.

Watrin, C. (1993): Die Bedeutung von Regeln für die gesellschaftliche Kooperation, in: Brennan, G./Buchanan, J.M.: Die Begründung von Regeln: Konstitutionelle Politische Ökonomie, Tübingen 1993, S. XI-XVIII.

Watrin, C. (1996): James M. Buchanans Entwurf einer konstitutionellen Ökonomik, in: Pies, I./Leschke, M. (Hrsg.): James Buchanans konstitutionelle Ökonomik, Tübingen 1996, S. 253-271.

Weiber, R./Adler, J. (1995): Der Einsatz von Unsicherheitsreduktionsstrategien im Kaufprozeß: Eine informationsökonomische Analyse, in: Kaas, K.P. (Hrsg.): Kontrakte, Geschäftsbeziehungen, Netzwerke - Marketing und Neue Institutionenökonomik, 1995, S. 61-77.

Weinberg, P. (1981): Das Entscheidungsverhalten der Konsumenten, Paderborn u.a. 1981.

Weisenfeld-Schenk, U. (1997): Die Nutzung von Zertifikaten als Signal für Produktqualität, in: ZfB - Zeitschrift für Betriebswirtschaft, 1/1997, S. 21-39.

Weißenberger, B.E. (1998): Zur Bedeutung von Vertrauensstrategien für den Aufbau und Erhalt von Kundenbindung im Konsumgüterbereich, in: zfbf - Zeitschrift für betriebswirtschaftliche Forschung, 7-8/1998, S. 614-640.

Weizsäcker, C.C.v. (1978): Efficiency, The Invisible Hand, Information and Extrapolation, Manuscript, Bonn 1978.

Welge, M./Fessmann, K.D. (1980): Effizienz, organisatorische, in: Grochla, E. (Hrsg.): Handwörterbuch der Organisation, 2. Aufl., Stuttgart 1980.

Westbrook, R.A. (1981): Sources of Consumer Satisfaction with Retail Outlets, in: Journal of Retailing, 3/1981, S. 68-85.

Westerbusch, R./Lücke, O. (1994): Erfahrungen auf dem Weg zum Zertifikat, in: QZ - Qualität und Zuverlässigkeit, Sonderteil April 1994, S. ZE 22-ZE 42.

Wicksell, K. (1896): Finanztheoretische Untersuchung nebst Darstellung und Kritik des Steuerwesens Schwedens, Jena 1896.

Wildemann, H. (1982): Strategien zur Qualitätssicherung: Japanische Ansätze und ihre Übertragbarkeit auf deutsche Unternehmen, in: ZfB - Zeitschrift für Betriebswirtschaft, 11-12/1982, S. 1043-1052.

Williamson, O.E. (1990): Die Ökonomischen Institutionen des Kapitalismus: Unternehmen, Märkte, Kooperationen, Tübingen 1990.

Williamson, O.E. (1993): The Evolving Science of Organization, in: JITE-Journal of Institutional and Theoretical Economics, 1/1993, S. 36-63.

Williamson, O.E. (1996): Transaktionskostenökonomik, 2. Aufl., Hamburg 1996.

Witte, A. (1993): Integrierte Qualitätssteuerung im Total Quality Management, Münster u.a. 1993.

Wolf, G. (1996): Einseitige Fixierung auf das Zertifikat, in: Blick durch die Wirtschaft, Nr. 91 vom 10. Mai 1996, S. 11.

Wolf, S. (1997): Kundenbindung durch Qualitätsmanagement in Einzelhandelsbetrieben, Göttingen 1997.

Wolff, B. (1994): Organisation durch Verträge, Dissertation an der Ludwig-Maximilians-Universität München, München 1994.

Zentes, J./Swoboda, B. (1998): 2005. Totalrelaunch des Handels: Vom Hyperwettbewerb bedroht, durch Innovation gerettet?, in: Absatzwirtschaft, 10/1998, S. 24-30.

Zimmer, D. (1995): Der Handel braucht eine Imagepolitur, in: Harvard Business Manager, 4/1995, S. 51-57.

Zimmer, M./Golden, L.L. (1988): Impressions on Retail Stores: a Content Analysis of Consumer Images, in: Journal of Retailing, 3/1988, 720-724.

Zitterbart, C. (1998): Koordinationsprobleme in der Bekleidungswirtschaft beim Angebot kundenorientierter Sortimente, in: Münsteraner Diskussionsforum Handelsmanagement und Distribution e.V. (Hrsg.): Diskussionsforum 1998, S. 62-70.

Zorn, J. (1991): Gedanken zum Umfang des Begriffs Qualität, in: QZ - Qualität und Zuverlässigkeit, 10/1991, S. 583-585.

SCHRIFTEN ZU DISTRIBUTION UND HANDEL

herausgegeben von Prof. Dr. Dieter Ahlert
Lehrstuhl für Betriebswirtschaftslehre, insbes. Distribution und Handel
Westfälische Wilhelms-Universität Münster

Band 1 Kurt Ebert: Warenwirtschaftssysteme und Warenwirtschafts-Controlling. 1986.

Band 2 Julius Schröder: Marketing-Schutzrechts-Management. Absatzwirtschaftliche und rechtliche Probleme der Erlangung und Bewirtschaftung rechtlicher Schutzpositionen für absatzprogrammpolitische Strategien. 1987.

Band 3 Günter Buerke: Planung und Durchsetzung von Vertriebsinnovationen - dargestellt am Beispiel der Lieferantenabteilung. 1988.

Band 4 Gustav Bergmann: Strategisches Absatzkanalmanagement in Märkten mit hoher Nachfragemacht des Handels. Eine Bestandsaufnahme mit Beispielen aus der Möbelindustrie. 1988.

Band 5 Johannes Günther: Handelscontrolling. Allgemeine Grundlagen des Controllingbegriffs und die Funktionen des Controlling im Steuerungssystem des stationären Einzelhandels. 1989.

Band 6 Hendrik Schröder: Vertikaler Markenschutz als Problem der Markenartikelindustrie. Der Schutz des Markenartikels vor rufschädigenden Kommunikationsmaßnahmen des Einzelhandels als Gegenstand werbewirkungstheoretischer, rechtlicher und wettbewerbspolitischer Überlegungen. 1990.

Band 7 Heinz Siebenbrock: Abteilungen mit Unternehmersinn (AmU) im Handel. Konzeptionelle Grundlagen einer dezentralen Verkaufsorganisation in Handelsunternehmungen. 1992.

Band 8 Rainer Olbrich: Informationsmanagement in mehrstufigen Handelssystemen. Grundzüge organisatorischer Gestaltungsmaßnahmen unter Berücksichtigung einer repräsentativen Umfrage zur Einführung dezentraler computergestützter Warenwirtschaftssysteme im Lebensmittelhandel. 1992.

Band 9 Jan-Peter Horst: Das Verbot der vertikalen Preisbindung. Interdisziplinäre Analyse eines Tabus auf marketingwissenschaftlicher und wettbewerbspolitischer Grundlage. 1992.

Band 10 Joachim Mohme: Der Einsatz von Kundenkarten im Einzelhandel. Konzeptionelle und praktische Probleme kartengestützter Kundeninformationssysteme und Kundenbindungsstrategien im stationären Einzelhandel. 1993.

Band 11 Thomas Fischer: Computergestützte Warenkorbanalyse – dargestellt auf der Grundlage von Scanningdaten des Lebensmitteleinzelhandels unter besonderer Berücksichtigung einer selbsterstellten Analysesoftware. 1993.

Band 12 Bernhard Dyckhoff: Diversifikation von Handelsunternehmen in den Finanzdienstleistungsbereich. Dargestellt am Beispiel des Automobilhandels. 1993.

Band 13 Bodo Krönfeld: Erfolgsforschung in kooperierenden Handelssystemen – eine empirische Analyse des organisationalen Lernens von erfolgreichen Vorbildern. 1995.

Band 14 Christoph Grote: Die Großhandelsgestützte Handwerkerkooperation (GHK). Grundlagen der inhaltlichen und organisatorischen Gestaltung am Beispiel von Holzfachgroßhändlern. 1995.

Band 15 Christian Korte: Customer Satisfaction Measurement. Kundenzufriedenheitsmessung als Informationsgrundlage des Hersteller- und Handelsmarketing am Beispiel der Automobilwirtschaft. 1995.

Band 16 Stephan Kollenbach: Positionierungsmanagement in Vertragshändlersystemen. Konzeptionelle Grundlagen und empirische Befunde am Beispiel der Automobilbranche. 1995.

Band 17 Monika Burg: Der Einfluß des Dezentralisationsgrades auf die Ausgestaltung des Controlling. Dargestellt am Beispiel des filialisierten Bekleidungseinzelhandels unter besonderer Berücksichtigung der Sortimentssteuerung. 1995.

Band 18 Michael Ottenjann: Lernende Unternehmungen im Handel. Konzeptionelle Grundlagen und empirische Befunde am Beispiel des Lernens von erfolgreichen Vorbildern im filialisierenden Bekleidungshandel. 1996.

Band 19 Beate Wojaczek: Koordinationsorientiertes Logistik-Management in der Textilwirtschaft. Ein Beitrag zur ganzheitlichen Optimierung der Logistik aus Sicht der Bekleidungsindustrie. 1996.

Band 20 Andreas Thesing: Innovative Logistik - Dienstleistungskonzepte in der Textilwirtschaft. Ein Beitrag zur koordinationsorientierten Gestaltung der Textil-Logistik. 1996.

Band 21 Bodo Reinke: Synergiemanagement im Handel. Grundzüge einer handelsbetrieblichen Synergiekonzeption unter Berücksichtigung empirischer Untersuchungen im deutschen Konsumgüterhandel. 1996.

Band 22 Rudolf Alves: Integrierte Führung und Imitationsmanagement in Filialsystemen des Handels. Ein Beitrag zur Anwendung der Ergebnisse empirischer Erfolgsforschung. 1996.

Band 23 Markus Eickhoff: Erfolgsforschung im Bekleidungseinzelhandel. Eine empirische Analyse erfolgreicher Unternehmen im deutschen und US-amerikanischen Facheinzelhandel mit Oberbekleidung. 1997.

Band 24 Dirk Battenfeld: Kostenmanagement und prozeßorientierte Kostenrechnung im Handel. Konzeptionelle Grundlagen einer internen Marktorientierung durch Verrechnungspreise. 1997.

Band 25 Susanne Horstmann: Vertikale Vertriebskooperationen in der Bekleidungswirtschaft. Eine Analyse innovativer Distributionskonzepte US-amerikanischer und deutscher Bekleidungshersteller. 1997.

Band 26 Oliver Mihm: Positionierungsmanagement im Retail Banking. Ansätze zur Entwicklung innovativer Profilierungsstrategien. 1999.

Band 27 Sybille Katharina Breitkopf: Externes Controlling. Eine konzeptionelle und empirische Analyse am Beispiel des marktorientierten Kostenmanagements in der Bekleidungsindustrie. 1999.

Band 28 Oliver Altenhövel: Nachkaufmarketing im Bekleidungseinzelhandel. Eine Analyse unter besonderer Berücksichtigung des Redistributionsverhaltens der Konsumenten und des Redistributions-Mixes des Einzelhandels. 1999.

Band 29 Bernd Becker: Zertifizierung von Qualitätsmanagement-Systemen im Einzelhandel. Eine institutionenökonomische Analyse der ISO 9000-Normenfamilie und Ableitung von Gestaltungsempfehlungen für ihre Revision. 1999.

Printed by
CPI books GmbH, Leck

FSC
www.fsc.org
MIX
Papier | Fördert gute Waldnutzung
FSC® C083411

Kolibri 360 GmbH
Ferdinand-Jühlke-Straße 7
99095 Erfurt, Deutschland
produktsicherheit@kolibri360.de